PROJECT NIÑOS

CAROL DÍAZ TAPIA

Project niños

PLAZA JANÉS

Papel certificado por el Forest Stewardship Council®

Primera edición: septiembre de 2025

© 2025, Carol Díaz Tapia
Obra basada en el documental de Discovery Media Ventures Limited
emitido en su canal Discovery Max y producido por Lavinia Audiovisual, S.L.
© 2025, Jordi Ferrerons, por la introducción
© 2025, Penguin Random House Grupo Editorial, S. A. U.
Travessera de Gràcia, 47-49. 08021 Barcelona
© 2020, Discovery o sus subsidiarias y afiliadas. [PROPIEDAD CON LICENCIA]™
y los logotipos relacionados son marcas comerciales de Discovery o sus subsidiarias
y afiliadas, utilizadas bajo licencia. Todos los derechos reservados.

Penguin Random House Grupo Editorial apoya la protección de la propiedad intelectual. La propiedad intelectual estimula la creatividad, defiende la diversidad en el ámbito de las ideas y el conocimiento, promueve la libre expresión y favorece una cultura viva. Gracias por comprar una edición autorizada de este libro y por respetar las leyes de propiedad intelectual al no reproducir ni distribuir ninguna parte de esta obra por ningún medio sin permiso. Al hacerlo está respaldando a los autores y permitiendo que PRHGE continúe publicando libros para todos los lectores. De conformidad con lo dispuesto en el artículo 67.3 del Real Decreto Ley 24/2021, de 2 de noviembre, PRHGE se reserva expresamente los derechos de reproducción y de uso de esta obra y de todos sus elementos mediante medios de lectura mecánica y otros medios adecuados a tal fin. Diríjase a CEDRO (Centro Español de Derechos Reprográficos, http://www.cedro.org) si necesita reproducir algún fragmento de esta obra.
En caso de necesidad, contacte con: seguridadproductos@penguinrandomhouse.com

Printed in Spain – Impreso en España

ISBN: 978-84-01-02432-0
Depósito legal: B-11.974-2025

Compuesto en Pleca Digital, S. L. U.

Impreso en Black Print CPI Ibérica, S. L.
Sant Andreu de la Barca (Barcelona)

L024320

Índice

Introducción. 9
Nota de la autora y agradecimientos 17

1. «Project Niños» 23
2. 1937-1938. Los cartones de colores 49
3. Y en España, la CIA. Primeros interrogatorios 71
4. 1937-1941. Fin de la Guerra Civil: el trauma
   de la derrota 91
5. 1956. La España franquista recibe a los hijos
   de la República 111
6. Niños de las guerras 133
7. La CIA quiere más 157
8. Los Niños, la reserva de oro del PCE 177
9. Zoom sobre el mapa de la URSS 197
10. Niños en el gulag: el precio de pensar diferente . . . 215
11. El KGB espera su oportunidad 235
12. El retorno de la División Azul 255
13. Los Niños, epicentro de la Guerra Fría 277
14. 1956. «Rumbo a nuestros sueños» 291
15. Pánico nuclear 313
16. Misiles, espías y engaños: el final de Project Niños 329

Introducción

Los productores de contenidos audiovisuales andamos siempre en busca de buenas historias que contar. Pero a menudo ocurre que las mejores no son las que buscas sino las que salen a tu encuentro.

Pocos días antes de la Navidad de 2016, el entonces responsable de la delegación de Lavinia en Moscú, Dmitri Polikarpov, me habló de un coronel retirado del KGB, de una gran operación de contraespionaje durante los años de la Guerra Fría y de la implicación en ella de los Niños de la guerra españoles que habían ido a parar a la URSS huyendo de la contienda civil en España. Igual que yo, Dmitri es periodista (un periodista experto, curtido en numerosos medios rusos y españoles), y su instinto y rigor son muy fiables.

La chispa, esa que salta de inmediato cuando comprendes que estás ante algo realmente bueno, prendió enseguida. Ambos sabíamos que la historia de los Niños de la guerra estaba ya contada. Entre otros, por Jaime Camino en su excelente largometraje documental de 2001 *Los niños de Rusia*: entre 1937 y 1938 unos treinta mil niños y niñas de entre tres y catorce años fueron evacuados de la zona republicana para alejarlos de los horrores de la Guerra Civil. Varios países los acogieron: Francia, Bélgica, México, Reino Unido, Suiza, Dinamarca y la Unión Soviética, adonde fueron a parar casi tres mil de ellos. Aún hoy, los Niños recuerdan que todos (padres e hijos) creían que esa dolorosa separación sería temporal, que la República no tardaría en vencer y que regresarían pronto a casa. Muchos no lo harían jamás, otros tardarían más de veinte años en volver y, de estos últimos, buena parte de ellos no soportó el reencuentro con un país y una familia que poco o nada tenían que ver con los que habían dejado atrás y retomaron el camino del exilio hacia los lugares que los acogieron de niños.

Pero las pistas que Dmitri nos abría iban mucho más allá.

Se basaban en el testimonio de Oleg Nechiporenko, a finales de los años cincuenta un joven oficial del KGB que participó en el control, el seguimiento y la vigilancia de los Niños de la guerra que entre 1957 y 1958 regresaron a España desde la URSS. Ese testimonio situaba a los Niños en el epicentro de una trama de espionaje y a la España franquista como piedra angular de la Guerra Fría: según Nechiporenko, fue Estados Unidos quien convenció a Franco de que permitiese el regreso a España de unos ciudadanos que habían crecido y se habían formado en el seno de un régimen comunista con el objetivo de que, una vez en suelo español, la CIA los interrogase a fondo sobre lo que ocurría en el interior de la URSS. Franquismo, Guerra Fría, los servicios de inteligencia de las dos superpotencias enemigas enfrentándose en territorio español y un ángulo inédito sobre la peripecia vital de los Niños... Se trataba de una historia con unas premisas enormemente sugestivas que, por lo tanto, debíamos investigar cuidadosamente.

Lo primero era contrastar el testimonio de Nechiporenko

con todo lo que pudiesen contener los archivos de la inteligencia norteamericana y de los servicios secretos españoles sobre esa presunta operación. No era tarea sencilla, puesto que la inmensa mayoría de los documentos oficiales seguían (y aún siguen en la actualidad) clasificados. Pero dimos con un informe valiosísimo de la CIA. Se titula «Project Niños», escrito literalmente así, con la eñe española. Está firmado por un oficial de la Agencia llamado Lawrence E. Rogers y está datado en 1963. Cuando lo descubrimos ya hacía algún tiempo que se había autorizado su desclasificación. Aunque todavía contiene algunas palabras y frases tachadas, describe pormenorizadamente la operación llevada a cabo por la CIA desde Madrid para organizar durante más de cuatro años (desde 1957 hasta 1960) los interrogatorios sistemáticos de la inteligencia norteamericana a los Niños que regresaron a España desde la URSS.

El documento de Rogers confirmaba que la operación existió. Y desde Moscú y España pudimos contactar con bastantes de los Niños supervivientes, que nos corroboraron que habían sido sometidos a largos y sistemáticos interrogatorios a cargo de la CIA y de los servicios de inteligencia españoles.

Con esos datos en la mano viajamos a Moscú para intentar contrastarlos con Oleg Nechiporenko. Enfrentarse a una verdadera leyenda del KGB no es una tarea sencilla. El coronel, un anciano cordial y encantador, al que acabamos bautizando cariñosamente entre nosotros como «Nechi», se mostró muy contento de expresarse en su castellano con acento mexicano y con ganas de contar su versión de la historia. Pero pasó toda su larguísima y exitosa carrera profesional administrando y sonsacando información, y es un maestro consagrado en el arte de callar al tiempo que habla, de dosificar datos y de situarlos en los contextos que le resultan más favorables. De todas maneras, contrastando su versión con lo poco que por el momento sabíamos de la otra parte llegamos a la conclusión de que teníamos historia.

Había llegado el momento de plantearla por escrito en un dossier que contuviera los ejes básicos de un proyecto de serie documental para proponerla a una cadena que pudiese apostar por ella. Y funcionó.

Funcionó porque la primera cadena a quien se la ofrecimos fue Discovery, y porque a nuestros interlocutores, Zaida Serrano-Piedecasas y Javier Lopo, les brillaron los ojos con la misma intensidad que a mí cuando Dmitri me había puesto sobre las primeras pistas unos meses antes. Desde el primer momento, Zaida y Javi se convirtieron en los mejores compañeros de viaje para una aventura audiovisual apasionante que acabó concretándose en una serie documental emitida en España a través de Dmax y en un largometraje para cine. La serie *Project Niños* podía empezar a caminar, pero aún hacía falta un trecho para que viese la luz.

El acuerdo con Discovery permitió poner en marcha a un equipo que llevaría a cabo la imprescindible investigación para saber, entre otras cosas, cuál fue el papel del gobierno franquista en esta historia, qué buscaba exactamente la CIA con los interrogatorios, de qué manera y hasta qué punto intervino el KGB en el control y la manipulación de la información que los Niños podían proporcionar al «enemigo», por qué las autoridades soviéticas consintieron en dejarlos marchar...

Ese equipo, encabezado por Oriol Bosch, realizó un trabajo extraordinario. Àlex Solà, Carol Díaz, Marta Tañà, Irina Mata, Mar Llanas, con la mano firme de Joan Arañó en la producción y Pep Bras cosiendo todos los flecos que iban surgiendo en lo que acabaría siendo el guion de la serie, localizaron fuentes, examinaron exhaustivamente archivos, cartas, documentos, imágenes, mapas y fotografías. Ese equipo, reforzado por Dmitri Polikarpov desde Moscú, convenció a expertos en múltiples disciplinas, a exagentes de varios servicios de inteligencia, a responsables de archivos y centros de documentación. Ese equipo viajó a Rusia, a Estados Unidos, a Gran Bretaña, a Austria, a Bélgica, a México y a varios puntos de España para grabar las secuencias contenidas en la serie. Y ese equipo logró ganarse la confianza y extraer una información valiosísima de unos protagonistas generalmente reacios a abordar aspectos muy delicados de una parte de sus vidas que la mayoría había preferido olvidar.

Gracias a su trabajo la serie *Project Niños* revela los detalles de una gran operación desconocida hasta ahora. Una operación que durante cuatro años situó a España en el centro de la Guerra Fría, porque fue la que permitió entreabrir la única ventana a través de la que se podía ver lo que supuestamente ocurría dentro de la Unión Soviética. Ahora sabemos qué buscaba exactamente la CIA con los interrogatorios a los Niños, sabemos cómo y para qué se utilizó esa información y de qué manera los dos bandos (la Unión Soviética y Estados Unidos) la manipularon en provecho propio. Y también de qué manera la España franquista sacó tajada de todo ello.

El lector tiene ahora en sus manos el libro que se basa en la investigación que dio lugar a la serie de Discovery. Su autora, Carol Díaz, formó parte del equipo desde el principio. Fue una pieza fundamental para la obtención de testimonios clave y para construir el relato de los capítulos de la serie. Y posteriormente ha sabido estructurar con rigor y sensibilidad la narración del libro *Project Niños*, que completa y lleva más allá el contenido del programa de televisión con un estilo directo, repleto de información y a la vez humano y cercano a las vivencias de quienes protagonizaron los hechos.

Esta es una historia de espías. Y como todas las historias de espías, sus verdaderos protagonistas son los que sufren, los que pierden, los que padecen involuntariamente y con impotencia las fuerzas que otros desencadenan y que les superan y les condicionan la vida de una forma decisiva. Los Niños de la guerra perdieron siempre. Perdieron la Guerra Civil española; sufrieron las consecuencias, siempre crueles y muchas veces fatales, de la Segunda Guerra Mundial; y al final se vieron involucrados de lleno en la Guerra Fría, además en un territorio que les fue tan hostil como una España franquista en la que eran sospechosos de todo para todo el mundo: ¿eran agentes soviéticos? ¿Fueron informadores de la CIA? ¿Eran simplemente unos ciudadanos desubicados tras ser arrancados en su infancia del seno familiar, ser educados y formados por un régimen comunista y, a su regreso a España, no conseguir integrarse en unas familias y una sociedad irreconocibles?

Project Niños, tanto la serie como este libro, avanza un poco más en dar luz a unos hechos hasta ahora inéditos y en el reconocimiento de las penurias de miles de personas cuya peripecia vital es un resumen de todo el sufrimiento, todas las arbitrariedades y todo el horror que se abatió sobre Europa durante el siglo XX. Ojalá contribuya a un mayor conocimiento e interés sobre lo que ocurrió, a que se siga investigando acerca de ello y, en definitiva, a que se reconozca y valore el padecimiento de esos seres humanos que desde niños se vieron inmersos en engranajes que jamás controlaron y que les marcaron el destino durante toda la vida.

Solo si es así habrá valido la pena contar esta historia apasionante.

JORDI FERRERONS,
Director Ejecutivo de *Project Niños*

Nota de la autora y agradecimientos

Cuando recibí la propuesta para escribir un libro basado en la serie documental *Project Niños* (emitida en DMax) no lo dudé ni un solo segundo. Tras varios meses de investigación me pareció una gran oportunidad para profundizar y reflexionar sobre una historia que desde el principio me cautivó.

Este libro bebe de la propia investigación que se llevó a cabo para crear la serie documental. Una iniciativa que había nacido varios meses antes en Lavinia Audiovisual y que, liderada por su director ejecutivo, Jordi Ferrerons, pudo hacerse realidad. Un proyecto ambicioso motivado por el interés de informar y de redescubrir una página tan poco conocida como interesantísima de nuestra historia. Y, por supuesto, una gran oportunidad personal para trabajar con un equipo excepcional. Del primero al último.

Cuando creía que el proyecto llegaba a su fin, la oportunidad resurgió de nuevo. Esta vez para escribir la historia que podéis leer en estas páginas. Un reto que sin duda fue mucho más dulce gracias a la generosidad y paciencia del propio Jordi Ferrerons y también del escritor y guionista, Pep Bras. Sus consejos resultaron, con total convencimiento, de gran ayuda y valor para mí.

La aventura de escribir este libro comenzó montando su columna vertebral: ¿Cómo explicar Project Niños sin entender quiénes fueron esos Niños repatriados que llevaban veinte años en la URSS? ¿Por dónde empezar? ¿Por su evacuación durante la Guerra Civil española o por su regreso a bordo del *Crimea*? ¿Por los interrogatorios de la CIA o por su vida en la URSS? ¿Y si lo contáramos todo a la vez?

Estructura del libro

El libro nos traslada a diferentes momentos de sus vidas de forma alterna. Los capítulos impares viajan a la España de finales de los años cincuenta, cuando el *Crimea* llega por primera vez a nuestro país con cientos de repatriados españoles a bordo, cuando las autoridades españolas desconfían de sus intenciones, cuando la sociedad recela de unos vecinos tachados de comunistas y cuando la CIA recala en España dispuesta a recabar cuanta más información posible sobre lo que ocurre en el interior de la URSS. Los capítulos pares nos trasladan al pasado de los protagonistas, a ese momento en el que la barbarie de una guerra, la Guerra Civil española, aleja a miles de niños de sus hogares, a una infancia marcada por la distancia, a una educación bajo los parámetros comunistas, a una Segunda Guerra Mundial destructora y a un deseo imperecedero de regresar a su hogar. Una única historia narrada en dos tiempos. Una narración que, dada sus características, asume ciertas licencias literarias.

Project Niños se cimenta sobre tres grandes columnas: los Niños y Niñas de la guerra, los expertos historiadores y la documentación encontrada en diferentes archivos y bibliotecas de distintos países.

Los Niños y las Niñas de la guerra

Ángel Belza, Cecilio Aguirre, Chelo Argüelles, Cristóbal García Galán, Ernesto Vega, Manuel Arce, Matutina Rodríguez, Pedro Cepeda, Rosa Ortiz, Santiago Martínez, Secundina Blanco, Teresa Alonso y Vicenta Alcover son los auténticos protagonistas de esta historia. Por supuesto, no son los únicos repatriados españoles que fueron interrogados. Pero sí son ellos los que nos cuentan en primera persona (salvo Pedro Cepeda, de quien nos habla su hija Ana) lo que vivieron y lo que se encontraron a cada paso de su largo camino de retorno. Las entrevistas concedidas para el documental *Project Niños* han sido la base que me ha permitido viajar a diferentes momentos de sus vidas y recrear muchas de esas situaciones y sus diálogos. No son los únicos protagonistas. El coronel retirado del KGB Oleg Nechiporenko y el agente secreto del MI6 Patrick Dyer también están ligados a esta historia apasionante teñida de secretos y espionaje. El testimonio directo de Nechiporenko y el ofrecido por Dolores Dyer, hija de Patrick, resultan de un valor incalculable. Son el rostro de lo que no se vio, pero sí pasó. Los hilos invisibles de un complejo entramado político que trascendió la vida de estos Niños y Niñas de la guerra.

Los expertos

El contexto en el que se enmarca *Project Niños* nace de la suma de las valiosas entrevistas que varios expertos y expertas de diferentes países y con distintas especialidades ofrecieron para el documental y que nos han permitido no solo entender por qué la CIA llevó a cabo un proyecto de esta envergadura a finales de los años cincuenta en España, sino también cuáles fueron sus consecuencias. La investigación llevada a cabo por la historiadora especialista en relaciones entre España y la URSS en los años cincuenta, Glennys Young, fue esencial para nuestra investigación; también lo fue el profundo conocimiento de la vida de los Niños que acumula la secretaria de la Asociación Guerra y Exilio, Dolores Cabra. O la extensa búsqueda de documentación recopilada por el periodista de investigación y autor de *Los niños de Rusia*, Rafael Moreno. Y muchos más. La aportación de especialistas de la talla de Luiza Iordache, especialista en el exilio español en la URSS; Ángel Viñas, historiador, economista y exdiplomático de la UE; Fernando Hernández, historiador especialista en el PCE; Antonio Niño, historiador especialista en propaganda norteamericana; Iñaki Anasagasti, político y coautor de *Nuestro hombre en Bilbao*; Dolores Dyer, hija del agente secreto del MI6 Patrick Dyer; Georgy Filatov, historiador y especialista en relaciones entre España y la URSS; Fernando Pinto, exmiembro del CNI; Mark Kramer, historiador y director de Harvard Cold War Studies; Christopher Preble, vicepresidente de defensa y estudios de política exterior en El Cato Institute; John Prados, investigador del Archivo de Seguridad Nacional de EE.UU.; Donald Jensen, exdirector de emisiones e investigación de Radio Free Europe/Radio Liberty; Oleg Matveev, historiador de los servicios de inteligencia soviéticos; Alexei Fenenko, doctor en Ciencias Políticas (Universidad Lomonosov de Moscú); y Vadím Kozyulin, profesor de la Academia de Ciencias Militares. Sus aportaciones a través de las entrevistas para el documental *Project Niños* fueron fundamentales para poder dotar de sentido a los acontecimientos vividos y a las duras situaciones a las que tuvieron que hacer frente nuestros protagonistas.

Mención aparte merecen Brian Latell, exanalista de la CIA; Boris Volodarsky, excapitán del servicio de inteligencia militar de las Fuerzas Armadas de la URSS (GRU) y el ya mencionado Oleg Nechiporenko, coronel retirado del KGB. Sus experiencias y conocimiento nos permitieron abrir una puerta a ese mundo tan fascinante como desconocido como es el espionaje y los servicios secretos.

La documentación

El libro parte de un informe clave para la investigación: «Project Niños», escrito por el analista de la CIA Rogers E. Lawrence en 1963. Se trata del único documento firmado por la Agencia en el que se hace referencia explícita al proyecto. Sin embargo, este es solo la punta del iceberg. A pesar de que los informes de los dos mil interrogatorios que llevaron a cabo en Madrid siguen clasificados en la biblioteca de la CIA, durante la investigación para el documental logramos rescatar algunos documentos —muy significativos— que aluden a la información sonsacada a los repatriados españoles. En el libro también hago referencia a ellos. Es la evidencia de que los servicios de información de Estados Unidos dieron credibilidad a la información que sustrajeron de los Niños. Pero hay mucho más. La documentación referente a la evacuación de los Niños, su estancia en la URSS, su regreso a España y las acciones que llevaron a cabo las autoridades españolas es fruto de la investigación llevada a cabo a través de varias bibliotecas y archivos de España: desde el Archivo General de la Administración, hasta el Archivo Nacional de Cataluña, pasando por el Archivo del PCE y del Ministerio de Exteriores. Estos documentos confirman muchos de los aspectos que los Niños nos cuentan en primera persona. No obstante, este libro no es un punto final. Lo que realmente ocurrió, lo que los repatriados españoles contaron a la CIA, sigue siendo un secreto. Mientras esos dos mil informes continúen clasificados este capítulo permanecerá abierto y su historia podrá ser reescrita.

Este libro está dedicado a todos esos Niños y Niñas de la guerra. Sus historias son mucho más que un número o un nombre. Están colmadas de emoción, valores, deseos, sufrimiento y esperanza. Son el motor de una historia en la que nada es fácil. La sinceridad de sus entrevistas me ha permitido recrear esos momentos clave para entender la historia desde un punto de vista más personal e íntimo. Porque entender ese sufrimiento, ese amor y esa fuerza interior de todos ellos ha sido esencial para escribir *Project Niños*.

CAROL DÍAZ TAPIA

1
«Project Niños»

Finalizada la Guerra Civil española, unos cinco mil cuatrocientos ciudadanos españoles quedaron atrapados en la Unión Soviética, de los cuales: cinco mil eran niños de entre nueve y quince años que habían sido enviados allí por sus padres republicanos y emplazados en un «refugio seguro»; ciento cincuenta adultos eran enfermeras y maestros que los acompañaban y el resto, estudiantes enviados por el gobierno republicano para su entrenamiento como pilotos.

Durante los siguientes veinte años los Niños y los pilotos no fueron considerados extranjeros en la URSS, sino que se les dispensó un trato especial. Disponían de relativa libertad para viajar por el país y se les ofrecieron oportunidades inusuales de educación y posteriormente de empleo. Alrededor de un 15 por ciento asistió a los institutos de educación superior, otro 20 por ciento recibió formación técnica o especializada, la mitad en ámbitos científicos.

En 1956 se les ofreció la oportunidad de ser repatriados y unos dos mil cuatrocientos se beneficiaron de tal circunstancia. Entre agosto de 1956 y mayo de 1957 llegaron a España en siete expediciones, y hubo otra posterior en mayo de 1960.

Lawrence E. Rogers,
«Project Niños»

El 28 de septiembre de 1956 es un día inolvidable para Cecilio Aguirre.

Cecilio es uno de los 533 españoles que navegan a bordo del *Crimea*. En este buque soviético de seis mil toneladas viajan exiliados políticos, miembros del Partido Comunista de España, pilotos, marinos y también los llamados «Niños de la guerra». Unos Niños que fueron evacuados en 1937 huyendo de la Guerra Civil española y que emprendieron un viaje a la URSS sin fecha de retorno. Tras casi veinte años de exilio, por fin regresan a casa. Los «Niños de la guerra» llegan al puerto de Valencia.

Será la primera vez que Cecilio pise suelo español desde el 13 de junio de 1937, cuando tenía ocho años. Ahora se ha convertido en un joven moreno de mirada desafiante. Vuelve con su mujer Francisca Amaya, ella también Niña de la guerra, y sus dos hijos. Ha luchado tanto por este momento que ha decidido plasmarlo en un diario donde relata todo lo que ve durante el trayecto; un diario que escribe a mano, con una caligrafía apresurada, a vuelapluma. Las palabras le salen directamente del corazón y, gracias a ellas, tenemos hoy constancia de ese viaje que lo devuelve a sus orígenes:

> Día 28. Durante la noche hace mucho calor. Esperamos llegar en 3 o 4 horas a Valencia. Todo el mundo tira por la borda todo lo que cree inservible. Veo tirar panes al agua. Será que también lo hacen los dueños del barco por entrar en Valencia sin molestias. Desde mediodía vemos barcos pesqueros. Cada vez son más. La gente mira hacia el horizonte. Todos buscan tierra española. Por fin hoy, día 28, vemos tierra española después de casi veinte años de ausencia. Todo

alrededor se alborota. Pronto llegamos. Vemos Valencia, el rompeolas y llegamos. Suben autoridades españolas al barco. Nos preparamos a bajar. (*Crimea*)

Cecilio

Este es el final de un viaje que empieza siete días atrás y tiene su origen en el puerto de la ciudad soviética de Odesa. Desde la cubierta contemplan lugares que hasta ese momento solo ubicaban en los mapas:

> El paisaje es emocionante con unas magníficas vistas que dan la sensación de que entramos en un nuevo mundo.

Cada milla recorrida los acerca de nuevo a su hogar:

> Por la tarde empieza a calmar el temporal, nos acercamos a España. Hoy nos cambian las mudas de cama. Hay ducha. Todos se preparan para el día de mañana. Incluso están pintando el barco para causar mejor impresión.

Lo que Cecilio no escribe en su diario es el caos que se vive de manera cotidiana en el *Crimea*. La falta de información sobre los repatriados, unida a la desconfianza que genera el régimen soviético en las autoridades españolas, ha suscitado una gran alarma en la cúpula franquista. Ante el pánico que les produce la llegada de cientos de repatriados de los que nada saben, las autoridades ejecutan un plan improvisado para recabar información antes de que el *Crimea* toque un puerto español. Y eso provoca un mayor desconcierto a bordo del buque.

El plan se ejecuta durante la escala que el barco realiza en Estambul, momento en el que una comisión enviada por la Dirección General de Seguridad del gobierno de Franco sube a bordo. Su misión es investigar a todos los pasajeros. El gobierno español apenas tiene información de los repatriados que viajan en él. Tan solo cuenta con un listado de nombres facilitados por la Cruz Roja soviética, pero no posee ninguna documentación sobre ellos.

El primer paso de la comisión es verificar la identidad de cada repatriado y asegurarse de que no haya ninguna suplantación de personalidad. A partir de ahí confeccionan una primera lista de personas sospechosas o susceptibles de ser infiltradas o colaboradoras de la URSS. Durante los cuatro días de viaje que separan Estambul del puerto de Valencia, los pasajeros pasarán uno por uno por una improvisada sala de entrevistas a bordo del *Crimea*. Esta misma operación se llevará a cabo en cada una de las repatriaciones que irán llegando a lo largo de los próximos meses.

La embajada norteamericana en España toma nota de este caos organizativo. Estados Unidos sigue con sumo interés el proceso de repatriación de los españoles que llegan desde la Unión Soviética. Desde que en Washington se tiene constancia de su regreso, el Departamento de Estado recibe informes, a menudo clasificados. Tres días antes de la llegada de la primera expedición, los americanos envían un telegrama que da cuenta de esta desorganización:

> Una confusión considerable parece haber marcado los preparativos para el procesamiento y la reunión de los repatriados. Todavía no se sabe qué organización estará a cargo de

la última parte de la operación, y los nombres de los repatriados aún no han sido revelados por el Ministerio de Relaciones Exteriores para permitir que se realicen controles preliminares. Se entiende que el total de visas de salida otorgadas por las autoridades soviéticas a los españoles que buscan la repatriación es de 1.322.

Por el momento, Estados Unidos permanece al margen de los acontecimientos. Si bien los norteamericanos han visto una increíble oportunidad para vislumbrar a través de una rendija lo que sucede dentro de las fronteras de la URSS, aún deben esperar el momento oportuno.

El 28 de septiembre de 1956, el puerto de Valencia vibra de emoción. Desde hace horas cientos de personas se concentran en el muelle. En su mayoría son familiares de los repatriados españoles. Principalmente vienen de Asturias y el País Vasco, lugares de procedencia de la mayor parte de los Niños que se exiliaron de España entre 1937 y 1938. Ese día, tras casi veinte años de ausencia en los que apenas han tenido comunicación con sus hijos, también va a ser inolvidable para ellos.

Tras llegar al puerto, Cecilio es el primer repatriado en descender del barco. Carga varias maletas y también una radio de grandes dimensiones. Su mujer baja con los niños. Pero al pisar tierra española los medios de comunicación se le echan encima, alguien le acerca un micrófono, no sabe qué decir y deshace el nudo que tiene en la garganta con lo primero que le viene a la cabeza:

—¡Viva España!

La prensa recoge ese grito de Cecilio, que se convierte en la voz de todos los repatriados. El diario *ABC* publica en su edición del día siguiente: «A pesar del tiempo que permanecieron alejados de la Patria aún se les oye exclamar ese rotundo ¡Viva España! que ha gritado ante los micrófonos Cecilio Aguirre Iturbe, el primero de los repatriados que pisó tierra española».

Sin embargo, ese encuentro inesperado con la prensa ha estado a punto de no producirse. El gobierno franquista había vetado la entrada a los medios de comunicación al puerto de Valencia. Su objetivo: minimizar el impacto mediático que esa repatriación pudiera tener en la sociedad española. Pero la llamada de protesta de un periodista norteamericano obliga al propio ministro de Información, Gabriel Arias Salgado, a retirar el veto a solo unas horas del desembarco.

La ausencia de cualquier autoridad española en el puerto tampoco es casual y deja entrever el malestar del régimen franquista ante la llegada de un colectivo al que consideran potencialmente peligroso: son gente que ha vivido la mayor parte de su vida en un régimen comunista. Por ese motivo, a excepción de la Cruz Roja Española, ningún cargo oficial del gobierno acude a dar la bienvenida a los recién llegados.

Cecilio Aguirre trae un encargo muy especial de la URSS. Es portador de un importante mensaje que debe entregar a las autoridades españolas. Se trata de una carta escrita por el que fuera jefe del Estado Mayor del XVIII Cuerpo del ejército republicano, Francisco Ramos Molins. Como tantos otros exiliados en la URSS, Ramos Molins aún espera el permiso de las autoridades soviéticas para regresar a España. Y para ello es fundamental que se mantenga un mínimo clima de confianza entre ambos países. Ramos Molins solicita que las declaraciones de los repatriados no se usen como propaganda, pues eso podría perjudicar a los españoles que aún están en la URSS pendientes de su regreso.

El destinatario de esta carta es el ministro secretario general del Movimiento, Raimundo Fernández Cuesta.

> Tenemos el honor de dirigirnos a su Excelencia para transmitirle un encarecido ruego de nuestros camaradas que en espera de su repatriación aún se encuentran en Rusia. Existe entre ellos el temor, a nuestro entender justificado, de que con motivo de nuestra llegada a España y como consecuencia de las cosas que van a ser conocidas, la prensa española comience a publicar materiales sobre nuestro estado de ánimo, vicisitudes, hechos y pormenores de la vida en aquel país. El carácter de las cosas publicables no puede menos que irritar sobremanera a los organismos soviéticos. Tenga su Excelencia en cuenta que esta juventud española fue educada como una reserva de oro del Partido Comunista de España, empleando la frase tantos años oída por nosotros para calificarnos. [...] Nuestro deber es hacer todo lo posible para traernos a todos los compatriotas que desean volver. [...] Estos camaradas aún están ahí y el peligro de que se ensañen con ellos es bien real, dado la forma con que se les mira y el trato que se les da.

No es casual que sea Cecilio el portador de esa carta. Él había sido uno de los Niños que hicieron posible el retorno de los españoles exiliados a su país y sabía mejor que nadie lo difícil que había resultado conseguirlo. Las autoridades soviéticas habían tenido mucho cuidado con la elección de los españoles que podían regresar y los que no. Su prioridad era evitar cualquier fuga de información confidencial que pudiera dañar los intereses estratégicos de la URSS. Por ese motivo, todos aquellos españoles que trabajaban en empresas relacionadas con el desarrollo armamentístico de la nación habían quedado excluidos de manera automática de la lista de repatriados.

El miedo a que sus trabajos cualificados pudieran ser un impedimento para su regreso después de veinte años lejos de su país, los había impulsado a tomar decisiones muchas veces precipitadas. Algunos habían abandonado hacía semanas sus puestos de trabajo. Otros incluso habían llegado a solicitar una posición de menor relevancia en la empresa. En octubre de 1956 un informe de la Cruz Roja alude a diferentes grupos de españoles que no han podido regresar a España. «Hay también españoles que por encontrarse trabajando en fábricas de material bélico, principalmente de industrias relacionadas con la aviación, se encuentran con un veto temporal para salir del país.» No son los únicos. En ese mismo informe se detalla otro colectivo que también se ha visto afectado por el requisito soviético: «Se sabe que en algunos casos ha intervenido para poner dificultades el Partido Comunista español y en otros las autoridades policíaco-políticas rusas». La URSS tampoco ha dado facilidades para los españoles que cumplen condena en cárceles o en campos de concentración. Ni para los que prestan el servicio militar. Algunos mandos militares no han querido licenciarlos.

La negociación de la repatriación de los Niños de la guerra había sido y seguía siendo un tema espinoso tanto para España como para la URSS. Un movimiento desafortunado podría dificultar el retorno de los otros Niños que aún albergaban la esperanza de regresar a España. Por eso, es menester que la carta de Ramos Molins llegue a manos de su destinatario. Y, en efecto, así fue. Aunque nunca llegó a confirmarse el alcance que tuvieron las palabras de su autor en el gobierno español, lo cierto es que pudieron consumarse siete expediciones más a lo largo de los siguientes cuatro años. Y Francisco Ramos Molins, preso durante nueve años en un campo de trabajo soviético acusado de espionaje, también lo consiguió. El 22 de enero de 1957, en la quinta expedición del *Crimea*, pudo regresar a España.

La llegada de la primera expedición se convierte en objeto de un minucioso análisis por parte de las autoridades españolas. En una nota informativa de la Casa Militar del jefe del Estado y generalísimo, el servicio de seguridad e información califica a los repatriados de la primera expedición de «indeseables» e indica que ese es el motivo por el que las autoridades rusas no hayan puesto ninguna clase de dificultades para su repatriación. En la nota identifica dos supuestos objetivos de la URSS para acceder a la repatriación. Por una parte «eliminar de su suelo a elementos inadaptables a cualquier medio social» y, por otro, «tener material para su propaganda contra los países "fascistas"».

En ese mismo informe, escrito cinco días antes de la llegada del *Crimea*, se resume la vida de los repatriados durante su exilio en la URSS:

> Llegaron a Rusia siendo niños y para epatar a los capitostes de la República, los instalaron magníficamente en Residencias Infantiles y otras instalaciones similares estatales, donde permanecieron hasta la entrada de Rusia en la

guerra mundial. En este momento los abandonaron a su suerte. Las adolescentes no encontraron otra salida que la prostitución y ellos el pillaje, por lo que hubieron de ser encarcelados, ya que el delito común es castigado inexorablemente en Rusia.

Pero lo que sin duda más preocupa a las autoridades españolas es la seguridad interior del país. La posibilidad de que algunos repatriados comunistas puedan introducir células de reconstrucción del Partido Comunista español es el gran temor del gobierno franquista. Un miedo que mantendrá en vilo al régimen durante los años siguientes: «¿Puede venir en la expedición algún caballo de Troya? Es muy probable. La policía ha concretado dicha posibilidad en una docena de exiliados, que por su preparación y sus manifestaciones, pudieran ser elementos activistas y trataran de resucitar las Organizaciones comunistas».

La llegada de medio centenar de españoles que han sido educados en la doctrina comunista es considerada por el gobierno de Franco como una gran amenaza. Ese temor será el detonante para que las autoridades elaboren un plan de seguimiento continuado de los repatriados en el que los interrogatorios tendrán un papel decisivo. Una acogida que los propios Niños reconocerán con el tiempo como un auténtico infierno.

Pero, de momento, en el puerto de Valencia los Niños ya han comenzado a desembarcar. Un cordón de seguridad establecido por las autoridades separa a los recién llegados de sus familias, que se agolpan en el muelle. Muy rápidamente ese sistema salta por los aires. El impulso de Niños y padres, que quieren abrazarse tras veinte años de ausencia, trastoca el ordenado plan de las autoridades. Todo pasa muy deprisa. Y cada uno busca a los suyos.

A Cecilio le espera su madre: es un momento difícil para él. Ha llegado la hora de explicarle que su otro hijo, Juan, ha muerto; cuatro años antes fue víctima de una infección hepática. Se fueron dos y solo vuelve uno. Y es así como la emoción de una madre se diluye con el dolor. Como Cecilio, tantos otros Niños se reencuentran con sus familias veinte años después.

La crónica que publica el *ABC* el 29 de septiembre de 1956 destaca algunos detalles de ese histórico momento. Hablan de sus vestimentas confeccionadas «a base de tela barata y patrones anticuados». Se sorprenden de lo bien que hablan el castellano y que incluso muchos de ellos conservan el acento vasco. Y resaltan su nivel educativo y profesional, pues muchos llegan con título universitario. Tampoco pasan desapercibidas las treinta y una mujeres rusas que han decidido viajar a España junto a sus maridos, también Niños de la guerra.

A esa primera expedición le seguirán otras siete. En total, mil ochocientos Niños de la guerra exiliados en la Unión Soviética conseguirán regresar a su país entre 1956 y 1960. Aquí se encontrarán una España esquiva que desconfía de ellos, criados en la cuna del comunismo. Su adaptación será mucho más difícil de lo que habían previsto.

El reencuentro en el puerto de Valencia resulta ser más breve de lo esperado. Las autoridades tienen otros planes para los repatriados. Dieciséis autocares están listos para trasladarlos a Zaragoza, ciudad que se convierte en un improvisado campamento de acogida. La Guardia Civil escolta el convoy. Entre los Niños hay desconcierto y confusión, y son muchos los que temen haber caído en una auténtica emboscada.

Es aquí, en Zaragoza, donde se verán sometidos al primero de los muchos interrogatorios que tendrán que soportar a lo largo de los próximos años. Este hecho cae como un jarro de agua fría. Uno a uno, la policía ficha a todos los repatriados. Después de que les tomen las huellas dactilares, los Niños reciben su nueva identificación oficial. Se trata de un carnet amarillo, que los distingue del resto de los españoles.

Secundina Blanco, Niña de la guerra, llega en la misma expedición que Cecilio. Está casada con Antonio Loizaga, otro de los Niños. Ambos reciben el mismo carnet amarillo. En ese momento Secundina aún no lo sabe, pero a los pocos días descubrirá algo que la llenará de indignación y correrá a contárselo a su marido:

—¡Antonio, que nos han dado el mismo carnet de identidad que les dan a las prostitutas!

En Zaragoza los repatriados empiezan a entender las reglas del juego con las que tendrán que aprender a vivir a partir de ese momento. Con un documento de identidad distinto al de los demás y la obligación de notificar a la policía local cualquier movimiento que quieran realizar, los repatriados se sienten discriminados. Sus vidas están controladas por un régimen franquista temeroso de que el comunismo se reorganice de nuevo en España. Y ellos pagan las consecuencias.

Los españoles de la primera expedición no son los únicos repatriados que tienen que someterse a ese primer interrogatorio de la policía española. Matutina Rodríguez, Niña de la guerra, desembarca en suelo español el 23 de noviembre de 1956 con la tercera expedición. En esta ocasión, los retornados españoles llegan a Castellón de la Plana, desde donde varios autocares los trasladan hasta el balneario de Cofrentes. El recinto permanece cerrado al público en esa época del año. Las habitaciones están frías. En una sala hay dispuestas varias mesas con sus respectivas máquinas de escribir; Matutina cuenta más de diez. En una le toman las huellas; en el resto le preguntan, una y otra vez, sobre su vida en la URSS. Se interesan por la Casa de Niños donde vivió, por su relación con el Partido Comunista, por su ciudadanía, por sus estudios y por su trabajo. Los funcionarios transcriben todas sus respuestas.

Tras el interrogatorio, ningún miembro de su familia se presenta en el balneario de Cofrentes, condición imprescindible para salir de allí. No es la única repatriada en esa situación. Los que aún permanecen en el balneario son agrupados por provincias. El objetivo de las autoridades españolas es que todos los retornados fijen su residencia en casa de algún familiar o conocido que los pueda acoger. Una semana después de su llegada a Castellón de la Plana, Matutina consigue poner rumbo a Bilbao, la ciudad natal de su marido, también Niño de la guerra.

La Niña Vicenta Alcover repatriada en esa tercera expedición, vive el momento con gran sufrimiento. Al bajar del *Crimea* una valla separa a los recién llegados de sus familiares. Las autoridades han formado un pasillo ancho y vacío. Las fotografías que aún conserva de su madre le permiten reconocerla en la distancia, pero no puede llegar hasta ella. Su primera parada es una estancia habilitada en el propio puerto donde le obligan a abrir sus maletas. Se siente como una auténtica ladrona. O, mejor dicho, la hacen sentir así. «¡Qué se habrán creído!», piensa.

Sin tiempo de abrazar a su madre, los llevan en autocar al mismo balneario donde se encuentra Matutina. Un camino tortuoso, lleno de curvas. Oye a alguien cerca de ella que murmura: «Antes de llegar ya nos quieren matar...».

Esta vez, las autoridades han fletado autocares para trasladar a los familiares que se encuentran en el puerto. La madre de Vicenta, que viene acompañada de su tía, sube en uno de ellos. Esa misma noche, madre e hija pueden abrazarse al fin, aunque aún deberán esperar dos días hasta que Vicenta reciba el permiso para regresar a su hogar. Su destino: Barcelona. Es en esa ciudad donde empezará su verdadero calvario.

En la sede de la madrileña calle de Serrano, los funcionarios de la embajada norteamericana siguen analizando cada paso que da el régimen franquista ante el regreso de los repatriados. El 5 de octubre el Departamento de Estado recibe un nuevo informe:

> La prensa madrileña otorgó una gran cobertura a la dramática llegada a Valencia el 28 de septiembre del buque de vapor ruso *Crimea*, que transportaba a 513 repatriados españoles de la URSS, incluidos 147 niños nacidos en el exilio y 31 esposas de nacionalidad rusa. Los recién llegados fueron llevados a un campamento de recepción en Zaragoza, pero los pocos que aún no habían sido reclamados por sus familias habrían sido liberados antes del 2 de octubre.

La repatriación de españoles está generando un gran interés a nivel internacional. No solo por parte de Estados Unidos. Al otro lado del Telón de Acero, en Moscú, el Partido Comunista de España hace un primer balance del impacto que ha supuesto dicha repatriación en el régimen franquista.

> En resumen puede decirse que el retorno de los repatriados españoles de la URSS ha representado un golpe muy fuerte a la propaganda antisoviética y anticomunista. Se ha hablado de los «niños que comieron hierba por las orillas del Volga» y resulta que vuelven con buena salud. De los niños «martirizados», y resulta que vuelven con carreras técnicas. De los niños «desespañolizados», y resulta que vuelven hablando español, ellos y sus hijos, y gritando «viva España», y para todos está claro que ello se debe a que el régimen soviético los ha educado en esa dirección.

Sin duda, ese retorno de supuestos rojos arrepentidos es un triunfo propagandístico que el franquismo no puede desaprovechar. En los años más duros de la Guerra Fría, la propaganda se ha convertido en una potente arma para debilitar al enemigo. Ambos bloques, el capitalista y el comunista, utilizan todo lo que tienen a su alcance para ganar apoyo entre la sociedad. El régimen franquista, marcadamente anticomunista, busca la aprobación de Estados Unidos como vía para salir definitivamente del aislamiento político. En este punto de la batalla por el éxito propagandístico, España y la Unión Soviética intentan sacar provecho de los repatriados. Pero la realidad es que la balanza de pros y contras para ambos países no deja satisfecho a ninguno de ellos.

La Unión Soviética se apunta un tanto al enviar a unos ciudadanos con un nivel educativo muy superior a la media española, pero teme que los repatriados puedan contar en España piezas de información valiosa y sensible sobre la vida en la Unión Soviética. En España, la preocupación por que estas repatriaciones se conviertan en un coladero de espías pone en situación de máxima alerta a las autoridades. Los Niños de la guerra se encuentran en el ojo del huracán.

—¿Y eso qué es, Manuel?
—Una lavadora, mamá. La primera que ha salido de Rusia. Es para ti.
—¿Una qué?

El Niño de la guerra Manuel Arce llega al puerto de Castellón de la Plana en la tercera expedición, el 23 de noviembre de 1956. Entre su equipaje carga con una lavadora para su madre, un televisor y un magnetófono de cinta. Igual que muchos otros repatriados, Manuel trae regalos para toda la familia. Lo que este burgalés de veintiocho años desconoce es que en aquellos momentos, en cuanto a tecnología doméstica, la URSS está muy por delante. En España la lavadora aún es un electrodoméstico desconocido y la televisión apenas empieza a abrirse camino. Ese pequeño contratiempo se soluciona colocándola en una mesita a modo de decoración. Lo que su madre sí celebra con éxito es ese «nuevo invento» llamado lavadora, que se revela como un auténtico acontecimiento en el pueblo. En poco tiempo la casa se llena de visitas motivadas por la curiosidad. Nadie quiere perderse el espectáculo de ver cómo funciona esa máquina milagrosa.

Manuel y el resto de los Niños apenas se habían informado de la realidad de la sociedad española de los años cincuenta. Y lo que se encuentran les impacta: es muy distinta de lo que ellos se habían imaginado. Y su adaptación será más difícil todavía.

Tras ser interrogados en improvisadas residencias de acogida, los Niños buscan un lugar donde empezar de nuevo sus vidas, y eso pilla desprevenido a Manuel, que ya hacía tiempo que había perdido toda esperanza de volver. Él, como muchos de los Niños, había adoptado la nacionalidad soviética. Ahora deja atrás toda una vida: su trabajo, su vivienda y sus relaciones personales.

Para Manuel, el distanciamiento con su familia y con España había empezado mucho tiempo atrás, en aquellos primeros años de exilio en la URSS. Al dolor de la lejanía se unía la ausencia de noticias. Manuel, al igual que muchos otros Niños, nunca recibió una sola carta de los suyos ni jamás supo a qué dirección mandar las que escribiera. Manuel acabó por olvidarse del calor de su familia. Son sentimientos que duelen y no acaban de cicatrizar.

A pesar de todo, la noticia de que puede regresar a España hace que su deseo de volver a ver a sus padres renazca. Incluso lo lleva a abandonar la carrera de Medicina, que está a punto de terminar. Siente que cualquier sacrificio vale la pena para reunirse con su familia en España.

Unas semanas antes de regresar a España, los servicios secretos soviéticos habían intentado reclutar a Cecilio. El propio KGB lo había citado cerca de la fábrica del Proletariado Rojo de Moscú, donde él trabajaba desde hacía años.

—Camarada Aguirre, estoy aquí porque queremos que trabaje para nosotros.

Cecilio, atónito, había enmudecido.

—¿Entiende lo que estoy diciendo? Debe colaborar con nosotros desde España.

—Yo no trabajo para nadie.

—Es una orden.

—Me da igual. No tienen derecho a obligarme.

Ante la actitud poco colaboradora de Cecilio el KGB lo había citado de nuevo al día siguiente. Esta vez, dos oficiales y un general se habían hecho cargo de la situación. El español repetía una y otra vez que no era una persona que pudiera realizar ninguna misión, pero los agentes no estaban dispuestos a perder la batalla. El general mostró su última carta al ofrecerle un gran fajo de billetes que colocó encima de la mesa.

—Sabemos que tiene dificultades. Esto le puede ayudar. Si colabora, siempre recibirá ayuda.

La respuesta de Cecilio fue instantánea:

—Ni para el Partido Comunista ni para nadie.

Cuando en mayo de 1956 había arrancado la operación para repatriar a casi dos mil españoles, los servicios secretos soviéticos pusieron el foco en dos temas básicos para la seguridad de la Unión Soviética. El primero fue determinar el grado de información y conocimiento que cada uno de los españoles tenía en relación con la industria soviética y su nivel de fidelidad hacia el país que los había acogido desde la infancia.

Hasta ese momento la Unión Soviética había conseguido con éxito blindar el país entero de operaciones de espionaje por parte del enemigo, lo que había hecho casi imposible la filtración de cualquier tipo de información. Al otro lado del Telón, la CIA no cesaba en su empeño de buscar el punto débil por donde acceder a los secretos armamentísticos de su máximo rival en la Guerra Fría, la Unión Soviética. La imposibilidad de moverse con libertad por el territorio había hecho fracasar los intentos de los servicios secretos norteamericanos para recabar información estratégica en la URSS. Ahora, el envío de cientos de españoles hacía temer al KGB que Estados Unidos pudiera utilizar a los españoles retornados para hacerse con ella.

El segundo objetivo de la contrainteligencia soviética había sido el reclutamiento de españoles que estuvieran dispuestos a colaborar con los servicios secretos para realizar misiones en España o para trabajar como informadores. Cecilio Aguirre no había sido el único al que unos meses antes habían intentado captar.

Santiago Martínez también había recibido la visita del KGB en la empresa hidroeléctrica donde trabajaba.

—Camarada Martínez, tengo entendido que ha solicitado su regreso a España.

—Efectivamente.

—¿Y puedo preguntarle la razón?

—Porque me siento español. No reniego de la cultura rusa, pero mi patria es España. Y la mayoría de los españoles que conozco ya han solicitado su repatriación.

Santiago había tenido que esperar unos minutos antes de entender la verdadera naturaleza de la misteriosa visita a la fábrica.

—Si no le importa, le sugiero que podamos seguir en contacto una vez usted ya esté en España.

A Santiago la propuesta le había pillado por sorpresa.

—Mire, no sé lo que me voy a encontrar en España. La policía franquista seguramente nos tenga a todos controlados.

—No tiene por qué correr riesgos.

—Lo que tengo claro es que no pienso servir en bandeja a los franquistas ninguna oportunidad para que me arresten.

—Piénselo bien. La URSS lo ha acogido durante todos estos años.

—Hagamos una cosa. Yo voy a allí y ya veré lo que hago. Pero no quiero decir que sí sin conocer la situación que me puedo encontrar en España.

—De acuerdo.

Santiago sabía que llevarle la contraria al KGB podía convertirse en un problema antes de salir de la URSS.

En España, la sospecha de que algunos Niños han llegado con una misión oculta queda reflejada en el primer informe de la Dirección General de Seguridad del 7 de octubre de 1956, firmado apenas diez días después del desembarco de la primera expedición. El documento parte de una premisa: las autoridades soviéticas están utilizando a algunos Niños para llevar a cabo misiones en la Península. Los repatriados con mayor riesgo de ser agentes infiltrados son aquellos que han recibido una formación técnica superior en la URSS.

El informe centra su análisis en los datos que han podido recabar durante la estancia de los Niños en la residencia de Zaragoza. Allí no solo han sido interrogados, sino que entre ellos se infiltran algunos agentes de los servicios secretos españoles. Camuflados como camareros o asistentes, registran cualquier movimiento sospechoso que pudiera salirse de la normalidad del centro. José Luis Pozueco es uno de los Niños calificados como peligrosos en el informe: «Durante su permanencia en la residencia provisional de Zaragoza, ha venido observando una actitud sumamente extraña, ya que era excepcional el repatriado que saliera del establecimiento citado que no fuera requerido por el citado Pozueco, con el cual cambiaba palabras en idioma ruso».

Con la llegada de cada una de las expediciones, la División de Investigación Social —dependiente del Ministerio de Gobernación— es la encargada de elaborar estos informes especiales. Establecen tres categorías para su clasificación, diferenciando a los elementos peligrosos de los individuos de «personalidad interesante» y de aquellas personas con posibilidades de convertirse en informadores del régimen:

> Una de las misiones perseguidas por los servicios que como consecuencia de la repatriación de españoles de la URSS vienen siendo montados por la División de Investigación Social, es la de lograr, por medio de hábiles sondeos, para los que se aprovechan los momentos de convivencia entre ellos, una a modo de «selección» o «clasificación», que gira a [sic] dos extremos: el de aquellos que por sus primeras impresiones y referencias adquiridas puedan ser materia propicia para colaboración; y el de los que por su posición, ejecutoria y hasta por otros mil pequeños detalles que se recogen, cae en el círculo de los sospechosos y pasa, por consiguiente, a ser estipulado «peligroso».

Cualquier vinculación con el Partido Comunista o con organizaciones soviéticas pueden convertir a los Niños en sospechosos. Es el caso de Chelo Argüelles. Al igual que hicieron muchos otros Niños durante sus primeros años en la URSS, ella también se afilió a la organización juvenil del Partido Comunista de la Unión Soviética, el Komsomol. Esta vinculación la convierte ahora, ante los ojos del régimen franquista, en uno de esos elementos peligrosos.

Esta clasificación, sin embargo, no libera de sospechas a ninguno de los repatriados españoles. En sus consideraciones finales, la Dirección General de Seguridad confirma el riguroso control que las autoridades ejercerán sobre todos ellos a lo largo de los próximos años:

> El hecho de no poder concretarse de modo positivo quienes de cuantos han regresado a España desde la URSS son portadores de consignas políticas, obliga a establecer un riguroso control sobre todos y cada uno de los llegados, máximo [sic] teniendo en cuenta la posibilidad de que aquellos que pudieron pasar inadvertidos por la bondad de carácter manifestada o por una pretendida asequibilidad sean precisamente quienes en un futuro desarrollen las actividades previstas por el Partido Comunista en la URSS.

La tercera expedición de repatriados llama especialmente la atención de la División de Investigación Social. En su informe especial destaca que los retornados tienen una calidad cultural, profesional y social muy superior a la de las expediciones anteriores:

> En lo referente a formación moral, es muy de tener en cuenta que aun cuando es superior, sin duda, a la de los españoles que regresaron anteriormente, arrastran el lastre de 19 años de aislamiento familiar y social, que forjaron carácter, costumbres y moralidad a imagen y semejanza de la que en su mayoría poseen los rusos, es decir, sustentando una

concepción materialista de la vida, sin el más mínimo asomo de espiritualidad.

El documento también recoge las impresiones de los funcionarios, en las que consideran que los repatriados de la tercera expedición tienen una mejor preparación política y aunque hablan con respeto de los dirigentes soviéticos, rehúyen manifestar conocimientos sobre el tema.

Ángel Belza es otro Niño de la guerra que regresa a España en la cuarta expedición. Lo hace junto con su mujer Filomena Gómez y sus dos hijos. Su paso por la Unión Soviética no ha sido fácil y la posibilidad del retorno a España le ha abierto una luz de esperanza para su futuro. Tres días después de su desembarco en Castellón de la Plana se dirige a Lugo, donde vive su suegra. Tras varias horas de viaje, el autobús que traslada a los repatriados asturianos hace parada en León. A partir de ese momento, Ángel Belza y su familia continuarán su viaje en solitario. En la estación le espera un agente de los servicios secretos españoles que, interesado por su vida en la Unión Soviética, lo somete a un interrogatorio no oficial. Ángel Belza contesta a cada una de sus preguntas. Tras varias horas de conversación el agente, vestido de paisano, le lanza una advertencia:

—Te voy a dar un consejo de amigo. Esto que me has contado no debes decírselo a nadie. Nunca.

—¿Por qué?

—Porque lo más seguro es que sea uno de los nuestros, hombre. Y a los demás no les interesa.

Ángel acaba de recibir lo que considera su primera lección en tierra española: callar en una España silenciada. Los Niños, poco a poco, entran en un sistema cremallera que tendrá como finalidad sobrevivir en el régimen franquista.

En el panorama internacional de la Guerra Fría, la tensa relación entre Estados Unidos y la URSS se agrava día a día. El responsable es el Lockheed U-2, el avión espía que Estados Unidos ha enviado a la Unión Soviética para fotografiar desde el cielo posibles fábricas estratégicas. Esta aeronave de última generación, capaz de volar a más de veintiún mil metros de altitud, trae de cabeza a los soviéticos que no disponen todavía de un sistema de defensa antiaéreo suficientemente potente como para derribar el avión norteamericano.

La CIA es la responsable de llevar a cabo el proyecto de los vuelos espía. Su objetivo, conseguir fotografías de las principales instalaciones militares soviéticas. Sin embargo, los veintidós millones de metros cuadrados de la URSS convierten en misión imposible cubrir el vasto territorio. Necesitan acotar las coordenadas que debe sobrevolar el avión espía. Y la única forma de hacerlo es a través de personas que hayan vivido en la Unión Soviética.

El 5 de octubre de 1956, un comunicado parcialmente clasificado de la embajada estadounidense al Departamento de Estado de EE.UU. adelanta información del plan que se convertirá en uno de los mayores proyectos de la CIA llevados a cabo durante la Guerra Fría en España:

> Casi todos los repatriados fueron liberados inmediatamente después de un procedimiento de registro acelerado. Se espera que con posterioridad se pueda realizar un interroga-

torio más adecuado en cooperación con las autoridades españolas. [...] Un segundo barco soviético que transporta a otro grupo de repatriados (se esperan unos 1.300 en total) llegará el 19 de octubre.

La salida masiva de españoles que han trabajado durante casi veinte años en la URSS acaba de abrir una puerta a la esperanza a Estados Unidos. La CIA empieza a preparar sus maletas. No puede desaprovechar la oportunidad de entrevistar a los recién llegados. Necesita comprobar cuán valiosa es la información que pueden tener sobre los sistemas de armamento soviético y sus programas nucleares.

El gobierno de Eisenhower se juega su futuro en Estados Unidos. Los norteamericanos necesitan respuestas ante la amenaza soviética. Por eso, mientras los intereses políticos y económicos estadounidenses se preparan como si estuviesen en guerra, la CIA elabora su propia estrategia para entrevistar a los repatriados españoles.

Ajenos todavía a los planes norteamericanos, los Niños se instalan paulatinamente en sus nuevos hogares, en su mayoría provisionales. Se enfrentan a un futuro incierto: sin trabajo, sin casa propia y con una sociedad que recela de su pasado. Su camino no será fácil. Y su relación con las autoridades españolas tampoco. Aún tendrán que hacer frente, entre otras acciones de control, a sus innumerables interrogatorios. Muchos de ellos no soportarán toda esta presión y acabarán tomando la decisión de volver a la Unión Soviética. Pero los que se quedan están a punto de convertirse en protagonistas de uno de los proyectos más importantes llevados a cabo por Estados Unidos en España. Un proyecto que durará más de cuatro años y que llevará por nombre «Project Niños».

El epicentro de la Guerra Fría se desplaza hacia el sur de Europa. La CIA acaba de colocar a los Niños en su punto de mira.

2

1937-1938. Los cartones de colores

La tarde del 26 de abril de 1937 Teresa Alonso se dirige a Gernika. Es lunes, día de mercado, y la ciudad bulle. Unas diez mil personas, entre vecinos y forasteros, regatean, compran y venden a destajo. Teresa, con doce años, recorre en autobús los treinta y cinco kilómetros que separan Bilbao de Gernika. Un camino que realiza cada semana desde que su familia abandonara San Sebastián al inicio de la Guerra Civil. Desde entonces sobreviven como pueden a una guerra que se acerca cada día un poco más. Esa tarde la madre de Teresa le encarga que compre unos filetes de carne de caballo.

A punto de llegar a Gernika los pasajeros miran al cielo. Hay movimiento en el aire: mal presagio. Todos salen del autobús. Teresa, que viaja junto con una vecina, se aproxima a un pequeño montículo cercano a la carretera. Quieren ver qué pasa al otro lado, el origen de una inmensa humareda que es cada vez más intensa. Al llegar a la cumbre, lo que ven las deja totalmente aterradas. Las llamas devoran la ciudad. Los cráteres dejan entrever las escasas construcciones que aún quedan en pie. La histórica Casa de Juntas, la iglesia de Santa María y el centenario roble de Gernika son los pocos supervivientes de esta barbarie. La ciudad entera está ardiendo.

Las sirenas de la ciudad no dejan de sonar. Teresa Alonso y el resto de los pasajeros se esconden durante unas horas en la montaña. Temen ser vistos por la aviación, que sigue sobrevolando los alrededores de Gernika. Los Junkers 52 son los bombarderos alemanes que se ven a mayor distancia: descargan bombas una y otra vez sobre la población. Los más ligeros y rápidos son los Heinkel 51: esos son los que más temen desde la cumbre. Teresa cierra los ojos con fuerza.

Sobre las siete y media de la tarde el conductor del autobús da la orden de regresar a Bilbao. En ese momento, las sirenas enmudecen de pronto. Lo que dejan a sus espaldas es una ciudad totalmente destruida.

En casa de Teresa, el pánico de una madre aterrorizada ante la ausencia de noticias de su hija se ceba con ella con cada minuto que pasa. Las noticias que se retransmiten por la radio son desoladoras. Por eso, cuando Teresa regresa a Bilbao, su madre toma la que seguramente sea la decisión más difícil de toda su vida: alejar a su familia de la guerra.

Ese día Gernika ha sido el escenario de una masacre civil en la que cazas alemanes e italianos han bombardeado la ciudad ametrallando indiscriminadamente a su población. Gernika tardará más de un día en sofocar las llamas; la destrucción es total. Los corresponsales extranjeros que cubren la Guerra Civil en España son testigos de la matanza y su crónica cruza rápidamente las fronteras españolas. Por eso, y a pesar de los esfuerzos del cuartel general de Francisco Franco por negar los hechos, la noticia consigue dar la vuelta al mundo en un tiempo récord. Uno de los corresponsales que vive este dramático momento es el enviado especial de *The New York Times*, George Steer, que resume así lo ocurrido:

> Guernica, la ciudad más antigua de los vascos y centro de su tradición cultural, fue destruida por completo ayer por la tarde en un ataque aéreo de la insurgencia. El bombardeo de esta ciudad abierta situada muy por detrás de las líneas duró exactamente tres horas y cuarto, a lo largo de las cuales una poderosa flota de aviones que consistía en tres modelos alemanes, bombarderos Junkers y Heinkel, no cesó de arrojar sobre la ciudad unos artefactos que pesaban un máximo de 450 kilos y se calcula que más de 3.000 proyectiles incendiarios de aluminio con un peso de un kilo cada uno. Los cazas, entretanto, descendían sobre el centro de la ciudad para acribillar con sus ametralladoras a la población civil que se había refugiado en el campo.

Gracias a esta y a otras crónicas, la comunidad internacional comienza a ver con preocupación el devenir de la población civil que resiste en el bando republicano. Hasta ese momento y salvo excepciones, la mayor parte de los países se había atenido al principio de no intervención en el conflicto español. Desde el inicio de la guerra, la Unión Soviética colabora con el bando republicano justificándose en el derecho de ayudar al proletario español. Y otra excepción nunca reconocida oficialmente, la de los alemanes e italianos, dos potencias fascistas que facilitan material armamentístico al bando nacional liderado por Franco, entre ellos los cazas que acaban de bombardear la ciudad de Gernika.

Ese bombardeo cambia las normas establecidas en el marco

internacional. A pesar de que países como Inglaterra o Francia se han mantenido firmes en su decisión de no intervención, la llamada de socorro del lehendakari José Antonio Aguirre consigue que algunos países accedan a acoger a los Niños de la guerra:

> Ante Dios y la Historia que nos ha de juzgar, afirmo que durante tres horas y media los aviones alemanes han bombardeado con una fiereza desconocida hasta aquí, a la población civil indefensa de la histórica villa de Gernika, reduciéndola a cenizas y persiguiendo con tiro de ametralladora a las mujeres y niños que han perecido en gran número mientras huían locos de terror. [...] Quiero creer que las naciones acudirán en auxilio de más de trescientas mil mujeres y niños que vienen a refugiarse a Bilbao. Nada pedimos para los hombres, pues nuestro propósito firme de defender la libertad de nuestro pueblo nos hará afrontar los mayores sacrificios con el ánimo sereno y la conciencia tranquila.

El impacto internacional que provoca el bombardeo de Gernika es una de las razones que induce al gobierno republicano a tratar de salvar al mayor número de niños posible. El avance imparable de las tropas sublevadas hace temer lo peor: un nuevo bombardeo sobre la población civil, esta vez en Bilbao. No hay tiempo que perder.

Un día más, Cecilio se sienta junto a su hermano Juan a la entrada de su casa, situada en un alto de la ciudad de Bilbao. Miran al horizonte. Cada día las bombas se les acercan un poco más. Cecilio tiene siete años y ya empieza a familiarizarse con la aviación que amenaza la ciudad. Reconoce el avión biplano soviético que sobrevuela los alrededores; lo llaman «el Chato». Ese es un avión amigo. Y también sabe, porque alguien se lo ha dicho, que en el puerto de Santurce un barco de guerra, el *José Luis Díez*, es el único que hace frente a la aviación enemiga. Italianos, alemanes y españoles sublevados bombardean su ciudad. Algunas casas ya han sido destruidas.

El peligro es cada vez mayor cuando Cecilio y su hermano deciden que ya es momento de volver a cobijarse, un día más, en los refugios antiaéreos construidos en diferentes puntos de la ciudad. En solo unos meses se han construido doscientos sesenta y nueve. Los bilbaínos han utilizado todos los recursos a su alcance para poder proteger al mayor número de sus vecinos. Y para ello cualquier lugar bajo tierra puede ser útil. Cuando suenan las sirenas, todos corren a sus refugios más cercanos. Algunos son antiguas vías soterradas del tren, otros se alojan en los sótanos de fábricas o edificios que se han acondicionado para acogerlos. En muchos cines, galerías, escuelas o minas también cuelga el cartel de REFUGIO en sus puertas.

A pesar del gran número, los refugios no dan abasto para proteger a los más de ciento sesenta mil habitantes que tiene Bilbao en ese momento. Durante unas horas apenas pueden moverse. Los techos bajos inducen a la claustrofobia incluso a los que no la padecen. El tiempo acaba con los nervios de la mayoría. El miedo los consume. Cecilio y su hermano aguantan como pueden. Hasta que el grito de un desconocido les hace reaccionar.

—Los que se vayan a Rusia que salgan.

Es 12 de junio de 1937 y, a pesar del peligro que corren, Cecilio y Juan deciden salir del refugio. La ciudad está desierta y solo las bombas rompen el silencio de las calles. Eso, y las pisadas de personas que corren sin saber muy bien hacia dónde. Ellos también corren hacia su casa. Allí los espera su madre y su hermano pequeño, Angelín. Las maletas están preparadas: ha llegado el día. Cecilio y Juan se reunirán en el puerto de Santurce con otros mil quinientos niños para ser evacuados a los países que han accedido a acogerlos de forma temporal.

Su destino es la URSS.

Tras dar luz verde a la evacuación de los niños la República se pone manos a la obra. Diferentes organizaciones colaboran en su traslado. El Socorro Rojo Internacional, los cuáqueros y los brigadistas internacionales también dan cobertura a los preparativos. En el País Vasco, el PNV asume un papel decisivo. El Gobierno General de Asturias y León hará lo propio con los niños asturianos solo unos meses después. El objetivo es trasladar el mayor número posible de infantes para ponerlos a salvo.

Rusia, que ya colabora con los republicanos proporcionándoles armamento además de instructores soviéticos a través del Komintern, abre sus puertas para la acogida de casi tres mil niños. En Inglaterra, aunque oficialmente el país mantiene su posición de no injerencia en el conflicto español, son muchas las organizaciones y los sindicatos que se ofrecen a acogerlos. La población civil es la que toma las riendas del traslado. En total, seis mil niños españoles acabarán siendo evacuados a Gran Bretaña. Por su parte, Bélgica acogerá a cinco mil, Francia hará lo mismo con cerca de veinte mil menores; Dinamarca asumirá cien y México cerca de quinientos. En total, alrededor de cuarenta mil niños serán evacuados de la zona de guerra entre 1937 y 1938. La historia los acabará bautizando como los «Niños de la guerra».

El contacto de un familiar que trabaja en el gobierno vasco la pone sobre la pista.
—Me han dicho que está a punto de salir un barco a la Unión Soviética. ¿Puedes apuntar a mi Teresa?
—A ver, que esto es muy gordo. ¿Estás segura?
—Que sí, apúntala. ¿Cuándo se irán?
—No lo sabemos aún, pero debéis estar preparadas.

La madre de Teresa Alonso lo tiene claro: lo mejor es mandar a su hija lejos de la guerra. La niña tiene doce años. Es pequeña, pero sabe valerse por sí misma. «Solo serán unos meses. Solo eso.» Su madre parece convencerse a sí misma al tiempo que firma la autorización de su evacuación.

Deben darse prisa, pues el barco está prácticamente lleno. Más de mil cuatrocientos niños ya están en la lista. Entre ellos se encuentran Cecilio Aguirre, Santiago Martínez, Manuel Arce y José María Bañuelos.

No es la primera vez que Teresa oye hablar de la URSS. Tiene este país en un buen concepto. Son los que ayudan a la República y eso, viniendo de una familia de izquierdas, tiene un valor especial. Desde que empezara la guerra, su madre cose para las milicias: pantalones, monos o trajes para el ejército. Cualquier ayuda es buena para colaborar con los suyos. Su padre es ferroviario y también tiene una hermana mayor, pero ella no se va. Es demasiado mayor para apuntarla. Teresa se enfrenta a un viaje en solitario; un viaje largo, pero una estancia breve en el tiempo. Al menos eso es lo que todos quieren creer. Una derrota de la República no está en los planes de ninguno de ellos. Al terminar la guerra, le dicen, regresarás a casa.

La organización de una evacuación a gran escala en medio de una contienda no es nada fácil. El primer paso es conseguir un barco que pueda trasladar al mayor número de niños posible. El vapor *Habana* reúne todos los requisitos. El buque, el más grande construido en España hasta la fecha, ha interrumpido su tarea habitual como trasatlántico al inicio de la Guerra Civil. Desde hace meses se encontraba anclado en el puerto de Santurce, donde los republicanos le han dado diferentes usos. Primero se convirtió en cobijo de los refugiados que llegaban del frente de Vizcaya. Pasó a establecerse como un hospital improvisado y ahora tiene una nueva misión que cumplir. En él están a punto de ser evacuados miles de niños. De ellos, 1.495 se dirigirán a la URSS. No van solos, casi doscientos adultos viajan con ellos.

Estos últimos forman parte del personal auxiliar que no solo acompañará a los niños durante su evacuación, sino que también convivirán con estos dure lo que dure su estancia en el país de acogida. Entre ellos se encuentran médicos, enfermeras y educadores; todos simpatizan con la República. Y a partir de ese momento su destino también estará unido al de los Niños de la guerra.

El segundo objetivo es contactar con las familias o que estas puedan comunicarse con ellos para inscribir a sus hijos en la expedición. Algunos, como la madre de Teresa, lo han podido hacer a través de contactos en el gobierno vasco. El boca a boca es una vía muy eficaz. Pero también hay otro colectivo: el de niños que han perdido a sus familiares en la guerra o bien tienen a sus padres luchando en el frente. Todos esos niños viven ahora en los orfanatos de hijos de milicianos.

Cecilio y su hermano Juan llegan al puerto de Santurce, que se ha convertido en un auténtico hervidero de familias despidiéndose de sus hijos. Su madre los ha acompañado. La despedida es corta: «Hasta pronto»; es decir, hasta que la guerra termine. Solo entonces volverán. Antes de embarcarse, la organización ofrece a cada niño evacuado una identificación, imprescindible para que cada uno llegue a su destino. Un cartón en forma de hexágono con un número y el nombre del país al que van. Cecilio y Juan reciben el suyo. En grandes letras pueden leer: EXPEDICIÓN A LA URSS.

En ese mismo puerto, seguramente a pocos metros de distancia de Cecilio, Manuel Arce se despide de sus padres. Tiene ocho años y su hermano acaba de cumplir los doce. Ambos llegan de Algorta, donde han vivido con su familia desde el inicio de la Guerra Civil. Tras varios días en los que apenas han conseguido salir del refugio antiaéreo, sus padres han decidido definitivamente alejarlos de las bombas, al menos mientras dure la contienda. A ellos también les dan una identificación: la misma. Cada cartón tiene un color distinto, ligado al país de destino.

La familia de José María Bañuelos es extensa. Sus padres han inscrito a sus cuatro hijos en la expedición: tres niños y una niña. De todos sus cuellos cuelga el mismo identificativo. No hay lágrimas en su despedida. Para José María la expedición se presenta como una auténtica aventura que promete contar a su regreso.

Y un niño más. Desde que empezara la Guerra Civil española, la vida de Santiago Martínez ha sido un cambio de vivienda continuo. Su padre, comunista de raza, ha ofrecido su casa como sede donde celebrar las reuniones del Partido en Bilbao. Durante todo este tiempo la policía ha seguido sus pasos. Y a cada paso, un nuevo cambio de hogar. Así ha transcurrido la vida de Santiago hasta la muerte de su padre, caído en el frente que defendía su ciudad. Es entonces cuando su madre, sola y con cinco hijos a su cargo, ha decidido mandar a los tres hermanos mayores a la URSS. Les ha hecho una promesa: la misma que escuchan tantos otros niños evacuados.

—Prometedme que seréis buenos.

—Sí, madre. Pero yo no quiero ir.

—Ahora es lo mejor que puedo hacer por vosotros. Os prometo que cuando acabe la guerra regresaréis.

—¿Lo promete, madre?

—Lo prometo.

Con la mirada puesta en sus familias, los niños comienzan a subir al *Habana*. Cecilio, Manuel, José María y Santiago son solo cuatro de esos niños evacuados. Teresa también se encuentra entre ellos. Esperan varias horas hasta que el barco emprende su camino. Lo hace al amanecer, cuando disminuye la amenaza de un posible ataque por parte de la flota franquista. El viaje no está exento de peligro.

Esta será la última travesía que realice el navío, la última gran evacuación procedente del País Vasco. Tan solo seis días después de la evacuación, Bilbao cae en manos de las tropas franquistas.

La expedición de Niños del País Vasco se considera la más importante en número de evacuados. Pero existe una anterior que ha salido en marzo de ese mismo año desde Valencia. A bordo del buque *Cabo de Palos* viajan casi un centenar. Proceden de Madrid, Málaga, Almería, Játiva, Oliva, Gandía y otros municipios de la zona de Valencia. Algunos emprenden el camino solos, otros lo hacen junto con sus hermanos. Pedro Cepeda viaja en ese barco. Tiene catorce años y pertenece al grupo de los mayores. Su hermano Rafael, dos años menor que él, también está ahí. Seguramente ni Pedro ni Rafael deberían viajar en ese barco, pero ahí están, rumbo a un país que no conocen. Un cúmulo de desgraciadas decisiones los ha colocado en un barco que, según les han dicho, se dirige hacia la URSS.

Naturales de Málaga, provienen de una familia humilde y si tienen que empatizar con algún bando, lo hacen con la izquierda. Pero no son políticos, ni les importa. Su padre, pintor de brocha gorda, está afiliado a la CNT. Del mismo modo que lo están el resto de los pintores de brocha gorda de Málaga de la época. Ante el desastre de la guerra, su abuela mueve los hilos para mandar a sus dos nietos a Valencia. Ahí vive su sobrina, que les ha asegurado que podrán residir con ella todo el tiempo que sea necesario. Al menos hasta que la cosa se calme en Málaga.

Pero los planes cambian de inmediato cuando el tío de Pedro se niega rotundamente a acogerlos en su casa. Su decisión es firme y en pocos días consigue colocarlos en un orfanato organizado por el Partido Comunista. El 21 de marzo de 1937 todos los niños acogidos allí son trasladados al *Cabo de Palos*. Los padres de Pedro y Rafael no han dado ningún tipo de consentimiento para su evacuación. A pesar de ello, los dos niños embarcan en el navío. Cuando Pedro regrese a España, casi treinta años después, sus padres ya habrán muerto. Durante ese tiempo incluso pondrá en juego su vida para poder volver a su hogar y estar de nuevo junto a su familia. Cuando lo consiga, ya será demasiado tarde para él.

Entre los evacuados también hay hijos de políticos y altos cargos de la República. Otros simplemente son hijos de padres que simpatizan con la izquierda. En el navío viaja un sobrino de Dolores Ibárruri, la Pasionaria: la mujer que, en poco tiempo, acabará orquestando el futuro de todos los niños que llegan a la URSS. La persona que se convertirá en máxima dirigente del Partido Comunista español en el exilio.

Pero todo esto aún no lo saben. Es marzo de 1937, son niños y navegan por el Mediterráneo en lo que para ellos se ha convertido en una aventura sin precedentes. Ya les queda menos para llegar al puerto de Yalta, en Crimea.

En septiembre de 1937, con Bilbao y Santander en manos de los sublevados, Asturias resiste la ofensiva franquista. Es el último reducto republicano en el norte de España. Las tropas avanzan rápido y el gobierno asturiano decide poner a salvo al mayor número de niños posible. La historia se repite solo dos meses después de la partida del *Habana*. La República dirige una nueva evacuación. La Consejería de Instrucción Pública del Gobierno General de Asturias y León la pone en marcha. Gijón es el epicentro de la nueva evacuación: «Apenas el Gobierno General de Asturias y León recibió el ofrecimiento de patrocinar y sostener por su cuenta una Colonia de niños asturianos que habían de ser conducidos a las tierras de Rusia, los organizadores dieron comienzo a su labor de reclutar los niños que habían de formarla».

Asturias padece una gran escasez de productos. La mayor parte de la tierra agrícola ya está en manos del bando nacional. Cristóbal García Galán vive con su familia en Gijón en una casa muy humilde. Son ocho hermanos y solo un sueldo llega de su padre ferroviario. Pasan hambre. Y miedo. El rugido de los bombarderos alemanes aterroriza a la población. En el seno familiar ven la evacuación a la URSS no únicamente como una forma de salvar a sus hijos, sino también como un medio para aligerar su carga familiar. Pero no pueden viajar todos: algunos son demasiado mayores; otros, demasiado pequeños. Solo pueden inscribir a tres de ellos. En ese momento les dicen que todos regresarán cuando haya acabado la guerra en España.

La espera se hace larga. Mientras las autoridades aguardan la llegada de un barco que pueda llevar a cabo la evacuación, la Cruz Roja Internacional traslada a los niños inscritos a una finca confiscada por los republicanos. Durante varios días, Cristóbal está encantado. Recibe comida diaria; sobre todo, arroz. Ya es mucho más de lo que habría podido comer en su casa.

La evacuación les pilla por sorpresa. En plena noche, los organizadores los despiertan y trasladan al puerto; no hay tiempo que perder, ni siquiera para despedidas. Es 23 de septiembre de 1937 y los espera un desvencijado mercante francés. Poco más de mil niños suben a bordo. La mayor parte de ellos hace meses que viven en orfanatos. Son hijos de padres que luchan en el frente o que han muerto en combate. El gobierno asturiano centra su atención en ellos:

Se comenzó por pedir autorización a los familiares de los que estaban recogidos en varios orfanatos de hijos de milicianos, y estos constituyen el núcleo principal alrededor del que se han ido congregando todos los demás hasta el número de 1.092 niños que navegan en este momento por el mar del Norte en busca de Leningrado. Forman esta huérfanos de milicianos, niños cuyos padres o hermanos luchan en los frentes de Asturias y algunos más evacuados de Santander o recogidos del arroyo por haber perdido a sus familiares o haberse extraviado de estos.

Matutina Rodríguez está a punto de cumplir ocho años. No tiene recuerdos de su madre, fallecida cuando ella aún era un bebé. Hace unos meses que su padre ha muerto en el frente. Desde ese momento, su tío se ha hecho cargo de la situación de su familia. Pero, ante la imposibilidad de mantener seis bocas más, ha tomado la decisión de ingresar a los cuatro hermanos menores en La Estrada, un orfanato de hijos de milicianos ubicado en la localidad asturiana de Infiesto. La expedición que se está organizando para salvar a los Niños de la guerra se presenta como una oportunidad para ellos. Su tío firma para permitir su evacuación, pero la espera también se hace larga para Matutina. Desde hace unos días vive en un nuevo orfanato en Gijón, hasta que una noche, la misma que Cristóbal, se los traslada al puerto. Tampoco nadie se despide de Matutina.

Secundina Blanco es una niña de ocho años con una relación muy estrecha con su abuela. Su madre murió cuando ella solo tenía uno. Su padre falleció en un accidente laboral en una mina asturiana. Es la menor de cinco hermanos y durante todo ese tiempo se ha hecho cargo de ella su abuela, que no desaprovecha la oportunidad de alejarla de la atrocidad de la guerra. Así que desde hace unos días vive en Gijón junto con otros niños de la cuenca minera. De nuevo, esa misma noche, un autobús los traslada de forma repentina y en plena oscuridad hasta el puerto del Musel. La emoción, el sueño y el miedo vencen a Secundina, que acaba dormida en el muelle. Cuando su vecina la despierta, arranca en ella un llanto desconsolado: no ve a su abuela. Todos suben al barco echando la vista atrás.

El apellido Argüelles es bien conocido en Asturias. Horacio Argüelles, padre de Chelo, había formado en Gijón el batallón Máximo Gorki cuando tuvo lugar en esa ciudad la Revolución de 1934. Pero fue en la Guerra Civil cuando cayó en el frente, en los alrededores de Oviedo. La madre de Chelo, con tres hijos a su cargo, también firma la autorización para mandarlos a la URSS. La noche en que parten en el mercante francés pasan miedo. Los adultos mandan silencio: cualquier cautela se queda corta cuando se trata de burlar la vigilancia de los nacionales. Pasan la noche tumbados en la bodega del barco, unos encima de otros. Chelo puede oír el llanto de los niños más pequeños.

Las autoridades también hacen sus deberes. Tantos niños tienen que estar perfectamente organizados y para ello elaboran unas fichas personales. Ninguno puede quedarse en el olvido:

> Se hicieron las inscripciones para la Colonia con todo detenimiento, detallando en fichas individuales los nombres, apellidos, edad, sexo, naturaleza, padres, procedencia y huellas dactilares. Las inquietudes de la guerra han hecho que todos estos detalles no pudieran ser tomados con la escrupulosidad que el caso requería y la premura del tiempo y el ser

elegidos en una extensa zona de las provincias que se hallaban bajo el mando del Frente Popular, dificultaron en parte esta labor. Cuando hubo noticia de la proximidad a nuestras costas de un barco que habría de evacuarnos, se pasó aviso por toda la zona leal, a fin de que los niños designados se concentraran en Gijón.

Es un viaje de alta tensión. Varios buques de guerra franquistas vigilan las aguas territoriales. Sorteando cada peligro, el mercante francés consigue alcanzar la costa francesa. De ahí partirán a Inglaterra, donde dos barcos soviéticos, el *Kooperatsia* y el *Feliks Dzerzhinsky*, pondrán definitivamente rumbo a Leningrado.

El bando nacional sigue su avance por el territorio español. En 1938 Barcelona es una de las pocas ciudades que aún resiste a los sublevados. Rosa Ortiz tiene cinco años y vive en el marinero barrio de la Barceloneta, el cual su familia abandona con el inicio de los bombardeos por parte de la aviación italiana en marzo de ese mismo año. Su nuevo destino es uno de los palacetes abandonados hace meses por sus dueños, pertenecientes a la alta burguesía catalana. Es ahí donde el Estado Mayor de la aviación republicana ha instalado su centro de mando provisional. Rosa juega entre las ruinas, en medio de un ir y venir de milicianos, y lo hace también con Vicenta Alcover, que tiene ocho años.

A Rosa le gusta leer. E investigar. Y aprender. Si hubiera creído en señales, ese día seguramente es el momento oportuno para confirmarlo. Coge una revista cualquiera y le llama la atención su portada roja y un gran titular escrito con enormes letras blancas: LA URSS. En su interior, la revista recoge un amplio reportaje de los niños de la República que hace casi un año han sido evacuados a la Unión Soviética. Las fotografías muestran a unos niños felices, que estudian en aulas con todo tipo de instrumentos, que se bañan en el río, que hacen gimnasia y que incluso esquían. Lo que ve la impresiona: la sonrisa de esos niños despierta en ella cierta envidia. «Ojalá algún día pueda ponerme unos esquíes.» Rosa sueña despierta.

La realidad que vive en Barcelona es muy distinta. Sus juegos conviven a diario con el sonido de las sirenas que alertan de un inminente ataque aéreo, con el ruido de los bombarderos que se acercan, con el temblor de tierra que sigue a cada explosión. En el centro de mando la situación es cada vez más crítica. El peligro es máximo y su madre toma una decisión, en contra de los deseos del resto de su familia. Aconsejada por la mujer del jefe de aviación de la República, Hidalgo de Cisneros, finalmente consigue salirse con la suya e inscribe a su hija mayor, Rosa, en la lista de evacuados. Su otra hija, que cuenta con poco más de un año, no puede viajar en la expedición. Las normas son claras: no pueden apuntarse niños menores de cuatro años ni tampoco mayores de quince. Su nueva amiga de juegos en el barrio de Pedralbes, Vicenta, de ocho años, también emprenderá el mismo viaje.

Al igual que lo hacen los tres hermanos Vega de la Iglesia. Su padre, Ernesto Vega de la Iglesia, es un destacado político republicano que, ante el imparable avance de los sublevados, busca poner a sus hijos a salvo. No solo para evitarles el horror de la guerra, sino también por miedo a posibles represalias contra su propia familia en el caso de una derrota definitiva de la República.

Finalmente, el 28 de noviembre de 1938 varios autocares salen de la plaza Cataluña. En ellos viajan trescientos niños, todos ellos hijos de defensores de la República. Se dirigen a Francia, donde un navío los espera para trasladarlos a Leningrado, en la URSS. Pero el camino no es fácil; en varias ocasiones los niños deben salir a toda prisa de los autocares para protegerse en las cunetas. Las bombas arrecian justo antes de su paso a Girona. Cuando consiguen llegar a Perpiñán, el camino se despeja; cogen un tren que los lleva hasta París y de ahí van a El Havre. En el puerto, un barco está listo para partir hacia Leningrado. Esta será la última expedición de niños españoles enviada por la República.

Los educadores y responsables que viajan en el *Habana* tienen ante sí un reto imposible: mantener a raya a la marea infantil que corre por la cubierta. Todos llevan sus identificativos colgados del cuello, aunque los niños se refieren a él como «el cartón». Los más pequeños juegan con ellos; muchos aún no saben leer y se guían por su color preferido para intercambiárselo por otro identificativo cuyo tono les gusta más que el suyo. Un inocente cambio de cromos que, sin pretenderlo, modifica el destino de muchos de ellos. Manuel Arce es testigo de escenas así. Y ese destino llega solo unas horas después en el puerto de Burdeos, donde los niños se dividen. Cada barco tiene un rumbo diferente y cada niño se dirige al que lleva escrito en su cartón. Algunos desembarcan con un identificativo distinto con el que entraron.

Los niños que se dirigen a Rusia suben al *Sontay*, un navío mercante que los lleva por el mar del Norte hasta Leningrado.

Un temporal a su paso por las costas de Alemania hace palidecer a toda la tripulación y los más pequeños llaman desconsolados a gritos a sus madres.

Teresa Alonso, que tiene doce años, colabora con los educadores para aliviar su pena y se centra en una niña que busca asustada a su primo.

—Tranquila, yo te ayudo. ¿Cómo se llama?

—Ignacio.

—Vamos a buscarlo.

Teresa la coge de la mano y recorre el barco de un extremo a otro. Cuando la niña reconoce a su primo, echa a correr hacia él: se llama Ignacio Aguirregoicoa. Tiene la misma edad que Teresa. Hablan, se miran y les gusta lo que ven. Desde ese preciso momento, Ignacio se convierte en el gran amor de su vida.

Porque ese día, en ese barco, las emociones fluyen por doquier.

La colonia asturiana que se dirige a la URSS lo hace a bordo del *Kooperatsia* y del *Feliks Dzerzhinsky*. Durante el trayecto, todos los evacuados están obligados a pasar por un programa de limpieza e higiene personal. Los piojos se han adueñado de la mayor parte de las cabezas del barco y la desparasitación es urgente antes de llegar a puerto. Limpios y aseados, toman asiento en el comedor. La comida es abundante y rica. Con el estómago lleno, cada vez son más los niños que empiezan a esbozar ligeras sonrisas. Ya queda menos para llegar a Leningrado.

A principios de diciembre de 1938 Rosa, Vicenta y Ernesto

embarcan en el mismo buque soviético que un año antes había evacuado a los niños asturianos, el *Feliks Dzerzhinsky*. Durante la noche, a su paso por el estrecho de Dinamarca, los responsables de los niños los levantan a toda prisa y les ordenan que suban a cubierta. Ante ellos aparece un imponente buque alemán. Por primera vez en sus vidas ven con sus propios ojos la esvástica nazi. La mayoría es consciente de su significado y los más pequeños enseguida lo aprenden: «Es un barco fascista». Eso sí que lo entienden.

Desde la cubierta del barco es la primera vez que Vicenta ve caer copos de nieve. Hace frío y ellos apenas llevan ropa de abrigo. Es 5 de diciembre y en la URSS se celebra la fiesta de la Constitución. El puerto está abarrotado: los rusos han acudido en masa al muelle para darles la bienvenida. No es la primera vez que vienen a recibir a un grupo de niños españoles, pero su entusiasmo es el mismo que en las otras ocasiones. El asombro de los evacuados es aún mayor.

Besos, abrazos, caricias. La calurosa bienvenida abruma a los niños. Bailes, música o el himno de la República cantado por los soviéticos los sobrecoge. Llevados por la masa, algunos se animan a levantar el puño en alto. Los más pequeños, en brazos de responsables, educadores y marinos emocionados ante la calurosa recepción, sonríen ante una población deseosa de acogerlos. Algunos niños reciben caramelos, a otros los tocan como si fueran deidades, les caen flores de todos lados. Los hay que lloran ante esa felicidad inmensa. Después de todo lo que han pasado, lo que viven en ese momento es difícil de explicar.

Ese sentimiento cala de manera profunda en Rosa, Vicenta y Ernesto. Al igual que un año antes ese momento se había instalado definitivamente en el corazón de Cecilio, Teresa, Santiago, Manuel o Secundina. La entrañable bienvenida empieza a mitigar sus miedos.

La Unión Soviética los recibe con gran entusiasmo. La URSS es la patria del proletariado, según la propaganda oficial, y la acogida de los hijos de los trabajadores españoles amenazados por el fascismo se convierte en un referente para la propaganda soviética exterior. No solo el gobierno les ha abierto las puertas del país, sino que el pueblo ruso muestra su apoyo incondicional a los hijos de la República.

Entre 1937 y 1938, 2.895 niños y niñas españoles llegan a la URSS. Sus edades están comprendidas oficialmente entre los cuatro y los quince años. Los mayores ven la expedición como una excursión única e irrepetible. Los pequeños, aunque perdidos, se sienten mejor tras el gran recibimiento del pueblo ruso.

Varios autocares los trasladan a su primer destino provisional. Durante el trayecto cruzan avenidas de dimensiones gigantescas. Pasan muy cerca de las vías de un tranvía donde un grupo de mujeres está trabajando. «¡Mujeres trabajando! Eso sí que es nuevo.» Cecilio no sale de su asombro: piensa en el escándalo que se hubiera montado en España al ver a un grupo de mujeres cogiendo el pico y la pala. Este país promete ser diferente.

Los llevan a un edificio de la ciudad, donde su estancia es breve y aprovechan para asearse. Al salir de las duchas sus ropas han desaparecido y las han reemplazado unos uniformes clásicos de estudiantes rusos: pantalón largo azul marino para ellos, falda para ellas. Una chaqueta y el pañuelo de pioneros. Todos iguales. Todas iguales. A pesar de la novedad, Chelo Argüelles echa de menos el vestido que había traído y que su madre le había cosido con sus propias manos. «Cuando se entere se va a enfadar», piensa.

En medio de la vorágine y el ajetreo, los responsables de la evacuación se afanan por rellenar las fichas personales de cada uno de los niños. En los listados apuntan nombres, procedencia y edad.

En pocos días los niños se instalarán en unas casas de colonias habilitadas especialmente para ellos, donde gozarán de una atención exquisita y de una educación que jamás hubieran soñado en España. Lejos de la guerra, algunos niños duermen por primera vez en paz. Se oyen sollozos en la noche.

Todos echan de menos a sus familias.

3

Y en España, la CIA. Primeros interrogatorios

> Desde la perspectiva del gobierno español, la repatriación constituía un peligro para la seguridad, mientras que para la inteligencia estadounidense suponía una fuente potencial de información sobre la Unión Soviética. Este interés común en los repatriados, opuesto de algún modo para los servicios de inteligencia, conllevó al establecimiento en marzo de 1957 de un centro de interrogación ▆▆▆ en Madrid, compuesto por representantes de ▆▆▆ tres de los departamentos del gobierno de EE.UU. bajo la dirección administrativa de la CIA. Este programa especial duró cuatro años [,] en los cuales fueron interrogados unos mil ochocientos repatriados, generando más de dos mil informes favorables para el servicio de inteligencia.
>
> LAWRENCE E. ROGERS,
«Project Niños»

Teresa Alonso está sentada en la sala de interrogatorios con la boca cerrada. Está dispuesta a mantenerse firme en su postura.

—¿A qué se dedica su marido?

—No le sé decir.

—¿No sabe a qué se dedica su marido?

—Le he dicho que no lo sé. No me contaba nada.
—¿Sabe usted que su marido formaba parte del Partido?
—Parece que sabe usted más que yo.

La insistencia de las preguntas irrita sobremanera a Teresa. Y también a su interlocutor, que decide pasar a un tono más amenazador:

—Señora Alonso, usted no tiene vivienda. ¿Me equivoco?
—No, no se equivoca.
—Si coge esta carta podrá tener una. No se olvide de que tiene una hija.
—No hace falta que me lo diga. Ya lo sé.

A pesar de su resistencia, Teresa tiene miedo. ¿Hasta dónde llegará la amenaza de este hombre?

—No quiero esta carta.

Tres días después Teresa regresa a Barcelona con las manos vacías. Su cabeza no deja de dar vueltas. «¿A cuánta gente le habrán ofrecido esta carta envenenada?» Está llena de ira. Y lo peor de todo: «¿Cuántos de ellos la habrán aceptado?».

«Project Niños» es el resultado de los cuatro años de interrogatorios a los que fueron sometidos los casi tres mil españoles repatriados de la Unión Soviética, en su mayoría Niños de la guerra. El informe, escrito en 1963 por el analista sénior de la CIA Lawrence E. Rogers, se centra en el análisis y la valoración de la información que los agentes norteamericanos consiguen a través de los testimonios de los retornados. Hoy en día, la mayor parte de la información obtenida como resultado de miles de horas de interrogatorios se encuentra aún clasificada. La única fuente de la que se dispone hasta la fecha reside en el informe de Lawrence E. Rogers desclasificado en 1995, casi treinta años después de su publicación interna. Aunque no se conoce la identidad real de Rogers, el exanalista de la CIA Brian Latell apunta a que podría ser un participante sénior en la operación de Madrid. Los matices de sus palabras y el análisis detallado del proyecto sostienen esta hipótesis. Y, como ocurre en el oscuro y ambiguo mundo de la inteligencia y el espionaje, nadie es quien dice ser. Lawrence E. Rogers posiblemente sea también un nombre inventado. Un *nom de plume*. Aunque en la Agencia Central de Inteligencia estén más familiarizados con el término «alias».

A pesar de la gran información que proporciona «Project Niños», lo cierto es que el informe aún mantiene algunos datos bajo secreto. A pesar de su desclasificación, el texto está salpicado de frases y párrafos tachados que impiden su lectura completa. Esta amputación parcial de la información solo puede tener un significado. Project Niños todavía sigue siendo una operación demasiado sensible para ser revelada al público norteamericano y al mundo. Se trata de información proveniente de una fuente clandestina que aún podría llegar a comprometerlos. Mientras los Niños sigan con vida, el material seguirá clasificado.

Algunos documentos de la Unidad de Misiles Guiados encontrados en los archivos de la CIA se refieren directamente a los españoles como sus fuentes, lo que demuestra la importancia de Project Niños para los servicios secretos estadounidenses. La información obtenida de los españoles repatriados será clave para el desarrollo de los planes de acción de EE.UU. en uno de los períodos de mayor tensión vividos durante la Guerra Fría.

Desde 1954, coincidiendo con los Pactos de Madrid firmados por España y Estados Unidos, la sede de la jefatura europea de la CIA se encuentra en España. Su ubicación no es fruto de la casualidad. Los norteamericanos consideran la Península como uno de los lugares más seguros y geoestratégicos del continente. También son conscientes de la influencia histórica que España ejerce o ha ejercido sobre muchos países del mundo, especialmente sobre Latinoamérica. Ahora, tras el regreso de los españoles de la URSS, los servicios de inteligencia de EE.UU. se disponen a llevar a cabo su primera gran operación en el país: Project Niños. Una operación que requiere de la colaboración necesaria de las autoridades españolas.

Las negociaciones se llevan a cabo al más alto nivel. El día en que el general jefe de la CIA sale de la reunión con Francisco Franco, el ministro del Ejército Agustín Muñoz Grandes y otros altos mandos militares, lo hace con una autorización bajo el brazo. Una nota confidencial destinada al ministro de Gobernación con fecha del 7 de marzo de 1957 expone las razones de la colaboración española con los norteamericanos:

> No hay duda de que el mundo gira alrededor de dos órbitas políticas que tienen como centro Washington y Moscú. España, porque así lo ha decidido su Gobierno, trabaja en colaboración con Norteamérica dentro de los planes defensivos de Occidente. En la actualidad, en el territorio español existe una veta informativa de primerísima importancia, que constituyen los repatriados españoles de Rusia, por su conocimiento de la política, la economía, los objetivos estratégicos

y las posibilidades militares soviéticas. Estas informaciones interesan en grado sumo a Estados Unidos y sus agentes cuentan con el apoyo de las autoridades españolas para obtenerlas.

El régimen franquista está dispuesto a todo para combatir a su gran enemigo: el comunismo. Cualquier persona o colectivo que pueda atentar contra el régimen es un peligro para el Estado. Es el temido enemigo interior, el cual, según los militares, está siempre dispuesto a actuar en todo momento. Un enemigo que a ojos del régimen franquista forma parte de una conspiración internacional comunista. Y los Niños repatriados suponen un peligro potencial de máximo nivel.

El Alto Estado Mayor es el organismo designado para hacerse cargo de la información que puedan extraer de los repatriados. Concretamente su Tercera Sección, especializada en espionaje y contraespionaje. Además, cada región militar del ejército cuenta con la Segunda Sección bis, su propio grupo de información que opera sobre el terreno.

El servicio de inteligencia español tiene en ese momento un objetivo prioritario: averiguar qué repatriados pueden ser posibles agentes del KGB y cuántos de ellos están «dormidos». Para conseguirlo se centra en un interrogatorio biográfico en el que se les pregunta sobre su vida en la URSS: dónde han vivido, en qué han trabajado, sus estudios o su posible afiliación al Partido Comunista.

La CIA, sin embargo, basa su estrategia en recopilar toda aquella información relativa al país desde el punto de vista económico, político, social y militar. Necesitan el testimonio de personas que hayan vivido en la URSS. Cualquier información es bienvenida cuando se trata de localizar posibles objetivos militares en el territorio soviético y Project Niños se convierte en una oportunidad única para conseguirlo, una auténtica mina de oro. La colaboración entre ambos países es clave para sacar el máximo provecho de la situación.

El régimen franquista, alentado por la CIA, crea un organismo dependiente del Ministerio de Gobernación: la Delegación del Gobierno para los Repatriados Españoles de la URSS, con el comandante Teodoro Palacios al frente. Este, que había sido capitán de la División Azul durante la Segunda Guerra Mundial, regresó a España en 1954 junto con un gran número de divisionarios. Durante once años Palacios sobrevivió como preso de guerra a los temibles gulags y, ahora, sus conocimientos sobre el país soviético pueden ser de gran ayuda para el desarrollo de la operación. La Delegación establece su base de operaciones en unas oficinas de la madrileña calle Goya a principios de marzo de 1957. El alquiler, pagado íntegramente por los norteamericanos, está a nombre de Joaquín García del Castillo, un coronel que presta sus servicios en la Segunda Sección bis de la Primera Región Militar, la perteneciente a la Capitanía de Madrid. El mobiliario de oficina corre a cargo del Alto Estado Mayor.

La Delegación es la encargada de centralizar la labor informativa sobre los repatriados y lo hace en estrecha colaboración con el Alto Estado Mayor, la Dirección General de Seguridad y la CIA. En pocas semanas varios miembros del servicio de información de EE.UU. se incorporan a la Delegación, la mayoría recién llegados de su país. También lo hace un oficial español de origen ruso destinado en el Estado Mayor Central.

El carácter secreto del proyecto crea desde el principio cierta confusión entre las autoridades españolas. Una nota confidencial del Ministerio de Gobernación da cuenta de las dificultades con las que se encuentran para llevar a cabo la operación. «Tiene denominación oficial una "Delegación del Gobierno para los Repatriados Españoles de la URSS" que no existe en realidad.» El origen del desconcierto surge con la Organización Sindical de la Lucha contra el Paro, que también ha recibido la misión de hacerse cargo de la asistencia y la tutela de los españoles repatriados. La existencia de estos dos organismos con funciones similares «está creando un gran estado de confusión, no solo entre los repatriados, sino también entre las autoridades provinciales y locales que les atienden».

Las críticas no impiden que la Delegación se ponga manos a la obra y a principios de marzo de 1957 empieza a requerir la presencia de los repatriados españoles en la calle Goya. Lo hace «por orden de la Superioridad».

De ese modo, pocos meses después de la llegada de los repatriados a España, cuando los Niños ya se han instalado en sus nuevos hogares y creen que el seguimiento policial ha terminado, empiezan a recibir las primeras notificaciones para presentarse en la Delegación, donde todo apunta a que serán sometidos a nuevos interrogatorios. A pesar de la cautela con que actúan los responsables de la operación para esconder la naturaleza de estas nuevas entrevistas, los Niños pronto se dan cuenta de que algo ha cambiado.

En primer lugar, se cita a los retornados residentes en Madrid, que prestan declaración ante unos interrogadores que siguen un amplio cuestionario. «De la extensión de estos interrogatorios da idea el hecho de que ha habido personas que han tenido que comparecer tres días consecutivos mañana y tarde, y que sus contestaciones han llenado, en ocasiones, hasta treinta o más folios.» Tras la comparecencia de los repatriados residentes en Madrid, les toca el turno a los que viven en las provincias. A todos ellos se les concede el pasaporte militar, un requisito imprescindible para alojarse en la capital a lo largo de los días que duran los interrogatorios. Los fondos de la Delegación se hacen cargo de los gastos de la pensión.

Este requerimiento supone desde el principio un quebradero de cabeza para la gestión diaria de los interrogatorios. La citación para presentarse en Madrid llega con diez días de antelación a la fecha en que deben comparecer los repatriados, pero según cuenta Lawrence E. Rogers en su informe: «El número de convocados que no comparecían oscilaba entre una quinta parte en algunas semanas hasta la mitad en otras. Cada negativa a comparecer, ya fuera porque no le llegara la citación o por su rechazo a cooperar, significaba la pérdida de una media de tres días de la jornada de una persona encargada del interrogatorio y de un funcionario». Los repatriados requeridos tienen sus motivos y es que no pueden abandonar sus obligaciones en sus lugares de residencia. No es fácil solicitar un permiso laboral, sobre todo cuando se trata de un requerimiento policial. Si los llaman es porque algo han hecho y tal citación puede poner en peligro sus puestos de trabajo. Pero no es la única razón: algunos se niegan rotundamente a colaborar con las autoridades, otros alegan enfermedades y unos cuantos no pueden dejar a sus familiares sin atención. Las negativas se acumulan en la mesa y suponen un caos organizativo en la calle Goya, 118. «En muchos casos resultaba difícil o imposible para la policía localizar en plazo a las personas citadas, bien por cambios de residencia, ausencias por vacaciones, viajes, o residencia en localidades de difícil acceso. Bastantes, en su mayoría comunistas extremistas, se oponían rotundamente a acudir a Madrid.»

Para compensar estos fallos en las citaciones el Centro de Investigaciones cambia su estrategia y decide citar a un número mayor de repatriados a la semana del que podía ser interrogado. Esta medida obliga en ocasiones a duplicar las tareas de los interrogadores y a tener a decenas de repatriados enojados por verse obligados a esperar su turno demasiado tiempo. La maniobra tampoco funciona y vuelven a cambiar de táctica. Esta vez tendrán una lista de reserva de repatriados que vivan en Madrid o en la provincia. De esta manera, si algún repatriado de las provincias no acude a la citación, los locales podrán actuar una mayor rapidez de acción. Parece que la estrategia funciona.

Rosa Ortiz recibe el requerimiento en octubre de 1957. La Delegación del Gobierno para los Repatriados Españoles de la URSS solicita su presencia en la calle Goya número 118 de Madrid. Otra vez debe declarar y esta vez por orden de la superioridad. Piensa en la posibilidad de no acudir a la citación, pero no tiene opción. Mejor no provocar al personal. «Al menos el billete a Madrid está pagado», piensa. Y no va sola. Rosa se ha echado novio, Santiago, al que no ha conseguido disuadir de su idea de acompañarla a Madrid.

—Oye, mi padre tiene un primo lejano que estuvo en la guardia de Franco. Y ahora ocupa un cargo importante.

—¿Y qué?

—Pues que podrías ir a hablar con él. A lo mejor puede ayudarte.

Rosa acude a la cita con recelo. ¿Un exmiembro de la guardia de Franco dándole un consejo a una repatriada de la URSS para abordar un interrogatorio que, según le han contado, lo llevan los norteamericanos? Como poco, siente una gran curiosidad. La visita, sin embargo, es breve. Un imprevisto de última hora deja apenas un minuto para que el primo del padre de su novio le dé un consejo que Rosa seguirá a rajatabla en el interrogatorio.

—En los interrogatorios lo más importante es que si empiezas a decir que sí, que sigas siempre con el sí. Y si comienzas negando las cosas, sigue siempre con el no. Pero, sobre todo, no vayas pasando de un lado al otro.

Cuando Rosa llega a la calle Goya lo hace decidida. No esconde nada, aunque empieza a estar cansada del hostigamiento policial. En Barcelona ya ha acudido varias veces a la comisaría para contestar a interminables preguntas sobre su vida en la Unión Soviética.

Aunque Rosa no lo sabe, es en Barcelona donde la Brigada de Investigación Social de la provincia, dependiente de la Delegación del Gobierno para los Repatriados, ha decidido incorporar su nombre a la lista de entrevistados por la CIA. Lo ha hecho a través de un interrogatorio preliminar imprescindible para cribar la ingente información sobre los casi tres mil españoles que han regresado de la URSS. Solo entre marzo y julio de 1957, unos trescientos cincuenta españoles han pasado por estos interrogatorios que se han llevado a cabo en las provincias donde residen. Hasta esa fecha veinticuatro inspectores de policía de Oviedo, Santander, Vizcaya, Guipúzcoa, Barcelona, Valencia y Madrid han sido los responsables de llevar a cabo las entrevistas en sus respectivos territorios.

Esta información sirve para que los servicios de inteligencia norteamericanos liderados por la CIA empiecen a trabajar en cada uno de los interrogatorios. Los cuestionarios son personalizados y se realizan según lo que los Niños han contestado en los interrogatorios preliminares que han tenido lugar en sus lugares de residencia.

Por este motivo cuando Rosa entra en la sala de interrogatorios sus interlocutores ya lo saben prácticamente todo acerca de ella.

La Unidad de Misiles Guiados de los servicios secretos norteamericanos es la responsable de elaborar la guía de preguntas que sus agentes deben hacer a los repatriados españoles. El 7 de mayo de 1957 una nota confidencial de la CIA desvela los tipos de preguntas que deben realizarse en función del perfil del interrogado y el motivo de su interés en los retornados de la Unión Soviética: «Todos los repatriados están, en virtud de su larga residencia y de su estado laboral en la URSS, en condiciones de haber adquirido al menos información indirecta relacionada con los desarrollos de misiles guiados soviéticos». Para todos aquellos Niños que aparentemente no haya tenido relación directa con la fabricación de misiles, la CIA ha preparado un cuestionario con preguntas generales.

Sin embargo, la nota considera que algunos de los retornados sí pueden tener información directa sobre misiles:

> Estas fuentes pueden haber recibido su educación en escuelas, academias o universidades en las que se impartieran cursos de formación técnica aplicables al campo de los misiles guiados. Otros pueden haber trabajado en plantas en las

que se estaba llevando a cabo el desarrollo de misiles guiados. Muchos otros podrían haber pasado por instalaciones conocidas de investigación y desarrollo de misiles, sitios operativos, áreas de prueba o haber estado en condiciones de observar misiles en tránsito.

Para este otro grupo la CIA ha preparado un cuestionario especial.

En pocos meses los resultados de los primeros interrogatorios parecen satisfacer a todas las partes implicadas. Sin embargo, algunos responsables españoles muestran su desacuerdo con ciertos aspectos del funcionamiento del operativo y solicitan una reunión con los jefes de la CIA en España. El encuentro para resolver las diferencias tiene lugar en el restaurante madrileño de la Casa de Suecia y, en él, el coronel Castillo alerta del efecto moral desastroso que las entrevistas están teniendo entre los retornados. Por parte española acude el recién nombrado jefe nacional de la Organización Sindical de la Lucha contra el Paro, Salvador Vallina, y su mano derecha, Rodríguez del Castillo. Esta organización reclama una mayor colaboración norteamericana para el intercambio de información sobre los retornados y, de paso, una inyección económica de veinte millones de pesetas para poder realizar la asistencia debidamente. Una ayuda que, sugieren, se «podría facilitar a Cáritas española con fondos de la Cáritas norteamericana».

A la reunión también acude el coronel Castillo, el comandante Carlos Asensio, jefe del Alto Estado Mayor, y los jefes de la CIA en España David E. Wright y Vidal. Según la nota confidencial del 7 de marzo de 1957 dirigida al ministro de Gobernación, Vallina y Rodríguez del Castillo cuestionan el procedimiento de trabajo, que califican de inadecuado y contraproducente: «No cabe duda de que, dentro de las posibilidades que ofrecen los pactos hispano-norteamericanos, caben muy bien los intercambios de información. Pero no parece lógico que esta información sea hecha en nuestro propio país, de manera directa, por ciudadanos extranjeros y, por añadidura, de origen ruso y hablando ruso». Entienden que algunos asuntos solo pueden abordarlos cierto tipo de expertos, pero no de forma generalizada: «Sucede que intervienen en todos. Y así ocurre que se cita a la gente para que se traslade a Madrid con pasaporte militar por orden de la superioridad, en definitiva, para saber si se oye bien o no la Voz de América en la URSS y detalles sobre la especialidad de las fábricas». Consideran inoportuno que estas preguntas se realicen «sin recato» por parte de una potencia extranjera como Estados Unidos, «por muy aliada de España que sea».

Por este motivo, los responsables españoles presentes en la reunión recomiendan buscar una fórmula intermedia de colaboración «que no solo salve la dignidad española, sino también la mala impresión que se causa con estos interrogatorios a los repatriados».

Solo unos días después, la Delegación del Gobierno para los Repatriados Españoles de la URSS se esfuerza por garantizar la mayor efectividad de la operación y, el 22 de marzo de 1957, el Consejo de Ministros consigue dar luz verde a la creación de un nuevo organismo: la Comisión Coordinadora de Repatriados de la URSS. Se trata de una entidad paralela a la Delegación que tiene como misión oficiosa ejecutar la operación conjunta entre España y Estados Unidos. Al frente de la

Comisión se sitúa el teniente coronel Ricardo Arozarena, jefe de la contrainteligencia española. El jefe del servicio de información de la Dirección General de Seguridad, que ha formado un nutrido grupo de policías y guardias civiles encargados de vigilar la actividad de los repatriados, y un representante de la CIA cierran el tripartito que dirige la gran operación. Entre sus primeras decisiones está la creación de un Centro de Investigaciones Especiales, que se convierte en el epicentro de los interrogatorios a los españoles repatriados de la Unión Soviética. Un agente de la CIA, el puertorriqueño Ezequiel Ramírez, será quien dirija los interrogatorios de Project Niños.

Ángel Belza lleva tres meses en España cuando recibe la misiva de manos de la Guardia Civil. Debe personarse en la calle Goya de Madrid. Aunque en el comunicado no se especifica la razón, Ángel empieza a familiarizarse con los requerimientos policiales. La sorpresa llega cuando entra en el despacho madrileño.
—Siéntese. Soy agente de la CIA.
—Pero... ¡qué narices!
Los últimos años en la URSS han sido difíciles para él. Tras huir varias veces de la policía y cumplir condena durante un año en un gulag soviético, Ángel por fin cree poder empezar de cero en España. Esas dificultades hacen pensar a los agentes españoles que él podría ser un candidato a convertirse en confidente para el régimen. Su nombre forma parte de una lista de «posibles informadores» que habían llegado en la cuarta expedición. Junto a él aparece el nombre de otras trece personas. Ángel nunca será consciente de la existencia de esta lista y, aunque lo hubiera sabido o le hubieran insinuado alguna mi-

sión, él jamás hubiera colaborado con el régimen franquista. Entre otras cosas porque la sociedad con la que se encuentra Ángel a su llegada es opresiva y castigadora. Ni él ni su familia hallarán un lugar tranquilo en la España de Franco. Acaba de regresar, pero ya tiene en mente un nuevo objetivo: salir de la Península con la mayor celeridad. Su mirada está puesta en Suiza, pero no le resultará nada fácil llegar hasta allí.

Uno de los objetivos de los servicios secretos norteamericanos es evitar que los repatriados sean conocedores de la participación de Estados Unidos en el programa. Además, se esmeran por mantener la confidencialidad entre los vecinos de la zona donde se ubica el Centro de Investigaciones Especiales. Sin embargo, sus esfuerzos resultan inútiles y las sospechas de los repatriados sobre quién está detrás de los interrogatorios de la calle Goya poco a poco se convierten en una certeza. ¿Por qué habrían de interesar a las autoridades franquistas las fábricas de misiles que se desarrollan en la URSS? Detrás, aseguran, están los norteamericanos. La voz empieza a correr entre los retornados. Los que han sido interrogados por la CIA ponen en alerta al resto de sus camaradas.

En agosto de 1957 un artículo publicado en Filipinas por la revista *Democracia Española* no deja lugar a dudas. Bajo el título de «Presiones y amenazas sobre los repatriados de la URSS», el escrito denuncia los interrogatorios llevados a cabo por los servicios secretos norteamericanos: «¿Cuál era el objeto de esta concentración ordenada y llevada a cabo directamente por las autoridades? Someter a estos repatriados a un interrogatorio por parte de un organismo de espionaje, controlado por los imperialistas yanquis». Acusan a la CIA de soborno ofreciendo buenos empleos y vivienda a los repatriados a cambio de su colaboración. Una vez fracasada esta táctica, cuenta el artículo, «el interrogatorio adquirió otro "tono" coactivo, amenazador, con el propósito de obligar a los repatriados a facilitar información al espionaje yanqui». A pesar del hostigamiento, *Democracia Española* afirma tajantemente que los españoles se están negando a colaborar. «Las amenazas no hicieron mella en estos bravos muchachos. Han sabido portarse en todo momento como dignos hijos de España, como hombres que saben lo que es el honor y la dignidad.»

Cecilio Aguirre se aloja en la calle Echegaray número 5 de Madrid. Las Once es una de las pensiones elegidas por el gobierno para albergar a los repatriados a lo largo del tiempo que duran los interrogatorios. Residen allí con los gastos pagados. Su familia lo acompaña, pues Paqui, su mujer, también tiene que prestar declaración. Algunos, la mayoría, no necesitan estar más de dos o tres días en la sala de interrogatorios. Pero los que han trabajado en lugares estratégicos o tienen información que la CIA considera relevante se quedan un poco más. Cecilio alarga su estancia durante casi quince días.

Al igual que le ocurriera a Rosa Ortiz, los agentes tienen en su haber el historial de Cecilio. Los interrogatorios preliminares habían tenido lugar unos meses antes, en junio de 1957, en la comisaría de Bilbao. «Nacido el 25-10-1927, casado, mecánico-ajustador, hijo de Ángel y Juana, natural de Portugalete-Vizcaya y con domicilio en dicha localidad.» El documento se centra en los lugares de residencia, en el trabajo y en su relación con el Partido Comunista de España. Tras su evacuación en 1937 Cecilio llega a la Casa de Niños de Odesa, donde vive hasta el año 1941. Durante la Segunda Guerra Mundial lo trasladan a Sarátov y, tras acabar sus estudios de primaria, entra a trabajar en la fábrica número 31, dedicada al montaje de aviones.

Durante el interrogatorio preliminar, Cecilio había manifestado que su afiliación al sindicato soviético era obligatoria, aunque asegura que nunca ha pertenecido a ninguna organización política, deportiva ni cultural. Ante la pregunta sobre personas conocidas pertenecientes al PCE, Cecilio es claro: «No recuerdo de español alguno que trabajara conmigo que perteneciera al PCE».

Tras el fin de la Segunda Guerra Mundial Cecilio se traslada a Jimki. Allí trabaja en la fábrica número 456, donde se fabrican los misiles V-2, los primeros cohetes de largo alcance utilizados durante la guerra. Un año después se convierte en maestro de taller de maquinaria en la fábrica del Proletariado Rojo en Moscú. Allí ha vivido y trabajado durante los últimos diez años, hasta la fecha de su repatriación. En ese tiempo Cecilio ha aprovechado para estudiar algunas asignaturas en la Universidad de Marxismo de Moscú.

El informe destaca que el repatriado nunca ha sufrido prisión, aunque sí recuerda a algunos compañeros que han pasado por los campos de concentración. Es el caso de Ramos Molins, José Tuñón o Pedro Cepeda. El interrogador termina el escrito valorando la situación actual de Cecilio: «Se encuentra encantado de estar en España, algo disgustado por no tener vivienda y estar con sus suegros, cuya casa consta de tres habitaciones y viven un total de 12 personas y donde pagan 150 pesetas».

En la calle Goya los interrogadores ya tienen por dónde empezar. Sin duda, muchas de las preguntas girarán en torno a la fábrica número 456 de Jimki, de la que sospechan es una de las instalaciones clave para el desarrollo de nuevos misiles intercontinentales de la URSS.

Los primeros meses de trabajo en la operación sorprenden positivamente a Washington, que hasta ahora había mostrado ciertas reticencias tras la decepción en cuanto a la información obtenida dos años antes con los retornados de la División Azul, a los que también habían interrogado. En esa ocasión la mayoría de los divisionarios habían pasado más de una década en campos de concentración soviéticos. Debido a su aislamiento, su contribución a la inteligencia sobre la Unión Soviética había resultado escasa. Pero la información que están recibiendo a través de los nuevos repatriados les ha hecho cambiar radicalmente su postura y en otoño de 1957 envían a más agentes integrantes de las fuerzas del aire y del ejército norteamericanos. Se trata de especialistas en misiles y aeronaves de la Unión Soviética. Según explica Lawrence E. Rogers en su análisis: «Los informes elaborados a partir de estos interrogatorios ofrecieron a Washington la primera prueba sólida de que los repatriados podían facilitar información en áreas de prioridad relativas a la ciencia y tecnología soviética». Los analistas de misiles guiados son los primeros en aprovechar este descubrimiento.

Durante esta primera fase de Project Niños, los norteamericanos han elaborado expedientes de cada uno de los repatriados, a partir de los interrogatorios preliminares liderados por las Brigadas de Investigación Social y se han llevado a cabo los primeros interrogatorios. El éxito de los resultados da un nuevo impulso a la operación. A finales de 1958, Washington ve que los interrogatorios pueden tener mucho más valor de lo que esperaba y decide apretar el acelerador.

4

1937-1941. Fin de la Guerra Civil: el trauma de la derrota

Secundina Blanco tiene la impresión de vivir en un cuento de hadas. La Casa que le han asignado se asemeja a un palacio. Y en realidad lo es. El que fuera un imponente palacete perteneciente a la antigua burguesía rusa se ha convertido ahora en la Casa número 1 de Pravda, a sesenta kilómetros de distancia de Moscú, y en ella conviven 486 niños españoles. En ese enorme edificio de amplias estancias, Secundina empieza a conocer a sus nuevos compañeros. En su mayoría son vascos y asturianos, una procedencia que generará desde el principio varios conflictos entre ambos grupos. Las niñas tienen sus habitaciones separadas de las de los niños. Cuentan con duchas, aulas de estudio y un enorme comedor donde reciben tres raciones al día. Un lujo para ellos. Todos han asimilado de buen grado la gastronomía rusa, aunque a Secundina aún le cuesta la *kasha* negra, un plato típico del país hecho a base de cereales hervidos en leche.

La Unión Soviética ha recibido a los niños con los brazos abiertos. La población se ha volcado con ellos. El principal reto de las autoridades ha sido acondicionar un lugar donde todos los evacuados puedan vivir, al menos durante unos meses. Su estancia no se prevé larga. Todos esperan regresar cuando los republicanos ganen la Guerra Civil en España. A lo largo de este tiempo, los distribuyen por distintas casas de colonias, a las que desde el principio las autoridades se referirán como las «Casas de Niños». Los responsables encargados de la evacuación tienen un objetivo muy claro: que los niños permanezcan unidos. A diferencia de lo que sucede en otros países, a los niños de Rusia no los acogen familias particulares. «Si han llegado todos juntos, así regresarán a España.» Y eso solo pasará cuando termine la contienda.

Un total de dieciséis colonias acogen a los 2.985 niños que han llegado huyendo de la Guerra Civil. Algunos se establecen en Leningrado, otros se alojan en Moscú y a muchos se les traslada a Ucrania, donde viven en ciudades como Odesa, Kiev o Járkov. En pocas semanas, los niños se distribuyen por distintos puntos de la geografía soviética. Las Casas se convierten a partir de ese momento en el centro neurálgico de sus vidas.

La Casa número 5 de Óbninsk, ubicada a ciento veinte kilómetros de Moscú, es una de las que acoge a un mayor número de niños. Entre los 468 evacuados se encuentra Manuel Arce, que no sale de su asombro ante la inmensidad de los bosques que rodean la Casa. Y también está José María Bañuelos, que no da crédito a la suerte que tiene por llegar a un lugar tan distinto y maravilloso. Claro, a ellos también les ha tocado otro palacete.

Rosa Ortiz no se siente tan eufórica. Ha recorrido más de cuatro mil kilómetros sin mirar atrás. Pero las ausencias pesan. A pesar de su fortaleza y de tener una personalidad arrolladora, su angustia viaja por dentro. Siente miedo. «Si al menos tuviera a alguien...» es su pensamiento de cabecera antes de cerrar cada noche los ojos. Pero tiene que aprender a sobrevivir, y Rosa lo intenta. Aunque siga prefiriendo regresar junto a su madre.

A más de mil trescientos kilómetros al sur, en Crimea, Teresa Alonso está de suerte. Su deseo se ha hecho realidad y le ha tocado vivir junto con su nuevo grupo de amigos. Entre ellos está Ignacio, de quien no se ha separado desde que lo conoció a bordo del *Habana*. Durante unas semanas los trasladan a Crimea, donde esperarán a que comience el curso escolar para llevarlos a un nuevo destino, todavía por definir. En esa misma expedición a Crimea viaja Santiago Martínez, que también ha llegado a Leningrado en el mismo barco que Teresa. Provisionalmente viven en una casa sanatorio a los pies del mar Negro. La tranquilidad de ese mar contrasta con el salvajismo del Cantábrico, donde su padre, no hace tanto tiempo, le ha enseñado a nadar entre el fuerte oleaje de la playa La Salvaje.

El Partido Comunista de España y los sindicatos soviéticos se encargan de la organización de las dieciséis Casas de Niños habilitadas para la ocasión. La logística corre a cargo de la URSS, mientras que el personal de los centros es asignado por el Partido. Cada Casa tiene un responsable nombrado por el PCE y serán ellos quienes periódicamente redacten informes sobre el funcionamiento diario de cada centro. En uno de ellos, fechado en marzo de 1939, certifican el esfuerzo por parte de la URSS para que los niños españoles estén bien atendidos: «El presupuesto que se destina al mantenimiento de las colonias es muy grande. Una idea clara de ello lo dará el saber que un niño español "cuesta" 10.000 rublos al año, mientras que un niño ruso 3.000. Todas las colonias tienen edificios que son sanatorios o casas de descanso adaptadas para ellos. Casi toda la parte financiera corre a cargo de la casa Central de los sindicatos».

El presupuesto para un niño español es el triple que el destinado a uno soviético. Existe una evidente diferencia entre lo que invierte la Unión Soviética para acoger a niños españoles respecto a los niños rusos de su misma edad. Les prestan todo tipo de atenciones, a pesar de que la propia población soviética carece de muchas de ellas. En las Casas, todos disponen de calzado, abrigos de invierno y de entretiempo. Incluso algunas de ellas están dotadas de un almacén propio que sirve para abastecer también a todo el personal.

Los edificios, muchos de ellos antiguos palacetes de la época de los zares, son amplios y constan de varios pisos. Cristóbal García Galán vive en Leningrado. En su Casa, los niños duermen en la tercera planta. Las niñas lo hacen en la cuarta. En el segundo piso han habilitado varias aulas de estudio. Sin embargo, pasa la mayor parte del tiempo en la planta principal, lugar de convivencia de todos ellos. Es el paraíso de los niños españoles.

Desde el primer día, Cristóbal se esfuerza por acatar las estrictas normas soviéticas. A la hora del desayuno, los niños ya han hecho ejercicio y se han aseado, una rutina que deben hacer todos los días. En el comedor todos están vestidos de uniforme; solo se distingue a los niños de entre diez y quince años, que llevan atados al cuello unos pañuelos rojos. Son los pañuelos de pioneros, la insignia oficial de la organización infantil ligada al Partido Comunista. No ha sido fácil para el personal docente hacer entender a los niños su significado y el orgullo que deberían sentir al llevarlo. En realidad, les ha costado meses de disciplina y eso también queda reflejado en el informe:

> Debo anotar que así como al principio los niños no tomaban muy en serio la organización de pioneros y se reían si se les quitaba el pañuelo de pionero en señal de indisciplina, ahora por el contrario cuando a un niño se le quita el pañuelo, a veces ni se atreve a presentarse ante sus compañeros. Claro está, todo esto se debe al trabajo constante y abnegado de todo el personal y en especial de los guías de pioneros, a los cuales los chicos incluso pegaban.

Día tras día, los niños españoles se sumergen en la disciplinada vida soviética. La escuela se convierte en el gran pilar de su formación. La mayor parte de los maestros son españoles y tienen ante sí una tarea titánica: organizar un plan de estudios para unos niños que podrían convertirse en los futuros dirigentes de España. Imparten Historia de la URSS, pero también de España. Les enseñan Geografía, Matemáticas y Química. La asignatura de Ruso está a cargo de uno de los camaradas soviéticos. También tienen talleres de carpintería, de pintura o de lógica. Además, en el palacio de los Pioneros de Leningrado, cada fin de semana se sumergen en un auténtico festival de música. Allí todos los niños aprenden a tocar un instrumento. Algunos eligen el clarinete e incluso el piano. Cristóbal se atreve con la trompeta, que al principio le cuesta. Pero no pasará mucho tiempo hasta que se atreva a desfilar con su trompeta al ritmo de una marcha triunfal. Todos formados, marcando el paso.

En las aulas de la Casa de Óbninsk, Rosa descubre a Cervantes, a Lope de Vega y a Calderón de la Barca. Su maestra de Literatura es Juana, una joven catalana que ha viajado con ellos durante la evacuación desde Barcelona. En el recreo la busca, conversan, se ríe con ella y pregunta lo que no se atreve a consultar en otros círculos. Es lo más parecido a una mentora, alguien en quien confiar.

La mayor parte del personal español ha viajado en las dos expediciones de Bilbao y Asturias. A ellos se suman los enviados por Instrucción Pública en febrero de 1937 y por el PCE en las expediciones de finales de 1938. Han llegado a la URSS con el único propósito de acompañar a los niños durante la evacuación, pero ahora el propio Partido les ruega que se queden en la URSS. Cuentan con ellos para la organización de las Casas y los incluyen en sus planes de educación. Sin embargo, los informes del PCE pronto revelan el descontento con el trabajo de la mayor parte de su personal. Su valoración es demoledora: «Desde luego no hubo ninguna selección, y si la hubo fue bastante desgraciada porque al 80 % no solo no le interesa la Unión Soviética, los niños tampoco».

Algunos nombres llegan a oídos del Partido Comunista de España. Es el caso de Esperanza Rodríguez, maestra de la Casa número 5 de Óbninsk, que en más de una ocasión ha declarado abiertamente que antes que quedarse en la URSS preferiría regresar a una España fascista. O el de la auxiliar de la Casa número 3 de Kaluga, Balbina Villares, que ha querido que su hijo nacido en la URSS fuera nacionalizado español en la embajada para que no se convirtiera, dicen, en ciudadano soviético. El Partido también sigue de cerca los movimientos de Estrella Hevia, educadora de la Casa número 9 de Leningrado. La acusan de hablar despectivamente de los líderes del Partido. Además, aseguran que en el grupo donde esta mujer es educadora han aparecido algunas veces cruces gamadas. Juan Bote, ligado al PSUC, también es maestro. Sus delatores denuncian que no quiere reconocer la pedagogía soviética: «Se coloca en plan de superioridad con respecto a los camaradas soviéticos, tiene un carácter muy raro y retraído, y desde luego no sirve para trabajar con niños. El director de la colonia no sabe qué hacer con él».

En los informes reportados al Partido Comunista de España en la URSS se muestra una gran preocupación ante todos estos casos y se propone alejar de las Casas a todas aquellas personas que muestran su discordancia con las directrices del Partido. Sin embargo, la llegada de nuevos españoles a la URSS que huyen de la Guerra Civil pospone cualquier movimiento en las colonias, un retraso que preocupa seriamente al Partido: «Esto significa esperar otro curso, cosa que de ninguna manera puede ser, pues la labor que hacen estas personas solo es comparable a la de la "quinta columna" y por ejemplo en la Casa número 3 a las únicas compañeras que de verdad trabajan, Esperanza González y Mary García Barrón, les hacen la vida imposible».

Desde el principio el Partido Comunista de España centra su interés en la orientación política de los niños, a quienes considera como su gran reserva de oro para una futura España democrática. Son educados en la ideología comunista, en el espíritu de la época del país de acogida, procurándoles al mismo tiempo el conocimiento de la cultura y las tradiciones españolas. Por ese motivo es vital que todo el personal goce de la máxima confianza del Partido. El vicedirector es el encargado de dirigir y orientar toda la parte educativa y política de la colonia. Además de asistir a conferencias políticas, los niños también reciben formación para entrar a formar parte del Komsomol. En poco tiempo, el adoctrinamiento empieza a dar sus frutos.

Los camaradas Antonio Cordón y Virgilio Llanos visitan en julio de 1939 las Casas 8, 9 y 11, ubicadas en Leningrado y alrededores. Su objetivo es verificar el correcto funcionamiento del centro y los avances de los niños en materia educativa y política. Se muestran francamente entusiasmados ante su gran capacidad autocrítica y destacan un gran sentido marxista del patriotismo de los niños: «En este aspecto, la labor realizada por los camaradas soviéticos es excelente. Con emoción hemos escuchado a niñitos pequeños expresar su patriotismo español sin merma, antes bien reforzando y apoyando el sentimiento internacionalista y de clase. Realmente, en el aspecto político, nuestros niños podían ya dar algunas lecciones a algunos de sus profesores españoles».

Otro informe destaca la evolución de un pequeño grupo de niños que viven en la Casa número 3: «Hay niños que en España eran rateros, ellos mismos cuentan su vida, sobre todo la que vivieron durante la guerra en completo abandono. Ahora son unos chicos conscientes y estudiosos, capaces de informar de su trabajo en los soviets de la escuela y de dar charlas». Este informe lo firma la camarada Soledad Sancha, que forma parte del Narkompros, la entidad creada en la URSS para organizar las Casas de Niños. Afiliada al PCE desde 1936, durante la Guerra Civil había trabajado en la embajada soviética en Madrid. Pero cuando la situación se vuelve insostenible en España, decide exiliarse en la URSS. También da clases de inglés como maestra en la Casa número 3 en Planernaya, a unos treinta kilómetros al noroeste de Moscú. Una colonia que muy pronto tendrá que hacer las maletas para reubicarse en otro lugar.

Los dirigentes del PCE tienen muy claro su propósito: «Educar a los niños con miras a ser cuadros para España». Por eso, tras ver con sus propios ojos los primeros éxitos en las Casas de Niños, se reúnen con los responsables políticos y guías de pioneros con el fin de informarles sobre el carácter de su lucha y de la orientación que se debe dar a la educación de los pioneros y jóvenes comunistas. Aunque los nuevos komsomoles están cada día más disciplinados y culturalmente muy bien preparados, la realidad es que desconocen todo el movimiento juvenil de España. El PCE empieza a diseñar el futuro de los niños.

En la calle Bolsháya Pirogóvskaya de Moscú, Pedro Cepeda protesta una vez más ante su educador, Enrique Castro.

—Quiero estar con mi hermano. O lo traéis aquí o me voy yo adonde está él.

—Perico, nadie tiene la culpa de que tu hermano sea tan bruto. Ahorra y ve a verle.

En la Casa número 7 conviven los primeros ciento diez niños evacuados de España. Al llegar a la URSS, la organización ha decidido separar a Pedro de su hermano Rafael alegando que tienen diferentes niveles de conocimientos. Desde ese mismo instante no ha cesado en su empeño de volver a estar juntos. Pedro, que tiene catorce años, forma parte del grupo de los mayores de la colonia y no acepta con tanta facilidad las órdenes impuestas por el Partido. Se siente controlado y encorsetado. Su carácter indomable lo vuelve inconformista y no tarda mucho tiempo en empezar a relacionarse con algunos soviéticos alejados del entorno de la colonia. Lo que ve fuera de la idílica vida de las Casas le sorprende: descubre a una sociedad que lucha para llegar a final de mes. Una sociedad que permanece horas haciendo cola para comprar los alimentos básicos. Y una sociedad que no recibe ni mucho menos las atenciones que ellos tienen. Pedro no duda en explicarles a sus compañeros la realidad que se encuentra fuera de la Casa. Y eso tiene consecuencias. Sus comentarios son censurados una y otra vez por parte de los responsables de la Casa por considerarlos políticamente incorrectos. Poco a poco, Pedro se convierte en la oveja negra del grupo. Otros niños que se resisten a las normas y decisiones unilaterales del Partido siguen su mismo camino.

«La guerra se va a perder porque la Unión Soviética no ha ayudado como prometió al principio.» El autor de este comentario es un niño de la Casa número 5 de Óbninsk. El informe del Partido da cuenta de lo sucedido y la alarma salta rápidamente entre los dirigentes políticos. Algo no va bien en esa colonia. Ni tampoco en la número 2, en Krasnovidovo, en la que otro niño se atreve a decir en voz alta lo que realmente piensa: «En los campos de concentración se mueren los obreros mientras que los jefes se salvan y vienen hacia la URSS». Otro informe recoge las opiniones de esos niños. Y, de nuevo, los dirigentes del PCE vuelven a culpar al responsable político de esas colonias, a quien acusan de propiciar un ambiente de derrotismo y confusionismo que se ha agudizado tras la pérdida de Cataluña a principios del año 1939. Por ese motivo, y ante la «incapacidad» de llevar a cabo su misión, el responsable es fulminantemente destituido. A partir de ese momento, el Partido hará lo propio con todos los responsables políticos de aquellas Casas donde considere que no cumplen con su cometido.

Es el caso de la Casa número 7, donde los responsables del PCE no solo han destituido al responsable político, sino que también han sustituido al jefe de pioneros. No pueden tolerar que algunos niños llamen «enchufados» a los que quieren ingresar en el Komsomol. Consideran que estos actos de indisciplina infantil «son de niños mimados puesto que es la única casa de niños españoles en Moscú y ha sido constantemente visitada por héroes de la Unión Soviética».

Los responsables del Partido asimismo toman medidas ante la realidad de unos niños con orígenes ideológicos muy dispares. Su denominador común es la defensa de la República, pero no todos beben de las bases del comunismo. También los hay anarquistas o socialistas. Y eso genera confusión en muchos de los niños. Por ese motivo, el Partido propone destinar a camaradas españoles para que ayuden a los guías de pioneros y a los responsables políticos soviéticos.

La situación en las Casas de Niños dista mucho de ser idílica. Al malestar que se ha generado entre los propios miembros del personal español y los cambios constantes de responsables por su «incapacidad» para llevar a cabo su labor, ahora también se le añade la difícil gestión de una colonia que, con cada día que pasa, alberga menos esperanzas de regresar a España. Los problemas se empiezan a acumular en las Casas.

En septiembre de 1938 a los niños que viven en la Casa número 3 se los traslada a una finca abandonada y poco acondicionada en Kaluga, a doscientos kilómetros de Moscú. El único camino para llegar hasta allí es atravesando un río, una vía de transporte que queda impracticable en invierno a causa de las heladas. La colonia queda incomunicada durante varios meses al año. A los cortes intermitentes de agua corriente se les añade una alimentación deficitaria.

El traslado no convence a los responsables del Partido Comunista de España, que de nuevo califican a la dirección del centro de «incapaz» y «malintencionada». Los consideran culpables de no evitar los enfrentamientos cada vez más graves entre niños vascos y asturianos. Y también de los desplantes de los niños españoles hacia los camaradas rusos que conviven con ellos.

En esa Casa se encuentra Ángel Belza. Ajeno a los conflictos de los adultos y a los retos de supervivencia dentro del grupo, Ángel se siente a gusto en su nuevo hogar. Al fin y al cabo, el país no está tan atrasado como le había contado hacía ya más de un año su maestro en Lasarte. Lo único que sabía Ángel antes de llegar a la URSS es que se trataba de un país inmenso, dedicado principalmente a la agricultura. En pocas palabras, atrasado. También sabía que había existido un tal Lenin y que por casualidad en Bilbao uno de los batallones que se enfrentaban al bando nacional se llamaba precisamente «Rusia». Hasta ahí su conocimiento sobre el país soviético. Lo demás lo aprende ahora a marchas forzadas. Su padre se había empecinado a enviarlo a él y a su hermano Luis a la URSS. Los organizadores se habían mostrado reticentes porque aún quedaba espacio en las expediciones que se dirigían a Bélgica y a Francia. Sin embargo, su padre lo tuvo claro:

—O mis hijos se van a Rusia o se quedan aquí.

El padre de Ángel estaba convencido de que la República iba a vencer y que luego los niños podrían regresar a España. Pero la historia no se pondrá de su parte. Ni la vida. Su hermano pequeño, que se había quedado en España, muere apenas unos días después de su evacuación en la Habana. Su padre es asesinado a manos de un falangista después de la Guerra Civil, tras cumplir 13 meses de prisión. Sin embargo, Ángel no tendrá noticias del fatal acontecimiento hasta diez años después, cuando reciba una carta extraviada en el tiempo. Tras su lectura, sufrirá un shock espantoso.

Al llegar el invierno, el mismo patio donde Rosa conversa con su maestra se convierte en una gigantesca pista de hielo. El hermano de Manuel Arce, César, se ha convertido en un auténtico fenómeno con los patines y el resto de los niños admira sus progresos. Manuel, que lo ve desde la distancia, se siente orgulloso de su hermano mayor. Ojalá él también tuviera esa facilidad. El deporte no es lo que mejor se le da, aunque muy a su pesar debe practicarlo a diario. Su especialidad, sin embargo, es perderse por ese bosque inmenso que les rodea. Les encanta jugar al escondite. Y se ocultan tan bien que en más de una ocasión los educadores deben ir a socorrerlos.

La dureza del frío en la URSS los lleva a pensar en el cálido verano. Aún quedan unos meses, pero todos esperan con impaciencia el fin del curso escolar para gozar de sus propias vacaciones. Los alumnos más aventajados tienen premio: pasar el verano en el deseado campamento de Artek, adonde se desplazan pioneros procedentes de toda la Unión Soviética.

Si los niños tienen vacaciones, el personal de las Casas también. Para ellos acomodan varios centros sanatorios a orillas del mar Negro. Aprovechan esos días para alejarse de la rutina y el estrés de las Casas. Y está todo pagado. Al menos de momento.

> Queridos e inolvidables milicianos:
> Os escribo estas cuatro letras para decirles que estamos muy bien de salud. Milicianos, yo os voy a decir cómo estudio en la URSS. Pues estudio del todo bien. Regular. Pero cada día voy a estudiar mejor para luchar para volver a España de una vez. Milicianos, yo voy al tercer grado. Tengo 10 años. Pensando pronto voy a cumplir once, el 13 de este mes, y no pongo el mes. Milicianos, si es que recibe [sic] esta carta me contesta [sic] pronto porque tengo ganas de recibir carta de España. Ya no le [sic] escribo más. Se despide de ustedes esta niña que mucho os quiere. Muchos besos y abrazos. Es pronto y pronto quiero recibir carta de vosotros, ¡Viva España roja! ¡Viva los milicianos de España! Salud y dinamita para matar a los fascistas.

Secundina Blanco es la autora de esta carta, que firma sin tener la certeza de que alguna vez llegue a manos de sus queridos milicianos. En sus palabras vive la esperanza de que la República venza contra pronóstico a los sublevados. Las noticias que llegan en los últimos tiempos desde España a las Casas no son nada halagüeñas y es precisamente por eso que Secundina escribe a los milicianos. Necesitan su apoyo.

La realidad es que esta carta no llegará nunca a sus destinatarios, del mismo modo que nunca lo harán otras tantas escritas por los niños a sus familias. Desde que los evacuaron a la URSS apenas han recibido noticias de los suyos. Y cada día que pasa es uno más que transcurre sin saber de sus familias. Desde España, las cartas que envían sus padres llegan a cuentagotas a las Casas de Niños. Son muchos, la mayoría, los que nunca reciben una carta de añoranza y esa ausencia de noticias abre un abismo entre ellos y los suyos. Tendrán que pasar casi veinte años para que entiendan que no fueron abandonados, que sus padres no se habían olvidado de ellos, sino que fueron las autoridades soviéticas y españolas las que hicieron el juego sucio interceptando la mayor parte de esas cartas. Solo algunas consiguieron burlar el control. Y cuando lo hicieron, llegaron mucho tiempo después. A veces demasiado tarde. Son las heridas invisibles de la guerra, que llevarán siempre consigo.

En la biblioteca de la Casa número 1 de Pravda no cabe ni un alfiler. El responsable del centro ha convocado a toda la colonia. Niños y adultos están expectantes. Es 1 de abril de 1939. La noticia que debe darles es tan breve como impactante: la República ha caído; Franco ha ganado la guerra.

En España, ese mismo día, Radio Nacional de España emite el último parte de la Guerra Civil española: «En el día de hoy, cautivo y desarmado el Ejército Rojo, han alcanzado las tropas nacionales sus últimos objetivos militares. La guerra ha terminado. El Generalísimo Franco. Burgos 1.º abril 1939».

Secundina llora. Todos lloran. Su esperanza de regresar pronto a España se ha desvanecido. De un plumazo. «¿Hasta cuándo, entonces?» La pregunta no tiene respuesta. El impacto de la derrota desmoraliza a la colonia exiliada.

La noticia llega a todos los rincones de la URSS. También a la Casa de Odesa, en Ucrania, donde vive Cecilio. Ese mismo día por la mañana, los altavoces de las habitaciones los han despertado con la noticia más amarga, aunque no les ha cogido por sorpresa. Hasta ese momento, habían seguido los acontecimientos a través de la prensa que llegaba de España y de los boletines que transmitían a través de esos mismos altavoces. Pero la derrota final siempre duele. Sobre todo, porque ese día su fecha de retorno desaparece.

Los Niños no son los únicos españoles que viven en la URSS. Con la derrota de la República, la Unión Soviética abre las puertas a un selecto grupo de exiliados políticos vinculados fundamentalmente al Partido Comunista de España o al Partido Socialista Unificado de Cataluña. Son afortunados. Muchos otros compañeros no lo han conseguido y se encuentran a la espera de juicio en alguna de las muchas cárceles o campos de trabajo en España.

El desenlace de la Guerra Civil española también sorprende a otros colectivos españoles en territorio soviético. Son, por ejemplo, los pilotos republicanos que habían viajado a la URSS para recibir formación en escuelas de aviación soviéticas con la idea de regresar a España y formar parte de la defensa de la República. Esos doscientos pilotos que el día 1 de abril de 1939 recibían instrucción teórica y aeronáutica en la 20.ª Academia Militar de Kirovabad, en el Cáucaso, ya no podrán volver a su país.

En la misma situación quedan los trescientos marinos de los nueve buques republicanos encargados de transportar material de guerra entre los puertos soviéticos y los de la España republicana. El final de la guerra los pilla por sorpresa en el puerto de Odesa. Tampoco podrán regresar. Al menos, hasta que amaine el temporal.

El 16 de noviembre de 1939, medio año después de la derrota de la República, Ernesto Vega de la Iglesia está a punto de ser fusilado en España. Él no ha tenido la suerte de poder escapar a otro país. El que fuera gobernador civil de varias provincias durante la República ha sido detenido, juzgado y condenado por la justicia franquista. Ese día, solo unas horas antes de su ejecución, escribe su última carta. Está dirigida a sus tres hijos evacuados en la Unión Soviética en la expedición de Bilbao.

Queridísimos hijos Piedad, Ernestito y Paquito:
Vosotros que hasta ahora habéis vivido un mundo lleno de rosas, y que habéis sido felices con mamá y conmigo, no podéis comprender hoy por qué muero yo. Cuando seáis mayores, cuando la vida os haga comprender sus misterios y su dureza, cuando sepáis cómo son los hombres, entonces sabréis que vuestro padre, que fue bueno toda la vida, que no solo no hizo mal a nadie sino que sacrificó su porvenir y su vida por una mejor, dejó esta. Sí, queridos hijos míos. Por ahora sabed que voy a morir dentro de pocas horas. Y que no nos volveremos a ver más [...] No os dejo un mal recuerdo, sino la amargura de dejaros sin mí. Vivid orgullosos de vuestro padre. Que siempre fue digno y honrado... Vivid con la conciencia tranquila y el espíritu sereno, la cabeza levantada, con la misma dignidad que siempre vivió vuestro padre, que es con la que muero. Quered a vuestra madre. No la dejéis

sola. No la dejéis nunca. Adiós, hijos míos. Guardo vuestros últimos retratos mirándolos con el de mamá y con el corazón acelerado por dejarlos cerca de mis ojos. Adiós, adiós. Recibid un beso muy fuerte. Ernesto.

El día en que Ernesto lee la carta el mundo se le viene encima. Corre el año 1942 y han pasado más de tres desde que su padre escribiera sus últimas palabras. Esos años perdidos sin ser consciente de lo que había pasado no podrá perdonarlos jamás. A nadie. A nada. Pero en ese momento, en 1942, él y sus hermanos deben hacer frente a otra guerra, la segunda que les toca vivir. Más destructiva y desoladora que la anterior. La Segunda Guerra Mundial.

El fin de la Guerra Civil española sume en una gran tristeza a toda la colonia española en la URSS, niños y adultos. Ya no tienen esperanza de un regreso a corto plazo. Pero no se van a quedar de brazos cruzados. Pilotos y marinos son los primeros en iniciar una auténtica cruzada contra las autoridades soviéticas para poder hacer realidad el regreso. Desean volver con sus familias, pero la batalla no es fácil. Al desgaste de esta lucha se les suma un rechazo cada vez mayor a las realidades soviéticas, muy distintas a las que ellos se habían imaginado. La espera es cada vez más insoportable.

Mientras tanto, los niños se hacen mayores. Aunque continúan recibiendo las mejores atenciones en las Casas, a algunos se los envía a centros de formación para que se conviertan en técnicos especializados. Otros inician su camino hacia la universidad. El Partido Comunista de España los prepara para convertirlos en los futuros dirigentes del país. Es un deber. España, algún día, puede necesitarlos.

El 22 de junio de 1941 la burbuja en que viven los niños españoles salta por los aires. La URSS entra por sorpresa en la Segunda Guerra Mundial. Esta vez, ningún niño podrá escapar de sus terribles consecuencias.

5

1956. La España franquista recibe a los hijos de la República

Rosa Ortiz se siente sola, desengañada y frustrada. Su vida en España no es como la había imaginado. Pasan unos pocos minutos de las nueve de la noche y regresa a casa. El barrio aún bulle de gente que disfruta de la brisa que llega del mar. El verano está siendo especialmente duro en Barcelona. Al abrir la puerta, la sombra de su madre se dibuja en el suelo y presagia el inicio de un nuevo conflicto.

—¿¿Dónde estabas??
—He ido a dar una vuelta y se me ha pasado la hora.

La mirada de su madre pretende ser compasiva, pero el tono de su voz destila odio.

—¡Qué vergüenza, señor!
—Pero, madre, ¿qué he hecho? ¿Llegar cinco minutos tarde?
—Si quieres vivir en esta casa, debes aceptar las normas.
—¡Tengo veintiocho años! No me trate como si tuviera ocho.
—O haces lo que te digo o te vas.

Rosa no comprende esas normas, esa forma de entender el mundo. ¿Por qué una mujer soltera no puede salir libremente?

¿Por qué su madre no les cuenta a sus clientes que su hija mayor ha regresado de la URSS? ¿Por qué las mujeres deben quedarse en casa? ¿Por qué debe aceptar unas reglas tan injustas?

A pesar de todo Rosa se esfuerza. Si su madre le dice que duerma en un colchón en la cocina, ella lo acepta. Si le dice que aprenda ganchillo, lo hace. Y si la manda a un recado, corre a hacerlo. Todo por lograr la aceptación de su familia. Una aceptación que nunca llega.

Los chillidos de su madre son cada vez más insoportables. En pocos meses la ilusión de Rosa por volver a España se ha desvanecido. Se aferra a sus recuerdos en la URSS y al único abrazo que madre e hija se dieron al salir del balneario de Cofrentes. Pero ahora todo aquello por lo que había luchado, todo lo que prometía ser, se ha esfumado.

Cuando Rosa baja las escaleras de la plaza una pelota llega a sus pies y su dueño, un chaval de unos diez años, corre hasta ella.

—Disculpe, señora.

—No pasa nada. ¿A qué juegas?

—A tirarla contra la pared.

—¿Me dejas jugar?

El chico se queda boquiabierto.

—¿Lo dice en serio?

—Claro, ¿por qué no?

—Bueno, ya sabe... Usted es una chica.

—¿Y qué? Venga, no hables tanto y pásamela ya.

Para sorpresa del chico, Rosa se defiende bien con el balón. Disfruta como lo hacía cuando jugaba en el equipo oficial de voleibol de la fábrica de porcelana en Riga. Paradojas de la vida. En la Unión Soviética solo deseaba volver a España y, sin embargo, ahora... se enfada consigo misma. ¿Y si ha desperdiciado tantos años de su vida deseando volver a un lugar al que ya no pertenece? En ese momento un grupo de mujeres pasa por su lado.

—¡Mira esta!

—Pero ¿qué se habrá creído?

—¡Marimacho!

—¡Qué vergüenza!

Rosa deja de jugar. ¿Hasta cuándo tendrá que soportar todo esto? ¿Qué país es este en el que una mujer, simplemente por el mero hecho de serlo, no puede jugar con una pelota?

El duro recibimiento de Rosa no es un caso anecdótico entre los miles de Niños que acaban de regresar a España. Durante las dos últimas décadas el régimen franquista ha transformado y modelado la sociedad española. Las terribles consecuencias que sufren los derrotados de la Guerra Civil marcan el destino de familias enteras durante años: encarcelamiento, humillación, hambre y persecución. Esa ha sido la vida de sus familias durante esos veinte años de ausencia. Y ahora regresan ellos, los Niños, a quienes devuelven a un mundo que ya no existe, pues el franquismo se encargó de destruirlo. Y lo que se encuentran ante ellos son personas a las que no reconocen. No hay nada de qué hablar porque ya nada les une.

Vicenta Alcover está rota de dolor. Medio año después de su llegada a Barcelona aún espera las muestras de cariño que tanto había anhelado. Las noches se convierten en su momento de desahogo. Llora porque se siente un bicho raro que no encaja en esa sociedad.

Su decisión de regresar a España no había sido fácil. Se había enterado de la noticia en Dedovsk, una pequeña localidad ubicada a cuarenta kilómetros al este de Moscú. Allí vivía felizmente con su hijo, tenía su trabajo y sus amigos eran su familia. Por eso le costó mucho tomar una decisión. Dudó hasta el último momento. Su fábula infantil de convertirse en partisana para luchar contra el régimen franquista hacía tiempo que había quedado atrás. ¿Qué futuro le esperaba a ella y a su hijo en España? Una segunda pregunta la asustaba aún más que la primera: ¿quién había en España que siguiera esperando su regreso? Lo que estaba claro es que no podía dejar pasar la oportunidad de volver junto a su familia.

Ahora, en España, su vida dista mucho de lo que se había imaginado. Ni conoce a nadie ni tiene la oportunidad de hacerlo. Su reclusión familiar le quita el poco oxígeno que le queda. Su madre es la encargada de la compra mientras que su hermana y ella se dedican a las labores en casa. Su cuñado, que también vive con ellas, espera que todo esté en orden cuando vuelve a casa.

—¿No hay pan?

—No. —La hermana de Vicenta no se atreve ni a mirar a su marido—. Madre se ha olvidado.

—Tres mujeres y sin pan. ¡Dónde se habrá visto!

Vicenta lleva días aguantando situaciones parecidas, pero hoy siente que esta es la gota que colma el vaso.

—¿Sabes qué te digo? —le espeta a su cuñado—. Que si quieres pan, bajas y te lo compras. Porque somos tres mujeres que también trabajamos. Mientras tú estás durmiendo, tu mujer se levanta a las seis para prepararte tu café, tu bocadillo y tu todo para que cuando te despiertes lo tengas listo.

Su cuñado da un paso amenazante hacia ella y, de pronto, se echa a reír.

—¡Mira cómo se pone la rusa!

Lo que más la corroe es el silencio de su madre y su hermana. No son capaces de expresar lo que ella sí se ha atrevido a decir a la cara de un hombre. La vida en España es dura. El régimen ha dinamitado buena parte de los derechos individuales y políticos de todos los ciudadanos. Pero la mujer sufre especialmente. La propaganda franquista ensalza las virtudes morales de estas como buenas amas de casa, esposas y madres, pero las despoja de todo derecho fundamental como personas. La legislación española no duda en alentar una sociedad donde el hombre decide y la mujer acata. Donde son ellos, maridos o padres, los que sentencian si sus mujeres pueden trabajar o viajar. La Iglesia es la preceptora de estas pautas de comportamiento sumiso y recatado. Es el altavoz moral de cómo debe comportarse una mujer en una sociedad carente de derechos y libertades. Vicenta jamás se hubiera imaginado nada igual. Solo su hijo la salva de la gran tristeza de ver una familia sin alma y una España reprimida y doblegada.

El día en que Vicenta recibe la carta de otra Niña de la guerra que también ha regresado a su Bilbao natal, su actitud ante la vida cambia de nuevo. No es la única que sufre el calvario familiar: «No te preocupes, aquí pasa lo mismo. Con la familia la mayoría no hay quien se entienda. No te preocupes porque nos pasa a todos». Saber que no es la única cambia su modo de ver las cosas. Ella no es culpable de nada, no ha hecho nada mal. Esas palabras levantan a Vicenta de la mesa. «Se acabó el lloriquear», se dice a sí misma.

Dispuesta a conseguir sus sueños, Vicenta sale de casa en busca de trabajo.

Sin el título de doctor, la vida de Manuel Arce se complica en España. Su futuro en este país es desolador. Sus prótesis se convierten en una lacra. Un informe de la Dirección General de Beneficencia y Obras Sociales da cuenta de la situación:

> ARCE PORRES, Manuel (de Burgos). Médico: amputado de las dos piernas. No pudo convalidar el título porque le faltan las prácticas. Como practicante que puede desempeñar un puesto no puede hacerlo porque su mutilación le impide moverse como es costumbre en estos profesionales. Hasta tanto se resuelva la cuestión de los mutilados civiles qué solución se le puede encontrar [sic] puesto que ha pedido volver ya que hasta ahora carece de empleo ni ingresos. Ver la posibilidad de buscarle algún empleo en laboratorio municipal, provincial o particular y otra clase de auxilio provisional. Madrid, 3 de junio de 1957.

El propio comandante Palacios «da cuenta del caso para lo que pueda solucionarse».

A pesar de los esfuerzos de las autoridades españolas Manuel ha tomado una decisión: regresar a la URSS para terminar las prácticas de la carrera. Y quizá también para respirar el aire que aquí le falta.

A primera hora de la mañana, Manuel sube los escalones del autocar que lo ha de llevar a Madrid. Lo hace despacio y los viajeros se acumulan a su espalda. Acaba de acomodarse en su asiento cuando por la ventana ve a dos policías corriendo hacia el autobús. Suben y se dirigen directamente hacia él:

—¿Dónde va usted?

—A Madrid.

—¿Sabe que tiene que notificarnos cualquier viaje que realice fuera de su lugar de residencia?

—Sí, pero es que...

—Debe bajarse inmediatamente.

—No me ha dado tiempo. Pensé que...

—Debe presentarse en comisaría. Baje usted del autobús.

La vigilancia es continua y está harto de esta persecución. Durante el tiempo que presta declaración en la comisaría, la policía lo registra de forma minuciosa. Al regresar al autobús, el resto de los ocupantes lo observa. Están resentidos. Llevan dos horas de retraso.

Los ojos de Santiago Martínez no dan crédito a lo que ven. Una columna de hombres vestidos con túnicas y gorros en forma de conos que les tapan las caras recorren las calles de Bilbao. Cruces, cristos y miles de creyentes conforman un espectáculo que a Santiago y a su hermano menor se les antoja dantesco.

—Santi, vámonos de aquí.

—No es para tanto —Santiago intenta tranquilizar a su hermano, pero él también está atónito—, solamente son tradiciones.

—Que no, que yo no aguanto esto. Que me quiero volver a Rusia.

La Semana Santa también sobrecoge a Secundina Blanco, que asiste a una nueva procesión en la capital vasca. La imagen de un

Jesucristo ensangrentado queda grabada en su memoria y su primera reacción al verlo es echarse a llorar. ¿Por qué? No lo sabe. Pero esa estampa le inflige dolor y miedo. Regresa a casa temblando. «¿Quién me mandará meterme donde no me llaman?», piensa. Se promete a sí misma que jamás volverá a una procesión. No tiene nada en contra de la religión; en eso es tolerante. De hecho, ya se ha habituado a convivir con las imágenes de Jesucristo que presiden todas las habitaciones de la casa. De la suya y de todas las de España. A Secundina eso no le importa, aunque le acongoja. Pero lo que sí le gustaría es que los demás respetasen su ateísmo. Y eso es algo más complicado de conseguir.

Su marido acaba de tener la enésima charla con el cura del barrio, quien insiste una y otra vez en que ella y Antonio deben casarse por la Iglesia.

—Están viviendo en pecado —le dice el cura.

—Yo ya estoy casado por lo civil —le recuerda Antonio— y no pienso casarme otra vez.

—¿Y si se pasan algún día por la iglesia?

—Gracias, padre, pero no soy creyente. No insista más.

Matutina Rodríguez observa cómo cada día a las seis las mujeres, de negro absoluto, salen de sus casas. Cada mañana se repite la misma procesión. Un día las sigue, intrigada, y descubre que su destino es la iglesia: van a misa. Matutina está impresionada: el negro de sus vestidos oscurece sus vidas. Las mujeres siempre están de luto. Por sus madres, por sus hermanos, por sus hijos o por sus maridos. Su cuñada mismo: seis años vestida de negro riguroso por la muerte de su madre. Le parece totalmente injusto. Son jóvenes marchitas. Viejas antes de llegar a los treinta.

Dios está muy presente en la vida de los españoles y la ausencia de los Niños en los actos religiosos les pasa factura. Contribuye a aumentar la aversión de la sociedad española hacia el comunismo. Se contempla a los Niños como sus víctimas. No son de fiar.

Un duro día de invierno, Manuel Arce toma un vino con un médico burgalés con el que ha empezado a labrar cierta amistad. De repente este le pregunta:

—Oye, ¿tú por qué no crees en Dios?

—¿Qué? —La pregunta ha cogido por sorpresa a Manuel, que mira al doctor con cierto recelo—. ¿Por qué quieres saberlo?

—No sé. Curiosidad.

—Pues seguramente por la misma razón por la que tú crees. A ti te han enseñado esto de niño y crees. A mí no, pues no creo.

El doctor frunce el ceño y niega con la cabeza.

—Pero ¿qué te cuesta, hombre? Si tú crees y al final resulta que Dios no existe no te va a pasar nada. Pero si es lo contrario...

—Ya. Y tú crees que Dios está en todas partes y lo sabe todo, ¿verdad?

—Claro.

—Entonces, si existe, seguro que sabrá que tú solo crees por si acaso. Y te castigará por ello. Y a mí no porque no me han enseñado eso. Yo no tengo la culpa.

El doctor abre la boca, piensa y finalmente calla. Fin de la conversación.

Vicenta Alcover tiene cita con el obispo. Si por ella fuera, esta reunión nunca debería tener lugar. Pero ahí está. Delante de un religioso dispuesto a convencerla de las bondades del cristianismo y de los beneficios de abrazar la fe que preconizan desde sus santas sedes.

El obispo es directo:

—Me dicen que no quiere bautizar a su hijo.

—Claro que no. No tengo nada contra ustedes, pero no soy creyente.

El prelado sonríe y alza la mirada.

—Hija mía, si es voluntad de Dios, seguro que llegarás a serlo.

—Lo dudo mucho. He vivido en la URSS veinte años y allí nunca nos han inculcado ningún tipo de religión.

—Claro, es que el comunismo…

Vicenta, harta de culpar al comunismo de todos los males del mundo, interrumpe al obispo:

—Mire, por lo poco que yo sé, si Jesucristo resucitara hoy mismo, se moriría de golpe al ver cómo está todo el asunto de la Iglesia. Porque Él no estaba en el Vaticano ni con el régimen de Franco. Estaba con los pobres y vivía con ellos. No en palacios repletos de riquezas.

—Cuidado con lo que dice, Vicenta.

—Pues con el comunismo pasa igual. Las ideas son buenas. ¿O a usted le parece mal que la enseñanza sea gratuita? ¿O que lo sea la seguridad social? ¿O que la mujer tenga derecho a hacer lo que le guste, que pueda ser médico, ingeniero o lo que le plazca? De verdad, ¿todo esto le parece mal?

El obispo se pone bruscamente en pie.

—Vicenta —murmura en un tono distinto, más amenazante—, le guste o no, vive en un país donde tiene que aceptar ciertas reglas. Usted en su casa piense lo que quiera, pero en la calle al menos déjese llevar por lo que ve.

Un mes después Vicenta sale del estudio de fotografía con la mirada puesta en el suelo y la sonrisa congelada. Su hijo viste un traje blanco simulando un marinero norteamericano. Ella luce un vestido elegante y sobrio con mantilla por el hombro. En la mano, la fotografía que prueba que su hijo ha recibido la comunión. La rabia la corroe por dentro. Ha tenido que claudicar ante la Iglesia. Es el peaje para que su hijo pueda asistir al colegio.

Teresa Alonso vive bajo unas escaleras en un céntrico portal de Barcelona. Desde su llegada a España las cosas han ido de mal en peor. «Malditos policías», se lamenta. Son la causa de que sus padres, que viven en Sant Vicenç de Castellet, se hayan alejado de ella. No han podido soportar la vergüenza de que su hija sea reclamada una y otra vez por las autoridades. Y mucho menos que necesite un salvoconducto cada vez que recorre los poco más de cincuenta kilómetros que separan Barcelona de Sant Vicenç. Su sobrina le da cuenta de la situación.

—Tus padres están pasando por un auténtico infierno. ¿No te das cuenta?

—Pero yo no he hecho nada malo. La policía siempre me llama por lo mismo: solo quiere saber qué hacíamos en la

URSS, cómo vivíamos. Nada más. Mis padres tendrían que entenderlo.

—Si quieres lo mejor para ellos, entonces, no vuelvas por Sant Vicenç.

Teresa está hundida. «¿Por qué?, ¿qué pasa con toda esta gente? ¿Por qué la pagan conmigo?» Las respuestas no la tranquilizan. La vida es injusta.

—Diles que se imaginen que me he vuelto a la URSS.

Ese día se siente más sola que nunca. Solo su hija le insufla el oxígeno que necesita para resistir. Sus primeros sueldos como telefonista en un hotel de Barcelona le dan para pagar un colegio internado, donde inscribe a su hija. «Al menos no deberá preocuparse por encontrar un sitio decente donde dormir ni si tendré comida que ofrecerle», piensa. Le duele separarse de ella, pero no tiene alternativa.

El mayor tesoro para Teresa es la estabilidad, aunque sea en la miseria. En 1959 uno de los violinistas más famosos de la URSS, David Óistraj, llega a Barcelona para ofrecer un concierto y se hospeda en el hotel donde ella trabaja. El nerviosismo de la plantilla es evidente: nadie sabe ruso. «¿Cómo van a enterarse de lo que quiere?», piensa Teresa, que se ofrece como traductora e intérprete. La estancia en el hotel del violinista es un éxito para todos menos para ella. Cuando el director se entera de que una de sus empleadas ha crecido en la URSS pone todo su empeño en echarla, aunque no lo consigue: Teresa pasará los años siguientes limpiando habitaciones. Las secuelas del impacto de un obús durante la Segunda Guerra Mundial hacen mella en su espalda y se ve obligada a ponerse de rodillas para hacer las camas en condiciones. Habitación tras habitación, Teresa carga con el peso de la incomprensión. Su dolor físico se une al sufrimiento emocional. España le ha dado la espalda.

Ángel Belza lleva meses esperando respuesta de la SEAT, donde ha solicitado un puesto de trabajo por mediación del coronel Castillo. Ante la ausencia de noticias insiste de nuevo. Esta vez el responsable de personal confirma la recepción de una carta con una respuesta. En ella solo hay escrita una frase: «No quiero comunistas en mi fábrica». A pesar de la decepción Ángel no desiste. Al poco tiempo encuentra un empleo en una empresa de vehículos y motores en Barreiros, donde trabaja durante cuatro años, tiempo en el que asciende todo lo que puede hacerlo. Está satisfecho, pero quiere un cambio de aires y, sobre todo, mejorar su calidad de vida. Su casa se cae a trozos. Vive al lado de un terreno plagado de ratas y la pared que linda con el vecino ha cedido. «Al menos ya no me hace falta salir a la calle para ir a verlo.» Sin ironía es difícil afrontar los duros momentos que pasan.

Pero ahora su objetivo está puesto en la Pegaso, donde le han asegurado que dan piso a sus trabajadores. Puede ser una buena oportunidad. Durante tres días Ángel se esfuerza por hacer el mejor examen de su vida. Sin embargo, no espera los resultados, pues una oportunidad se cruza en su camino: la posibilidad de vivir y trabajar en Suiza. Una nueva puerta a la esperanza se acaba de abrir para Ángel.

Matutina ha llegado a España con el título de perito químico. Un título que aquí se convierte en papel mojado. De nada le sirve recorrerse todas las farmacias de Bilbao ni las fábricas químicas del cinturón de la capital. Si no es como perito, pues como auxiliar; no le importa. Solo quiere trabajar y sacar adelante a su familia, sin depender de nadie. Ni de su marido ni de sus suegros. No soporta tener que pedir dinero para ir a comprar el pan. Pero en cada entrevista sucede la misma historia.

—¿Y dónde dice que ha trabajado?

—En la Unión Soviética.

—¡Ah...! Pues ya la tenemos en cuenta. Si necesitamos a alguien, la llamaremos.

Esas llamadas nunca llegan, pero Matutina persiste en sus intentos. Se encuentra en la sala de espera de la enésima fábrica química que visita cuando una chica sale de la oficina de recursos humanos.

—Mire, señora, le voy a ser bastante sincera. Usted está casada y, como todas las mujeres casadas, no tiene derecho a trabajar.

Matutina se siente estafada. Y no solo por una ley absurda y denigrante, sino por todas esas personas que le han dicho que ya le llamarían, incapaces de informarle de lo que esa chica le acaba de contar.

—Dese un tiempo. Estamos esperando que anulen la ley.

Esa es la última entrevista de Matutina. Instintivamente pone la mano en su barriga. «Como seas niña, la que te espera.»

Rosa respira hondo y se prepara para un nuevo enfrentamiento con su madre. Mete la llave en la cerradura. Cuando abre la puerta, ella ya la está esperando. Los chillidos son tremendos; nunca la ha visto tan fuera de sí. Todo pasa muy rápido y de repente se encuentra reteniendo en el aire la mano de su madre, que se esfuerza por llegar a ella. Tras el forcejeo, solo una palabra.

—Vete.

No pierde mucho tiempo en recoger sus cosas, aunque tampoco tiene mucho que llevarse. Se siente vacía, más huérfana que nunca. Tantos años deseando volver a España para encontrarse con esto. «Sin dudarlo volvería a vivir por todas las calamidades que sufrimos en la URSS antes que volver a pasar por esta pesadilla.» Ahora sí, Rosa reconoce sin lugar a dudas que su regreso a España ha sido un gran error.

Unos minutos más tarde Rosa cruza por última vez el portal de su casa. Nunca más volverá a ver a su madre.

Los servicios de inteligencia norteamericanos, ajenos a las dificultades económicas, sociales y emocionales que pasan los Niños prosiguen su rutina en la sala de interrogatorios. Lo mismo ocurre con la policía española, que tampoco les da tregua. Las autoridades franquistas presionan a los Niños, que pasan horas y horas sentados en las comisarías. Los continuos traslados a los centros y llamadas suponen un problema añadido a la delicada situación que viven en sus casas y en sus trabajos.

Araceli Sánchez, Niña de la guerra, se ha convertido contra pronóstico en la primera mujer ingeniera que trabaja en España. Nunca ha sucedido nada igual. Su ingreso en la fábrica no ha estado exento de dificultades, sobre todo entre sus compañeros. La vergüenza de que una mujer los supere en un examen lleva a algunos a denunciarla ante la Dirección General de Seguridad. La acusan de ser comunista. Además, las constantes ausencias en la fábrica para presentarse en comisaría o en la sala de interrogatorios de los norteamericanos no ayudan a mejorar su situación en su puesto de trabajo. Finalmente, el jefe, harto de las llamadas y los requerimientos a Araceli, decide hablar directamente con las autoridades. Su argumento es claro: «Dejen ustedes de molestar a esta mujer porque estamos perdiendo muchísimo de su capacidad para incorporar grandes avances en este país».

A las pocas semanas de su regreso a España, son muchos los Niños que añoran la vida en la Unión Soviética. Echan de menos sus trabajos, a sus amigos y a su familia. Solo ahora caen en la cuenta de que en la URSS tienen su auténtica familia. Todo lo que han pasado los ha unido para siempre, pero ahora viven en esa patria anhelada donde la realidad ha impactado directamente en sus corazones. El desarraigo familiar, las dificultades sociales y económicas, más la continua vigilancia policial, han dinamitado la idílica imagen que tenían de España. Son muchos los Niños que alertan a la colonia española que aún permanece en la Unión Soviética de los problemas que pueden encontrarse si deciden volver a su país. A la URSS llegan cientos de cartas impregnadas de desánimo y desesperación.

Desde Somorrostro, F. Vázquez escribe a sus amigos:

> Tenemos que acostumbrarnos a una vida completamente distinta de esa. Es extraño para nosotros, por ejemplo, la influencia que ejerce la Iglesia sobre la vida de aquí. [...] Creo que se les debe respetar, pero desde mi punto de vista el Estado ganaría mucho si no estuviese tan ligado a la Iglesia.

Vázquez se queja de lo costosa que es la vida en proporción al salario que reciben:

> La vida aquí es bastante cara: pan, 5 pesetas el kilo; azúcar, 11; aceite, 15; huevos, 23; café, 200 pesetas. Instrumentos, lápices de colores, pinturas, libros, vajillas, juguetes, neveras... están a un precio tres o cuatro veces más alto que en Moscú. Lo único que está barato es el vino. Tengo en cuenta yo también los salarios, es decir, que en Moscú con 1.500 rublos se compran más cosas, muchas más que aquí con 2.000 pesetas. Se dice que España se industrializa. Esto nos alegra a todos. Pero en lo que se refiere a los ferrocarriles y parque móvil, hay que decir que deja mucho que desear.

Las cartas empiezan a llegar a la colonia española que aún reside en la URSS y consiguen hacer una descripción muy fiel a la realidad que vive la sociedad española de finales de los años cincuenta. Sus ojos extranjeros comparan dos culturas diametralmente opuestas. Otra misiva dirigida a territorio soviético critica la cultura superficial de los españoles: «La juventud no piensa más que en el fútbol y en los bares. El noventa por ciento de las películas son americanas, sale uno de ellas muerto de asco, ni enseñanza ninguna, ni música ni humor. Lo que me extraña es que aquí esas películas les hacen gracia. Los libros, igual que las películas... ¿vive la gente contenta? Yo creo que la inmensa mayoría, no».

La vivienda es uno de los temas que más preocupa a los recién llegados. Advierten a sus compatriotas en la URSS que si no tienen bien atado un lugar donde vivir en España lo mejor es que pospongan su fecha de regreso:

Un piso de tres habitaciones, pagándolo al contado, dinero en mano, vale 60-70.000 pesetas. Si lo pagas a plazos cuesta más, claro está. 25-30.000 pesetas de entrada y el resto en quince o veinte años. Y el piso es tuyo para siempre. [...] Nosotros hemos escrito una solicitud al gobernador civil de Vizcaya y nos ha prometido dar piso el año próximo con 7.000 pts de entrada y lo restante a pagar por plazos de veinte años a razón de 200 pts al mes. Bueno, ya veremos la manera de resolverlo.

—Señora Alcover, ¿usted está contenta de haber vuelto?

En la calle Goya, Vicenta Alcover mira fijamente al agente que la interroga. La pregunta la ha cogido por sorpresa.

—No —responde finalmente.

—¿Por qué?

Vicenta no hubiera pensado jamás que sería un agente de la CIA quien escuchara sus frustraciones. Pero ahí está ella. En una sala de interrogatorios, vomitando las injusticias que ha vivido desde su regreso a España. Pasa de un tema a otro: de la soledad a la dificultad de encontrar trabajo, de la humillación de ser una mujer independiente en España al acoso policial por haber vivido en la URSS, de la miseria de los salarios a la lacra de la religión. Vicenta empieza a sentirse aliviada. Lleva demasiado tiempo sin confiar sus miedos a nadie.

—¿Y por qué no vuelve?

Esa es la gran pregunta. «¡Me la he hecho tantas veces!», piensa. Pero Vicenta no puede: no sería justo para su hijo. Tantos años diciéndole que su futuro está en España... «¿Y ahora qué? ¿Que me equivoqué? ¿Que estamos de prueba? ¿Que lo que le dije no era verdad?»

—Por mi hijo.

Vicenta luchará por ella y por él. En España. Igual que Secundina Blanco. A ella, como a Vicenta, no le gusta la España con la que se ha encontrado. No es la que le habían dicho que era. Se siente engañada y frustrada.

—Antonio, ¿por qué no volvemos a la URSS?

—Pero ¿cómo vamos a volver?

—Aquí no hay nada.

—Con la que hemos liado para venir a España, ¿ahora vamos a volver con las orejas bajas?

Secundina tiene claro que no volverá a la Unión Soviética. Si Antonio dice que no, es que no. Y ella no piensa regresar sin su marido.

Rosa Ortiz tiene poco que perder en España. En la comisaría, desde donde reclaman una vez más su presencia, explota.

—Mire, como me sigan acosando de esta manera me vuelvo a la Unión Soviética.

—La encontraremos.

—No lo creo. Muchos ya se han ido.

—Más de uno ha intentado cruzar la frontera y sabemos por dónde pasan.

Rosa no lo hará. No se atreverá a cruzar ninguna frontera y se aferrará a lo único que la mantiene a flote en España: empezar de cero junto a Santiago.

En muy poco tiempo la mayor parte de los Niños retornados se enfrentan a un grave dilema: ¿quedarse en España o regresar a la URSS? La disyuntiva se refleja en las cartas que se cruzan repatriados y exiliados: «Como español estás en tu patria: con ideas equivocadas o certeras tienes los mismos derechos que el primer español para defender o luchar contra lo que sea injusto [...] No importa que nuestro régimen actual tenga defectos, tiempo vendrá para que otros los subsanen. Estos otros podemos ser nosotros». Otras cartas animan a tomar decisiones drásticas: «Imagino en tu pensamiento la lucha de las ideas: volver o quedarse. Mi respuesta en tu puesto sería: volver. Ten en cuenta que esta respuesta la da un muchacho de veintidós años, edad de romanticismo y sin egoísmo».

La realidad que vive España a finales de la década de los cincuenta ha roto en mil pedazos el sueño de miles de Niños repatriados de la URSS. Julián Goñi advierte desde Bilbao a su compatriota Jesús Saiz, que fuera maestro en la Casa de Niños de Pravda y que no decidirá regresar hasta el año 1972: «España no es lo que nosotros nos pensábamos, y quizá ni lo que ustedes piensan. Yo no he visto otro país más humillado por el extranjero que el nuestro. ¡Cuánto daría yo ahora por estar en ese!, pero, como siempre pasa, las cosas no tienen remedio después de que están hechas [...] Yo tengo ocasión de poder hablar con la mayoría de los que hemos regresado, y todos ellos excepto algunos están decididos a dar la vuelta».

Los Niños empiezan a asumir que su vida no será como ellos la habían imaginado. Los que deciden regresar a la URSS ya preparan sus maletas. Pero las preocupaciones surgen de nuevo: ¿cómo recibirán los soviéticos la noticia de su regreso? ¿El gobierno los aceptará de nuevo o los castigará por haber salido de la URSS? Sea como sea, todos se consuelan pensando que lo peor ya lo han pasado en España.

Los servicios de inteligencia soviéticos siguen los pasos de los repatriados arrepentidos. Cuando lleguen a la URSS, los estarán esperando. Un joven agente del KGB, Oleg Nechiporenko, forma parte del comité de bienvenida.

6

Niños de las guerras

Julio de 1941. Teresa Alonso espera a Ignacio en la estación de Leningrado.

Desde su evacuación a la URSS Teresa ha permanecido en la Casa número 13, a pocos kilómetros de Kiev, junto con Ignacio y el resto de sus amigos. En tres años no se han separado jamás. Pero el tiempo ha pasado y su edad —eran los mayores de la Casa— empezaba a ser un problema en la organización de la colonia. El director debía tomar una decisión sobre su futuro, el cual pasaba por seguir sus estudios en Casas donde hubiera otros españoles en su misma situación. A Teresa siempre le ha encantado cualquier cosa que tuviera que ver con la electricidad y por eso ha optado por cursar los estudios técnicos de perito electricista. Esa elección la ha llevado hasta Leningrado, donde vive desde hace un año.

Ignacio ha escogido otro camino. Su pasión siempre ha sido la aviación: quiere ser piloto. Y su nuevo destino lo acerca un poco más a su sueño. Desde hace varios meses se prepara para ello en el Instituto Proletario de Aviación de Moscú. Junto con él llegaron otros nueve Niños de la Casa número 13 de Kiev, todos ellos vascos.

Durante todo ese tiempo Ignacio ha solicitado varios permisos en el Instituto para poder viajar a Leningrado y estar con Teresa. Cuando se encuentran, la pareja revive una y otra vez su historia de amor. Ignacio nunca se olvida de visitar la Casa de Teresa, donde el resto de los chicos lo esperan deseosos para que les cuente cómo es la vida de un piloto. La URSS no ha entrado aún en la guerra, pero ya es un auténtico héroe entre los Niños.

A partir de abril de 1941 sus encuentros han empezado a espaciarse. Ignacio ha logrado ingresar en la Academia Superior de Aviación Chkálov, en la ciudad de Borisoglebsk, provincia de Vorónezh. Es una de las escuelas con mayor reputación de la Unión Soviética. A pesar de la distancia, Ignacio hace lo imposible por conseguir un permiso que le permita estar con Teresa. Hace días que ha tomado una decisión en firme.

Cuando llega a la estación, se lo dice a Teresa sin preámbulos:

—Se lo voy a contar al director.

Al principio ella no sabe de qué le está hablando, pero, cuando le ve sonreír, lo comprende de pronto. Y la idea le asusta.

—No, no... es una locura.

—Tengo que hacerlo. Lo mejor es que nos casemos y puedas venir conmigo a Borisoglebsk.

Hay besos, hay caricias, abrazos, más palabras susurradas. Él la acaba convenciendo. Cogidos de la mano, llegan a la calle Nietzsche, donde se encuentra la Casa de Niños. Teresa espera fuera, en el pasillo. Ignacio, que ya ha cumplido la mayoría de edad, se reúne en una sala con Federico Pita, uno de los educadores de la colonia.

A Federico Pita no le gusta lo que oye.

—Las cosas no son tan fáciles, Ignacio. Teresa tiene solo dieciséis años.

—Pero ella también quiere venir conmigo.

—Imagínate que volvemos el año que viene a España. ¿Qué le decimos a su madre? ¿Que su hija se ha casado siendo una niña? ¿Y qué pensará entonces de la educación que le hemos dado?

—Lo entiendo, pero cada vez me resulta más difícil pedir permisos.

—Mira, vamos a hacer lo siguiente. Si en un año seguís con la misma idea, haré lo posible para que podáis casaros.

Teresa se siente pletórica, no esperaba esa respuesta. En solo un año... Se despiden en la estación de tren de Leningrado. Esta vez es posible que tarden más tiempo en volver a encontrarse, pero eso ahora ya no le importa. En solo un año... Se dan un beso. Hasta pronto, amor. Ay, si supieran.

Ángel Belza no se lo puede creer. Ha sido uno de los dos únicos Niños escogidos por el director de la Casa número 3 para pasar unas semanas en el campamento de pioneros más famoso de la URSS, el de Artek, ubicado en la costa de Crimea. Hasta allí llegan niños de todas las repúblicas soviéticas que han destacado en alguna materia, bien por su buena conducta, por sus progresos o por su participación en el movimiento infantil. Se siente un niño privilegiado. Y lo es. Durante su tiempo en el campamento, que basa su formación en una educación patriótica, política e ideológica, formará parte de un selecto grupo de niños. Es sin duda una oportunidad única para poder promocionarse en el futuro.

La noche del 21 de junio de 1941 Ángel se va a dormir excitado. Al día siguiente el campamento celebrará una fiesta en honor de todos los españoles que también se encuentran allí. Es su cuarto aniversario en la Unión Soviética. ¡Madre mía! Cuatro años ya desde que salió en el *Habana*. Jamás se hubiera imaginado celebrar ese cumpleaños junto con los pioneros más respetados de toda la Unión Soviética.

Esa noche a Ángel le cuesta conciliar el sueño. Desde su cama le parece escuchar el ruido de una tormenta. Pero es extraño, no es el único que lo nota. Al día siguiente en el desayuno todos lo comentan. ¿Eran truenos? ¡Pero si no había ni una sola nube!

Lo que los niños han escuchado no son rayos ni tormentas, sino las maniobras de la flota soviética, que tiene su base a pocos kilómetros del campamento. Pero ellos aún no lo saben.

La noche en que Ángel no consigue cerrar los ojos es la misma en que Chelo Argüelles se despierta sobresaltada por el ruido que produce el motor de unos aviones. Ella se encuentra de vacaciones en un sanatorio cerca de la frontera con Finlandia, a miles de kilómetros de Ángel. Pero esa sensación extraña se repite: algo no va bien.

Al día siguiente Ángel juega con un grupo de niños en una de las instalaciones del campamento. Es el momento que escoge el ministro de Asuntos Exteriores de la URSS, Viacheslav Mólotov, para dirigirse por vez primera a la población soviética. Lo hace a través de la radio: «Hoy, a las cuatro de la madrugada, sin presentar ninguna reclamación, sin previa declaración de guerra, Alemania ha atacado a nuestro país... ha atacado nuestras fronteras en varios lugares». La Unión Soviética acaba de entrar en la Segunda Guerra Mundial. Ángel Belza deja de jugar.

Esa misma mañana Chelo también recibe la noticia. En el sanatorio los altavoces emiten el discurso del líder soviético, Iósif Stalin: «Nuestra causa es justa y la victoria será nuestra».

Ese es el día en que 2.895 niños españoles, que habían logrado esquivar la crueldad de una guerra en España, despiertan ante el horror de otra, esta vez mucho más salvaje y devastadora.

La idílica vida en las Casas de Niños llega definitivamente a su fin.

Ángel permanece aún varios días en el campamento de Artek hasta que las autoridades deciden trasladarlo en tren a la Casa número 2, en los alrededores de Moscú. Chelo regresa a Leningrado.

La invasión alemana coge por sorpresa a la Unión Soviética, convencida de que Hitler no iba a romper el pacto de no agresión firmado por ambas potencias en agosto de 1939. Sin embargo, los nazis han preparado a conciencia la Operación Barbarroja y durante los primeros días cosechan un éxito tras otro. Las tropas alemanas avanzan sin encontrar apenas dificultades por la estepa soviética, mientras gran parte de la población busca refugio en las tierras del este. Las Casas de Niños no son una excepción. Los responsables de las colonias buscan la mejor manera de evacuarlos a todos.

Los niños de la Casa número 2 ven cómo en pocas semanas los alemanes se han acercado peligrosamente a Moscú. Durante ese tiempo han podido preparar unas trincheras en el bosque más cercano. Cualquier precaución es poca cuando el reto es la mera supervivencia. Ahora lo que más les preocupa son las bombas incendiarias que desde hace unos días caen a discreción sobre la zona. La prioridad de la colonia es que no alcancen la Casa y, por eso, los niños están preparados para ejecutar su plan de defensa. Unos se protegen la cabeza con cascos o, en su defecto, con trozos de madera: son los escogidos para subir al tejado. Van armados con unas tenazas y están preparados para recibir las bombas incendiarias. En cuanto caiga una en el tejado, la lanzarán al suelo con la mayor rapidez posible. Como cada noche a las diez en punto, los aviones alemanes sobrevuelan la zona. Su puntualidad teutónica no les defrauda. Las bombas incendiarias caen sobre la Casa.

—¡¡¡Bombaaa!!!

Es el grito de guerra de los niños que esperan en el tejado y son los primeros que las ven descender. Cuando alguna cae donde están ellos nadie puede dudar. Todo va muy rápido. Las tenazas les sirven para retirar la bomba sin quemarse las manos. Los que esperan abajo la recogen y la introducen aprisa en una gran caja llena de arena. Ya está. Pasado el estrés y los gritos, el silencio regresa de nuevo a la Casa.

La situación es cada vez más peligrosa y, ante la proximidad de las tropas alemanas, los responsables de la Casa número 2 trasladan a los niños a la propia capital. Allí no temen tanto por las bombas, que apenas se aproximan a las casas. Su preocupación se vuelca ahora en la metralla que lanzan desde las baterías antiaéreas. La situación sigue siendo preocupante. En agosto de 1941 el Partido Comunista de España decide desde Moscú poner en marcha el plan de evacuación masiva de los Niños.

En el momento en que Teresa Alonso se entera de que la Unión Soviética entra en la Segunda Guerra Mundial, su corazón le da un vuelco. Es domingo y ha quedado con otros niños de la Casa para hacer una excursión por varios museos de Leningrado. El mensaje que Mólotov lanza por la radio los deja helados. El ataque sorpresa de la Alemania nazi ha llevado a sus soldados no muy lejos de allí y en la radio reclaman voluntarios para construir barricadas. Cualquier ayuda es bienvenida para frenar el avance de las tropas invasoras. Teresa no se lo piensa dos veces y se apunta con su amiga Vicenta a las brigadas que está organizando el Komsomol.

Durante tres días Teresa y Vicenta trabajan a destajo para impedir el paso del ejército alemán. Lo hacen a la orilla de un río muy próximo a la frontera con Finlandia. Pero los alemanes avanzan demasiado rápido y al tercer día las balas ya pasan muy cerca de sus cabezas. Las brigadas del Komsomol deciden entonces la retirada inmediata de sus colaboradores. Es demasiado peligroso. Teresa regresa a Leningrado, que se prepara para un inminente ataque alemán. Quizá también puede ser útil en la ciudad, pues está dispuesta a todo. Sobre todo no quiere pensar. Pero una pregunta retumba en su cabeza: ¿qué pasará ahora con Ignacio?

Durante esas primeras semanas de desconcierto Ignacio prosigue con su formación de piloto a ochocientos kilómetros de Leningrado. Ahora ya nadie juega a la guerra porque esta es una realidad. Los pilotos del Instituto de Aviación esperan para entrar en acción.

Como él, otros Niños de la guerra se enrolan en los batallones del Ejército Rojo. Se lo deben a la URSS y también a España, a su España republicana. Sus padres lo han sacrificado todo para luchar contra el fascismo. Ellos están dispuestos a hacer lo mismo. Si ganamos la guerra, piensan, el siguiente paso será recuperar nuestro país.

Muchos de esos Niños morirán en el campo de batalla. Una guerra demasiado larga, demasiado cruel y demasiado fría.

Tras la inesperada invasión de la URSS y el avance imparable de las tropas alemanas, Stalin ordena arrasar con todo lo que puedan encontrarse en su camino. Es la estrategia conocida como «tierra quemada». Mientras preparan una contraofensiva militar, los soviéticos están dispuestos a poner el mayor número de obstáculos posible y eso incluye eliminar cualquier oportunidad de abastecimiento. Lo que necesitan a partir de ese momento es fabricar armamento y munición. Por eso, los soviéticos desmantelan decenas de factorías próximas a la frontera con Europa y las trasladan al este, en su mayor parte a los alrededores de la cordillera de los Urales. Desde allí nutren al Ejército Rojo. La maquinaria bélica soviética está en marcha: la URSS inicia su contraofensiva.

Los Niños, que poco a poco van alcanzando la edad adulta, se vuelcan con el pueblo soviético. Todos contribuyen como pueden a vencer al enemigo. Los que no tienen formación militar ayudan con sus conocimientos técnicos en las fábricas recién instaladas en los Urales.

El 1 de septiembre de 1941 las primeras granadas de artillería empiezan a caer sobre Leningrado. Chelo Argüelles ordena sus pertenencias. Los responsables les han mandado hacer las maletas. En este viaje solo hay sitio para los más pequeños; los mayores, les dicen, saldrán más tarde. Solo pueden llevar lo imprescindible. Chelo coge el almohadón de su cama y guarda en él un par de mudas. Tampoco es que tenga más. Las tropas alemanas están muy cerca. Se despiden de los mayores haciéndoles prometer que pronto se reunirán con ellos de nuevo.

Inés García Galán se resiste a dejar la Casa: no piensa abandonar a su hermano Cristóbal.

—¿Y dónde se ha metido? —le pregunta el encargado.

—No lo sé, pero tenemos que esperarlo.

—Imposible. El tren sale en diez minutos.

—Por favor.

El tiempo corre en su contra y los responsables dan la orden de salida. Inés, con lágrimas en los ojos, se va con ellos. Se dirigen a Miass, una ciudad de los Urales meridionales. En la lista de evacuados solo queda un nombre por tachar: Cristóbal García Galán.

Esa misma mañana un grupo de niños españoles ha salido de Leningrado para visitar un pequeño pueblo a solo treinta kilómetros de Leningrado. Cristóbal está con ellos. Desde un pequeño montículo observan hipnotizados el trajín de los aviones. Él ha tomado la decisión de ir hasta allí porque tiene una pregunta muy importante que resolver: «¿Cómo es posible que una persona quepa dentro de la cabina de esos aviones que parecen una caja de cerillas?». Lo demás puede esperar.

Pero Cristóbal paga muy caro su escapada. Al llegar a Leningrado su hermana ya no está, y el resto de los niños tampoco. Su oportunidad de huir de la ciudad se ha esfumado.

Teresa Alonso también se encuentra allí. A sus dieciséis años no le han dado ninguna opción de fuga. Cada día los bombardeos son más frecuentes. En la fábrica donde trabaja han dejado de hacer amperímetros y voltímetros para pasar a crear bombas incendiarias de mano. Ella también ayuda en su fabricación. El destino de estas bombas está en el frente, para que las puedan utilizar los soldados del Ejército Rojo.

Pasan los días y el ejército alemán se mantiene en los alrededores de la ciudad destruyendo todas las vías de acceso de entrada y salida. Y hace lo propio con los almacenes de abastecimiento. Poco a poco, Leningrado queda incomunicada.

El 15 de septiembre de 1941 la ciudad se encuentra totalmente sitiada. Los alemanes rodean la ciudad y muchos niños españoles, sobre todo los de mayor edad, quedan atrapados en ella. Cristóbal y Teresa son dos de ellos. A partir de ese momento solo hay una opción: sobrevivir a una trampa mortal.

En el puerto de Odesa, a orillas del mar Negro, Cecilio Aguirre y sus compañeros de la Casa de Niños aguardan escondidos la señal para poder embarcar en el *Robespierre*. El buque espera instrucciones para su evacuación.

El pánico ha cundido unos días antes en la colonia, cuando el personal soviético que vivía con ellos abandonó sus trabajos para poner a salvo a sus propias familias. Desde ese momento, las cosas han ido de mal en peor.

Los trabajadores del puerto les advierten:

—No subáis a ese barco.

—¿Por qué?

—Porque vais directos a una muerte segura.

—Pero es la única forma de salir de aquí.

—Vosotros veréis. Ya os hemos avisado.

Y tienen razón. El bombardeo de la aviación alemana no da tregua, pero tampoco pueden quedarse en Odesa. A pesar del enorme riesgo que asumen, casi trescientos niños de la Casa de Odesa embarcan en el *Robespierre* y ponen rumbo al río Dniéper. El miedo también viaja con ellos y el carguero en el que embarcan parece un barco fantasma que va a la deriva. Las luces están apagadas y en cubierta no se mueve ni un alma. De repente oyen con terror el ruido de unos aviones que se aproximan. El barco se acerca a la orilla y se detiene. Todos contienen la respiración. Un ruido tremendo hace temblar el suelo, pero no son ellos. Silencio. Su barco sigue a flote. Los aviones alemanes han escogido el objetivo equivocado y han destruido un buque de guerra en construcción a solo unos metros de donde se encuentran. Al menos esta vez la suerte les ha sonreído. Con sigilo, el barco continúa el trayecto. Cecilio celebra cada minuto que pasa. Cada milla que avanzan es una milla más que los aleja del horror de la batalla.

En Rostov del Don los niños se apean del barco. Han recorrido casi setecientos kilómetros y lo que se encuentran al llegar es desolador. Una aldea abandonada donde no queda nada salvo unas gallinas que sus dueños han decidido dejar en lo que parece ser una huida a la desesperada. Las calles están desiertas y las puertas de las casas abiertas.

Alimentar casi trescientas bocas se convierte en un reto sin precedentes. Las gallinas son las primeras en caer. Durante varios días los niños recorren los prados buscando cualquier hortaliza que puedan llevarse a la boca. Por si fuera poco, el frío empieza a entrar con fuerza por el norte y tampoco tienen calefacción. Si no salen pronto de allí, piensa Cecilio, no lograrán sobrevivir. A las puertas de la desesperación, los responsables de la colonia dan luz verde a una segunda evacuación. Un tren los lleva a Sarátov. El viaje es largo y agónico. Durante un mes subsisten a base de agua y pan. La comida es insuficiente y los niños aprovechan las paradas del tren para recabar nuevas provisiones. Los que bajan son voluntarios y Cecilio se apunta a la expedición. Cada uno está encargado de volver con cinco panes. Ni cuatro, ni cuatro y medio. Cinco. La tentación es grande, llevan demasiados días sin comer y las fuerzas empiezan a flaquear.

Por fin, un mes después de abandonar la aldea de Rostov del Don, Cecilio llega a Sarátov. Es diciembre de 1941 y el termómetro se ha desplomado hasta los cuarenta grados bajo cero. Sin ropa, sin comida y sin apenas fuerzas, las posibilidades de sobrevivir en ese lugar le parecen más bien escasas.

Perdido en medio de una república olvidada de Asia Central, Pedro Cepeda, alias «Perico», se levanta cada día pensando en el modo de sobrevivir hasta la noche. No es fácil. A lo largo del tiempo que dura la Segunda Guerra Mundial son muchos los niños españoles que se ven abocados al hurto y al robo para poder comer. El producto de sus robos lo vende en el mercado negro. Con un poco de suerte consigue algo de dinero y, en el peor de los casos, lo canjea por comida. Otros niños también se dedican al trapicheo. Son sus primeros días en Samarcanda, en Uzbekistán, y los vecinos ya les han declarado la guerra.

A pesar de los esfuerzos por parte del personal que ha viajado con ellos para mantener la serenidad, el panorama también es desolador para esta colonia. No hay dinero ni comida ni abrigo. Es muy difícil controlar la situación.

El día en que Perico y un grupo de niños deciden robar algunas sábanas de la casa, el mundo entero cambia para él. Lo que podía haber sido un día de suerte se convierte en el infierno de Pedro. Un niño de la Casa ha delatado al grupo y los responsables ordenan la presencia de los presuntos implicados.

—De aquí no sale nadie hasta que aparezca el ladrón.

Nadie dice nada. Nadie mueve un músculo.

—Creo que no lo entendéis. O sale el ladrón u os echo a todos de la Casa.

Uno de los niños señala a Pedro con el dedo, que da un paso adelante y confiesa su participación en el robo. Silencio de nuevo. Nadie más se atreve a dar un paso al frente. Ninguno da la cara con él y él no los va a delatar. Lo acaban de dejar solo. La respuesta de los responsables es fría y contundente. Pedro ya no puede seguir en la colonia.

Ese mismo día Perico hace las maletas. Tiene dieciocho años y nada que perder. Pero si de algo está orgulloso es de haber trabado amistad con personas ajenas a las Casas. Quizá ellos puedan ayudarlo ahora. Tras falsificar varios documentos consigue colarse en un tren que se dirige a Barnaúl, en Georgia. Allí vive Manuel Azcúnez, un marino español que también espera poder regresar algún día a España. A pesar de la calidez con la que le recibe su amigo, Perico quiere valerse por sí mismo.

—Tengo que conseguir trabajo, Manuel, pero no sé dónde ir.

—¿Por qué no pruebas a alistarte en la marina?

—Pero ¿cómo? Oficialmente los españoles no podemos. Con mi apellido no voy a llegar muy lejos.

—Busca la manera. Seguro que lo consigues.

Azcúnez tiene razón. Pedro Cepeda encuentra la manera falsificando su apellido, al que le añade una terminación georgiana: Cepedasvili. Envía la solicitud para su ingreso en la marina y, en pocos días, recibe el visto bueno. No se lo puede creer: acaba de burlar la estricta burocracia soviética. A pesar de no tener experiencia militar, Perico aprende rápido y lo asignan a un submarino de guerra.

Para cuando termine la Segunda Guerra Mundial, Pedro habrá alcanzado la graduación de teniente de navío en la flota rusa submarina.

Al mismo tiempo que Manuel Arce llega a Básel, en la provincia de Sarátov, los vecinos de esa localidad son evacuados con urgencia y dejan un pueblo abandonado. El gobierno soviético les ha dado cuarenta y ocho horas para recoger sus enseres y salir del pueblo. Los que se van son una comunidad alemana asentada en la zona desde la época de los zares. Durante varias décadas habían echado raíces en ese lugar sin despreciar nunca sus orígenes, pero jamás habían dado un problema. Sin embargo, la invasión nazi ha hecho que la desconfianza cale entre las autoridades soviéticas, que justifican su orden de evacuación asegurando que antes o después esta comunidad podría unirse a los enemigos.

Desde la cubierta del barco, a los alemanes les parece ver un gran número de niños, quizá un centenar, que llegan al que hasta ahora había sido su hogar. Ahí les dejan sus camas recién hechas, su despensa ordenada, su cosecha en el almacén y su ganado en los cobertizos. Manuel se muestra optimista. Por lo menos en ese lugar no morirán de hambre.

Pero los meses pasan y la comida se acaba. El pueblo carece de agua corriente y entre los niños se turnan para ir a buscar el agua al Volga, que desde que empezara el invierno está totalmente congelado. Con palos y esfuerzo procuran hacer agujeros para llegar a las capas más bajas, donde el agua sigue fluyendo. Ese invierno es especialmente cruel. Las temperaturas descienden a cuarenta y dos grados bajo cero. Salir al exterior es sinónimo de sufrimiento y dolor.

Manuel tiene doce años y desde que ha llegado a Básel solo piensa en comer. Come todo lo que encuentra. En su casa también vive un cerdo, que alimentan a base de peladuras de patata, que se convierten gracias al hambre en un gran objeto de deseo. Manuel y algunos compañeros acabarán comiéndose las peladuras. Casi todo vale en la guerra. El ingenio y la pillería son claves para la supervivencia.

Desde que empezara la Gran Guerra Patria, como se denominará en la URSS a la Segunda Guerra Mundial, cada noche Manuel se hace la misma pregunta: ¿estará César bien? Su hermano vive en Leningrado, una ciudad que lleva meses sitiada.

Una noche más, las sirenas de Leningrado alertan de la llegada de nuevos aviones. Teresa apaga las luces, se pone los guantes y sale corriendo a la calle. El proceso se ha convertido en algo casi rutinario, pero ella no puede evitar que su corazón se le acelere con cada nuevo aviso. La aviación alemana hace meses que sobrevuela la ciudad dejando caer pequeñas bombas que al estallar desprenden un líquido inflamable, el cual ya ha destruido media ciudad. Teresa ha visto arder su fábrica hasta en tres ocasiones, siempre de noche. Igual que esta. Pero hoy no solo caen bombas incendiarias; un obús impacta tan cerca de Teresa que sale despedida contra una pared. Está aturdida, aunque consigue levantarse. Su espalda. Le duele mucho la espalda. Se traga el dolor. Hay demasiado trabajo que hacer.

Solo tres meses después del inicio del cerco de Leningrado la ciudad está en ruinas y sus habitantes agonizan de frío y hambre.

Cristóbal García Galán está muerto de frío. Hace semanas que los niños duermen en el primer piso de la Casa de Niños para que les pueda llegar el calor de la cocina, que se encuentra justo debajo de ellos. Duerme con el gorro puesto y las botas rusas de fieltro. Esa misma mañana su compañero de cama no se ha levantado. Tras avisar al resto del grupo le han colocado varias mantas encima, pero su cuerpo está frío. No es la primera vez que pasa esto. La noche ya se ha llevado a varios de ellos.

En la calle la situación no es muy distinta: los muertos se hacinan en la ciudad. Alguna vez Cristóbal los ha visto caer con sus propios ojos. A plomo. El frío o el hambre, o la conjunción de ambas cosas, están acabando con la población. Los fallecidos se acumulan en las aceras y Cristóbal ayuda como puede. No hay ataúdes y tienen que envolver los cuerpos en sábanas y trasladarlos en trineos. Al principio los llevaban al cementerio, pero ahora, con el invierno encima, a nadie le quedan fuerzas para cavar una fosa. El río se ha convertido en una gran tumba submarina, aunque tirarlos al Volga no es tarea fácil. Cristóbal lo ha comprobado más de una vez. Cuando consiguen abrir un agujero en el hielo, simplemente lo dejan caer. La corriente hace el resto.

Teresa está cada vez más debilitada. Lleva varios días sin apenas alimentarse. La ración aprobada por las autoridades soviéticas es necesaria pero insuficiente. Ese día los komsomoles han abierto el comedor y ella corre a por su ración. Por el camino uno de los cuerpos arrinconados en la cuneta le llama especialmente la atención. Se trata de una mujer joven con el cuerpo agarrotado por completo. Lo que le sorprende es lo que le falta: un pecho y parte del glúteo. Alguien se los ha cortado. Se horroriza ante esa imagen, jamás se le ocurriría hacer algo así. Pero tampoco se permite juzgar a quienes lo han hecho. La ciudad entera se muere de hambre. Y ella misma también. Todos están dispuestos a comer lo que sea con tal de sobrevivir.

Cuando llega al comedor, cientos de personas esperan su turno. En la cazuela hay carne y se pregunta de dónde la habrán sacado. Hace semanas que la carne se ha acabado en toda la ciudad. La imagen de la chica joven mutilada regresa a su mente. Mejor no preguntar. Teresa solo quiere comer.

En Sarátov, los responsables de la Casa de Odesa están desbordados. Durante cuatro días han permanecido encerrados en una de las escuelas de la ciudad. La mayoría duerme en el suelo, pues no tienen camas suficientes para toda la colonia. Ante la imposibilidad de dar salida a todos los niños, la dirección del centro toma una decisión inapelable. Los más pequeños permanecerán en la escuela, pero los mayores tendrán que irse.

—A los que tengáis quince años o más os vamos a mandar a las escuelas de formación profesional de la ciudad. Allí podréis trabajar y os darán alojamiento y comida. Es lo único que podemos hacer por vosotros.

Mala suerte. El hermano de Cecilio Aguirre, Juan, tiene quince años, pero Cecilio solo catorce. Conscientes de lo inevitable, los dos hermanos se ponen de acuerdo. A partir de ese momento Juan tendrá dieciséis años y Cecilio, quince. Es su única oportunidad para permanecer juntos. Cuando los responsables pasan lista, Juan y Cecilio se unen al grupo de los mayores. Nadie duda ante su engaño.

En pocos días, los dos hermanos pasan a formar parte de los estudiantes que acuden a la escuela de formación profesional de Sarátov. Sin apenas preparación, realizan sus prácticas en una fábrica de aviación. Solo unos meses antes esta factoría se dedicaba a la confección de maquinaria agrícola, pero ahora la guerra lo ha cambiado todo. Cecilio aprende sobre la marcha; nadie le dice lo que tiene que hacer. Se pasea por los diferentes hangares: en uno fabrican los motores, en otro los bastidores... Sus prácticas en la fábrica tampoco le garantizan un plato de comida al día. Cecilio cada vez se encuentra peor. Se cansa por todo, se siente mareado: la ausencia de vitaminas le está pasando factura. Sus compañeros no están mucho mejor que él y las enfermedades también se ceban con ellos: disentería, malaria, tuberculosis... Algunos, cansados hasta la extenuación y sin reservas de ninguna clase, acaban falleciendo. Cecilio se mantiene como puede. Con solo catorce años y trabajando doce horas al día no hay tiempo para el descanso. Tampoco para caer enfermo. La ausencia en su puesto de trabajo durante solo una jornada supone perder el 20 por ciento del salario que perciben mensualmente.

Sus condiciones empeoran aún más cuando lo trasladan a Tiflis, donde trabajan todos los días de la semana. El dolor de pies es insufrible. Cecilio no tiene zapatos y trabaja descalzo desde que decidió vender el único par que tenía para poder salir del paso. Sabe que enfrentarse a los responsables de la fábrica puede comportar un severo castigo, pero su situación es insostenible.

—No voy a trabajar los domingos porque estoy solo. No tengo a nadie que me haga nada.

—No se lo podemos permitir. Si un camarada trabaja el domingo, los demás también.

—¿Y quién me va a hacer a mí las cosas si no me las hago yo?

Al domingo siguiente Cecilio no se presenta. El secretario de la fábrica decide abrirle un expediente, pero el director del hangar donde trabaja se apiada de él.

—Déjale en paz.

Ese piadoso salvoconducto lo convierte en el único trabajador de la fábrica que tiene derecho a descanso los domingos.

Manuel Arce llega a Sarátov dos años después del inicio de la Gran Guerra Patria. Ya ha cumplido catorce años. Como Cecilio y tantos otros, le envían allí para estudiar un oficio en la escuela de formación profesional. Desde su nueva residencia acude cada día al centro. Se desplaza en tranvía, el transporte más rápido de la ciudad. Cogerlo es todo un reto porque siempre está demasiado lleno: por dentro y por fuera, en los laterales y en el techo. De hecho, casi nunca ve el vagón del tranvía, solo a personas que parecen estar suspendidas en el aire.

El 1 de octubre de 1943 Manuel se sube al tranvía, el mismo que coge a diario desde hace dos meses. Está más lleno que nunca. Consigue colgarse de un lateral, donde apenas puede moverse. Ese día el tranvía descarrila. Todos los pasajeros están en el suelo. Todo pasa muy rápido, tanto que a Manuel no le da tiempo a mover la cabeza. Un tranvía llega en dirección contraria a toda velocidad y el choque es tremendo. Manuel está inconsciente, pero una ambulancia consigue trasladarlo al hospital justo a tiempo para salvarle la vida.

Ha perdido las dos piernas.

Durante tres meses permanece ingresado en cuidados intensivos. Su fuerza reside en el cariño de sus amigos españoles, que no han dejado de visitarle durante todo ese tiempo. Sin embargo, sufre. Y no solo dolor físico. «¿Cómo sobrevive un lisiado en medio de una contienda?» También tiene miedo.

Tras salir del hospital, los inicios son desastrosos, desesperantes. No puede hacer absolutamente nada por sí mismo. Por eso, lo primero que necesita es un medio de transporte. Y lo construye. Durante los próximos años, Manuel no se separará de su pequeño carrito de cuatro ruedecitas, que le permite impulsarse con las manos. Esa independencia hace que se distraiga y pasa su tiempo en la zapatería de su nueva casa, donde aprende el oficio de zapatero. Quién sabe, quizá ese oficio le pueda ser útil en el futuro.

De momento, la guerra continúa.

El 20 de noviembre de 1941 los habitantes de Leningrado consiguen abrir una vía de evacuación que bautizan como «camino de la vida». El riesgo es muy alto. Quien quiera huir de la ciudad tendrá que atravesar parte del lago Ládoga, que ahora está helado. Varios camiones pasan por las finas capas de hielo que empiezan a cuajar. Salen de Leningrado con evacuados y regresan con munición y alimentos para los que aún permanecen en la ciudad. Teresa Alonso se entera de esa evacuación en el hospital donde desde hace semanas ayuda a cambiar las vendas de los heridos. Esa expedición se convierte en una oportunidad. Quizá ahora sí consiga reunirse con Ignacio.

Una caravana de varios camiones se adentra en el lago a paso muy lento. No solo les acechan los alemanes. El hielo puede ceder en cualquier momento.

—¡Silencio! Tenéis que estar pendientes del ruido.

Nadie se atreve a decir nada. Con cada chasquido Teresa entra en pánico. Viajan con las puertas abiertas. En el caso de que el suelo se quiebre deben salir a toda prisa, aunque Teresa no cree que se salve ni uno si eso llega a pasar. El camino se hace largo y los momentos de tensión se rompen con alguna risa nerviosa. Teresa cierra los ojos. Cuando por fin escapan del hielo, consigue abrirlos. La caravana de camiones ha disminuido de número. No todos lo han conseguido. Algunos se han quedado en el camino, pero ella está a salvo. Ahora solo queda encontrar a Ignacio.

El día en que Teresa sale de Leningrado pesa solo treinta y siete kilos.

Su evacuación no ha hecho más que empezar. Durante más de un mes ella y sus compañeros viajan hacia el sur hasta que llegan a Borisoglebsk, la ciudad donde estudia Ignacio. Tras varios días de búsqueda sin resultado, los españoles deciden seguir adelante y Teresa también se va con ellos. Lo más probable es que Ignacio esté en algún frente, piensa. Es lo lógico. Mientras dure la guerra...

En realidad, Teresa Alonso e Ignacio Aguirregoicoa han estado a punto de cruzarse. Solo unos días antes de que los españoles llegaran a Borisoglebsk, los pilotos han partido hacia el Campo Ural 5, donde aprenden a pilotar nuevos modelos de aviones. Durante dos años Teresa no sabrá nada de Ignacio. Él tampoco nada de ella.

En julio de 1943 Ignacio aterriza en su nueva unidad, ubicada a pocos kilómetros del frente báltico. Ahora todos lo conocen como Benito Aguirre, su nombre de guerra. No lo hace por voluntad propia, sino porque los soviéticos han confundido su segundo apellido con su nombre de pila al mismo tiempo que han acortado su primer apellido. Durante ocho meses Ignacio combate imbatible contra los cazas alemanes. Toda una proeza dada su corta experiencia a los mandos de un avión de guerra.

Hasta que llega el 9 de marzo de 1944. Ese día Ignacio despega desde el aeródromo de Gdov, muy próximo al lago Peipus. No regresa a la base. Los alemanes han hecho diana en su avión y desaparece de su radar. Ignacio sobrevive a ese impacto y logra aterrizar en una zona cercana al lago, pero el enemigo está demasiado cerca y sabe que van a por él. No lo duda. Coge una pistola, le quita el seguro y se pega un tiro.

El día en que Teresa se entera su cabeza no puede soportarlo y durante cuatro meses permanece ingresada en un psiquiátrico de Moscú. Ya nunca podrá volver a ver a Ignacio. Ya no quiere vivir.

La Segunda Guerra Mundial acaba el 8 de mayo de 1945 dejando una profunda huella en los Niños. Durante cuatro años han vivido en el infierno. No solo por la hambruna y el frío, sino porque se han sentido desamparados, huérfanos por segunda vez en su vida. El papel del Partido Comunista de España ha sido decisivo para llevar a cabo las evacuaciones, pero la sensación de los Niños es que no han estado a su lado. Ahora, tras el fin de la contienda, el Partido recupera las riendas de su destino.

7

La CIA quiere más

> En noviembre de 1958 resultó evidente que si todos los repatriados que parecían disponer de información útil debían ser interrogados en un plazo de tiempo razonable, era necesaria una ampliación del Centro. Durante el mes de diciembre se seleccionó y asignó personal adicional, y a principios de febrero de 1959 el Centro duplicaba su tamaño. El número de interrogatorios celebrados por mes aumentó desde 25 en noviembre de 1958 a 60 a mediados de 1959 y a 90 a mediados de 1960. El número de informes emitidos por mes se incrementó en proporción de unos 30 en noviembre de 1958 a casi 70 en la primavera de 1959 y a más de 100 a principios de 1960.
>
> Lawrence E. Rogers,
«Project Niños»

Santiago Martínez sale de la agencia de viajes con una gran sonrisa en la boca y un billete con destino a Roma en la mano. Por fin va a hacer su sueño realidad. Él, un gran aficionado al deporte, tiene vía libre para acudir a los Juegos Olímpicos de Roma. Hace pocas semanas él mismo ha solicitado a la policía de Bilbao un permiso especial para asistir y, contra todo pronóstico, en la comisaría no han puesto ninguna objeción.

Apenas unos días después Santiago recibe una notificación para declarar en Madrid. Han pasado algo más de dos años desde su regreso a España. La CIA, decidida a obtener toda la información posible de los repatriados, se centra ahora en aquellos que tienen un conocimiento especializado. Los servicios secretos de Estados Unidos han desplegado todo su poder en la capital. Los norteamericanos quieren sacar el mayor provecho con la mayor celeridad posible. Santiago había oído rumores acerca de los interrogatorios, pero cuando llega al número 118 de la calle Goya sale definitivamente de dudas. El acento norteamericano de los agentes es inconfundible.

Santiago ha tenido que pedir permiso en el trabajo. No sabe cuánto tiempo debe permanecer en Madrid, pero el director de la empresa accede sin hacer preguntas. Las horas se hacen largas en la sala de interrogatorios de la calle Goya. Durante dos semanas responde pacientemente a todas las preguntas de los agentes. En realidad, son muy parecidas a las que ya había contestado dos años antes en una comisaría de Bilbao. Repasan su vida, sus contactos, sus estudios, los lugares donde ha trabajado y sus lazos familiares durante su estancia en la URSS.

A los pocos días las preguntas adquieren un nuevo cariz. Ahora se centran en el trabajo que ha realizado en la Unión Soviética. Santiago, licenciado en Ingeniería de Caminos, ha trabajado en la construcción de varias centrales hidroeléctricas y debido a ello ha tenido la ocasión de recorrer parte del territorio soviético. Parece que este punto les interesa especialmente.

Un agente especialista en este tipo de centrales coge las riendas del interrogatorio.

—¿Dónde están situadas estas hidroeléctricas?

—La primera práctica la hice en el río Obi, en Siberia.

—¿Sabrías ubicar exactamente el lugar donde se encuentra la hidroeléctrica en este mapa?

—Lo intentaré, pero la Unión Soviética es muy grande.

—¿Cómo llegaste hasta allí?

—En tren.

—¿Y te fijaste en alguna instalación militar durante el viaje?

—No.

—Piénsalo bien, seguro que viste algo que te llamó la atención.

—No, no vi nada remarcable.

A pesar de la insistencia del agente, a Santiago no le parece estar en un interrogatorio. El trato es amistoso, se tutean; dos semanas dan para mucho. Todo parece fluir con normalidad. Los interrogadores toman nota de cada respuesta. Santiago tiene curiosidad por ver qué es lo que están escribiendo, qué es lo que realmente les interesa de todas sus respuestas.

—¿Puedo saber lo que estás apuntando?

El agente coge sus apuntes. Repasa su estancia en la URSS, su trabajo en las hidroeléctricas y su regreso a España. Es en este punto en el que Santiago se planta. El interrogador acaba de apuntar directamente a dos Niños de la guerra repatriados que mantienen contactos sospechosos en España.

—Para, para. Eso no lo he dicho yo. No es verdad.

La interrupción coge por sorpresa al interrogador, que lo mira desafiante.

—Sí que lo has dicho.

—Eso es mentira. No he dicho tal cosa.

—Es lo que deduzco de tus respuestas.

—Eso es una calumnia y si vas a seguir en este plan, como decís que esto es una invitación amistosa para charlar, aquí lo dejo.

—Santiago, estoy haciendo mi trabajo.

—Si es este, me parece perfecto. Yo tengo el mío. He venido a España a trabajar y llevo dos semanas aquí perdiendo el tiempo.

Nadie le impide la salida y Santiago regresa a Bilbao. Pero su abandono tiene consecuencias. Unos días después la policía lo reclama en comisaría, donde revocan su permiso de salida al extranjero. No le dan ninguna explicación. Santiago ya no podrá asistir a los Juegos Olímpicos de Roma.

La elaboración de los interrogatorios a los españoles repatriados va mucho más allá de unos cuestionarios estándar. En el momento en que se cita a una persona en el Centro de Investigaciones Especiales se pone en marcha un engranaje de gran calado en el que participan agentes españoles y norteamericanos.

El punto de partida para organizar el interrogatorio son los informes preliminares obtenidos en sus respectivos lugares de origen. Pero no es la única información con la que cuentan los servicios secretos. Desde su llegada a España, la mayor parte de los repatriados ha mantenido contacto con los compañeros o familiares que continúan en la URSS a través de correspondencia epistolar. En estas cartas, a menudo censuradas por las autoridades españolas, aparecen nombres, lugares, dificultades, pensamientos y acciones que las convierten en una fuente inestimable de información que también aprovechan durante los interrogatorios.

Y aún hay más. El Centro de Investigaciones Especiales acumula lo que los repatriados, conscientes o no, han aportado durante los sucesivos interrogatorios. Todos estos datos, unidos a las propias investigaciones que han llevado a cabo agentes del Alto Estado Mayor y de la CIA, conforman el punto de partida para personalizar cada uno de los interrogatorios.

Para llevar a cabo esta labor, el Centro cuenta desde el inicio con cuatro suboficiales del ejército y de la Guardia Civil, aunque dos de ellos trabajan a tiempo parcial. El equipo de investigación y de interrogadores lo completan seis inspectores de la División de Investigación Social, dos oficiales de las fuerzas armadas de Estados Unidos y un civil de la CIA. Todos ellos son los encargados de elaborar los interrogatorios y de llevarlos a cabo. Para ello, como escribe Lawrence E. Rogers en su informe, «también disponen de un gran volumen de material de referencia como el índice del Registro Industrial de empresas soviéticas, revistas técnicas, libros de referencia y material de orientación especializado sobre una amplia gama de temas científicos y técnicos. En general, se disponía de demasiado material de referencia, lo que constituía un problema de almacenamiento».

Cada interrogador trabaja con un funcionario de especificaciones, que es quien transmite toda la información que ha recogido hasta la fecha. Tienen entre dos y cinco días para estudiar cada caso antes de la comparecencia de la fuente. Durante los interrogatorios ambos agentes conversan sobre el desarrollo de la entrevista, sobre todo cuando detectan incongruencias en el discurso del interrogado. Cualquier detalle puede proporcionar una pista importante. Los agentes expertos en la materia son vitales para corroborar la veracidad del relato. Una vez finalizado el interrogatorio, determinan si el repatriado deberá volver en un futuro próximo o no.

Tras la entrevista el interrogador se encarga de reelaborar sus notas para que posteriormente puedan mecanografiarlas en la redacción. Tal como explica Lawrence E. Rogers en su informe, «los interrogadores dedicaban la mitad de su tiempo a realizar interrogatorios y la otra mitad a elaborar informes, una proporción que funcionó correctamente».

Mientras tanto los problemas internos entre españoles y estadounidenses llegan a altas instancias. Los agentes designados por el servicio de inteligencia español están pluriempleados para poder llegar a final de mes. Por la mañana trabajan en sus puestos oficiales y por la tarde permanecen en el Centro de Investigaciones Especiales llevando a cabo labores de espionaje. Esta decisión no gusta nada a los norteamericanos, que exigen un trabajo más profesional por parte de sus compañeros españoles. Si quieren acelerar la operación, estos agentes deben estar contratados a tiempo completo con un sueldo acorde con su trabajo. Las autoridades españolas acceden a la petición después de que la CIA se comprometa a ingresarles una paga extra mensual.

Pero en lo que no están dispuestos a ceder bajo ningún concepto es en modificar sus horarios de oficina. Los estadounidenses, acostumbrados a empezar su jornada laboral a primera hora y a terminar a media tarde, se dan de bruces con la larga sobremesa que los oficiales españoles practican religiosamente. El problema surge con los equipos mixtos de españoles y norteamericanos, en los que ambos horarios resultan incompatibles. Pero los estadounidenses no tienen nada que hacer a este respecto. Los españoles ganan la batalla de la siesta.

Unos meses más tarde Cecilio Aguirre regresa a la pensión Las Once. El Centro de Investigaciones Especiales vuelve a requerir su presencia para un nuevo interrogatorio. Esta vez acude él solo. Tras la evaluación y análisis de su primera entrevista por parte de los expertos estadounidenses tienen nuevas preguntas que hacerle. Cecilio, al igual que hiciera la primera vez, no tiene reparo en contestar tal como él ve las cosas y como las interpreta.

—Usted dice que en la fábrica número 456 de Jimki estuvo en una zona donde realizaban pucheros y bañeras para bebés.
—Así es.
—Pero usted sabe que en esa fábrica había más talleres.
—Sí.
—¿Cuál era su objetivo?
—Pues no lo sé con seguridad.

Los servicios secretos son conscientes de las reticencias de gran parte de los Niños repatriados a la hora de colaborar con ellos y ante preguntas directas como «¿Usted trabajaba con misiles?». La respuesta más frecuente es un no rotundo. Por eso la CIA decide probar con fórmulas alternativas que puedan facilitar su cooperación. Entre ellas está la de reconocer cierto tipo de olores como aceites o productos químicos que podrían tener relación con la fabricación de ciertos misiles.

Otras técnicas se basan en preguntas aparentemente sencillas y poco trascendentes que provocan una cierta relajación y seguridad en el entrevistado. Buscan su confianza. ¿Cómo podrían saber si una persona ha colaborado alguna vez con el KGB? Una pregunta directa supondría perder la confianza del interrogado. Sin embargo, preguntar en qué hospital le operaron de apendicitis podría ofrecer una información muy interesante, porque los interrogadores saben que los agentes secretos solo acuden a ciertos hospitales. Sin duda, una manera muy distinta de actuar a la que estaba acostumbrada la policía española. La CIA, viendo su dureza, ofrece formación a los servicios de inteligencia españoles sobre la mejor forma de llevar los interrogatorios.

Con cada respuesta, la CIA se acerca un poco más a la realidad del programa de desarrollo de misiles de la Unión Soviética.

En cuanto los interrogadores entregan su informe final sobre cada español entrevistado se pone en marcha la segunda fase del proceso: su análisis y explotación. Cada servicio de inteligencia cuenta con su propio equipo de análisis que se centra en sus objetivos prioritarios. Si bien la CIA analiza exhaustivamente la información relativa a los programas de misiles de la URSS, el Alto Estado Mayor centra su esfuerzo en desenmascarar a agentes del KGB o a descubrir la identidad de activistas que por su preparación política puedan constituir una célula que active el Partido Comunista de España en el interior del país.

A pesar de la gran dedicación que se requiere para este trabajo, los servicios secretos españoles carecen de suficientes recursos humanos para llevarlo a cabo. El propio comandante Teodoro Palacios redacta un informe fechado en julio de 1957 donde se analiza el trabajo realizado y alerta a las autoridades de la falta de analistas en el proyecto: «De nada sirven unos datos archivados si no se analizan, contrastan y explotan debidamente. Actualmente esta labor lleva cierto retraso en relación con la de interrogación».

Chelo Argüelles también ha recibido la citación para presentarse en el número 118 de la calle Goya. Llega de Gijón, donde vive con su madre y sus hermanos. A pesar de las dificultades que ha tenido para encontrar trabajo, Chelo ha conseguido un puesto como vendedora en unos almacenes de la ciudad. Se lo toma como algo temporal y espera pacientemente su oportunidad.

La sala de espera está llena. No conoce a ninguno de ellos, pero sabe quiénes son: repatriados de la URSS. Los rumores sobre los interrogatorios también han llegado a Gijón.

—Consuelo Argüelles, pase, por favor.

Chelo entra en una sala insulsa, sin apenas mobiliario. Su interlocutor es español y centra la conversación en el entorno social de la entrevistada. El agente tiene en sus manos el informe del Ministerio de la Gobernación con una breve anotación: «ARGÜELLES FERNÁNDEZ, Consuelo, 3.ª expedición, de fecha 23 de noviembre de 1956, domiciliada en Gijón, avenida de Oviedo, 102, "casa del sebo". Miembro del Komsomol. (Clasificada como peligrosa.)». El objetivo del agente español es verificar la peligrosidad de Chelo.

—Usted formó parte del Komsomol.

—Sí.

—¿Por qué?

—Porque la mayor parte de los Niños lo hicimos. Era algo normal.

—No todos los Niños se enrolaban en el Partido.

—No veía nada malo en ello. Al revés, creo que me beneficiaba.

Tras varias horas de interrogatorio el agente español se despide. En su lugar entra otro. Su acento es norteamericano y sus preguntas se centran ahora en objetivos militares.

—Usted vivía en Kiev.

—No, no. Yo vivía en una ciudad cerca de Kiev. En Voroshilovgrad.

—¿Qué hacía allí?

—Daba clases de historia en una escuela.

—¿Pasaba el tren por este pueblo?

—Sí.

—¿Podía ver qué tipo de cargamento transportaban los vagones?

—Tal vez, pero no le prestaba importancia.

—Seguro que se acuerda de si el cargamento era de grandes dimensiones.

—Podría ser, sí.

—¿Y se acuerda de si había alguna fábrica de armamento en los alrededores?

—No lo sé. Donde yo vivía había una cuenca minera.

El norteamericano solicita un descanso: necesita corroborar si en esa zona existe una cuenca minera. Efectivamente, en Dombás existe una fábrica donde se procesan los restos del carbón que los soviéticos utilizan para la industria química. Tras verificar la información, el agente regresa a la sala.

—¿Usted pasaba por la zona de Dombás?

—Sí, claro.

—¿Y veía algún tipo de sustancia química?

—No, nada de eso.
—¿Y qué había?
—Montañas de carbón.

Tras varias horas de interrogatorio Chelo regresa a la pensión. Le da la sensación de que está perdiendo el tiempo. No aporta nada. Ni tampoco quiere. Aunque muy probablemente al otro lado de la mesa de interrogatorios la sensación sea muy distinta. Cualquier información novedosa debe ser analizada. ¿Importante? Aún deben esperar.

En julio de 1958 la Dirección General de Seguridad extrae sus propias conclusiones de los resultados de los interrogatorios de Project Niños que tienen lugar en el Centro de Investigaciones Especiales. El informe se centra en la relación de los Niños con la URSS y con su ideología, y califica a los repatriados como un medio muy eficaz de propaganda y exaltación de los valores humanos y materiales de la URSS, ya que «todos, sin excepción, ensalzan la vida rusa, sus métodos orgánicos de trabajo, de enseñanza y su progreso industrial y científico». La Dirección General de Seguridad asegura que existe un número bastante grande de repatriados que cuentan con suficiente preparación política para actuar de apoyo en misiones de propaganda y que una minoría ha pasado por escuelas especiales de preparación política en la Unión Soviética. Entre ellos, consta el informe, «existe un número indeterminado de individuos que han actuado en el KGB como informadores y que han recibido enseñanzas e instrucciones sobre actuaciones clandestinas y pertenecido a batallones especiales de sabotaje». Como conclusión, el régimen franquista considera que estos individuos «constituyen una amenaza permanente y en potencia para la seguridad de las Instituciones Políticas del Estado».

El informe incorpora un ejemplo con nombre y apellidos. Es el de la Niña Teresa Alonso Gutiérrez. Durante su interrogatorio una respuesta llama la atención de los agentes.

—¿Le encomendó el Partido alguna misión que cumplir en España?

—No lo hizo, pero si lo hubiera hecho, la hubiese cumplido por encima de todo.

—Si se lo dijeran ahora, ¿lo haría?

—Si en cualquier momento el Partido me ordenase realizar alguna misión, la cumpliría íntegramente sabiendo desde luego a lo que me expongo.

Ante la respuesta de Teresa el informe concluye: «Esta forma de pensar es común a muchos de los repatriados, aunque por precaución o temor a represalias no la exterioricen». Los Niños no dan su brazo a torcer ante las autoridades franquistas y mantienen intacto su respeto y agradecimiento a la Unión Soviética, el país que no solo los salvó de una guerra, sino que también los educó y les dio una oportunidad en la vida. Seguramente por este motivo un gran número de Niños decide no colaborar. Y conscientemente se comportan así.

En un análisis realizado por las autoridades españolas en marzo de 1957, muestran preocupación por la repercusión que los interrogatorios tienen en los Niños:

> Hay que suponer que sus comentarios y deducciones los habrán trasladado a la Unión Soviética, a través de su correspondencia epistolar. En la relación de repatriados que van a venir en el próximo viaje dentro de unos días, no figura nin-

guna persona importante, de las que se sabía que tenían en trámite su documentación de salida. Tal es el caso de los que habían estado trabajando en industrias secretas de guerra, y de los prisioneros, recientemente liberados, de campos de concentración en regiones muy reservadas de Siberia. Existe la posibilidad de que noticias procedentes de España los hayan eliminado de la esperanza de repatriarse. Con ello los propios servicios informativos han perdido, seguramente, elementos muy valiosos.

La realidad es que, a pesar de las reticencias a colaborar, los Niños aportan información que los servicios de inteligencia recogen y analizan como valiosa. Cualquier nombre o localidad puede poner a los norteamericanos sobre la pista que necesitan para acercarse a la realidad de los programas armamentísticos soviéticos.

Los mapas geográficos de la URSS constituyen para la CIA uno de los elementos clave de los interrogatorios. Repatriado a repatriado, los agentes no se cansan de mostrar mapas y de preguntar una y otra vez acerca de todas las posibles instalaciones que los Niños pudieron llegar a ver en la Unión Soviética. La razón de su insistencia se encuentra a veintiún mil metros de altura. La CIA necesita dirigir a sus aviones espía, los U-2, para fotografiar posibles objetivos militares de la URSS. Pero sin coordenadas precisas el vasto territorio soviético hace prácticamente imposible realizar la misión. La CIA necesita pruebas físicas y reales del avance soviético en su programa de desarrollo de misiles intercontinentales. Día a día los Niños completan, la mayoría sin saberlo, el mapa armamentístico de la URSS.

Ángel Belza se encuentra en la sala de interrogatorios y responde sin reservas a las preguntas que le formulan.

—¿Usted captaba en la URSS alguna señal de radio?

—Mire, sí, a veces.

—¿Recuerda qué radio era?

—La Voz de América.

—¿Y qué le parece?

—Si le digo la verdad, muy mal. Recuerdo que una vez dijeron que en la URSS comíamos carne de caballo que olía. Y eso... ¡qué quiere que le diga! Pues me sienta mal.

—Podría ser verdad, ¿no?

—Claro, podría. Pero eso ustedes no lo saben porque la guerra no pasó por América. Por la Unión Soviética, sí.

Las preguntas sorprenden a Ángel. No entiende por qué los norteamericanos se interesan por sus gustos radiofónicos. Detrás de estas preguntas se encuentra la Agencia de Información de Estados Unidos (USIA, por sus siglas en inglés) creada por el Departamento de Estado en 1953, que también se ha sumado a los interrogatorios. Es el organismo encargado de difundir la propaganda norteamericana durante la Guerra Fría. La USIA colabora estrechamente con los servicios de inteligencia de EE.UU. Su principal interés es conocer el grado de penetración en la Unión Soviética de las radios financiadas por la CIA y creadas especialmente para contrarrestar la información que difunde el gobierno soviético.

Al día siguiente Chelo regresa a una nueva cita en la calle Goya. Se muestra tranquila, no tiene nada que ocultar.

—Señorita Argüelles, ¿usted escuchaba alguna emisora de radio en la Unión Soviética?

—En realidad siempre escuchábamos la radio. Radio Moscú, en concreto. En la Casa de Niños había altavoces desde donde escuchábamos noticias o música. Y después en las escuelas o en los autobuses, pues también.

—¿Qué tipo de programas escuchaba?

—De todo tipo, pero sobre todo había programas musicales muy buenos. Aprendía mucho.

—¿Solo escuchaba Radio Moscú?

—Bueno, también oíamos mucho Radio España Independiente, «La Pirenaica».

—¿Qué tipo de programas oía?

—Había un programa en el que los Niños podíamos leer las cartas que les escribíamos a nuestros padres. Yo misma leí alguna.

—¿Y qué explicaban?

—Sobre todo nos servía para decirles que estuvieran tranquilos, que estábamos bien. Eso sí, teníamos mucho cuidado de no decir algo que pudiera comprometer al régimen.

—¿Por ejemplo?

—Por ejemplo, podíamos decir que vivíamos en una ciudad grande, pero no su nombre. Había que ir con cuidado.

El agente toma nota. Su interés se centra ahora en las radios americanas.

—¿Alguna vez llegó a sintonizar La Voz de América?

—No.

—¿Nadie la oía?

—Yo sabía que existía. Y si era así es porque algunos sí la

escucharían. Pero no sé quién. Mi aparato de radio no era muy potente.

—Pero sí podía sintonizar Radio España Independiente.

—Sí, esa sí. Sería más fácil, no lo sé. Pero La Voz de América, no.

—¿Y Radio Liberty?

—Tampoco.

La radio se ha convertido en el principal instrumento de propaganda anticomunista de Estados Unidos para influir en la opinión pública de otros países, incluida la Unión Soviética. El cine, la prensa, el intercambio de personas, o los programas culturales o académicos son otros medios para llegar a las sociedades más alejadas ideológicamente. La ley Smith-Mundt, aprobada en 1947 por el Congreso de EE.UU., permite utilizar la propaganda sistemática por parte del Estado, siempre y cuando se realice en el exterior y no se dirija al público norteamericano. Esta ley da respuesta a una sociedad estadounidense temerosa del avance imparable del comunismo, sobre todo en los países de la Europa del Este.

Gracias a sus emisiones en onda corta la CIA ha logrado lo impensable: penetrar el Telón de Acero que blinda la URSS del resto del mundo. Lo ha hecho gracias a dos emisoras de gran alcance: Radio Liberty, que emite para las repúblicas que conforman la Unión Soviética, y Radio Free Europe, que se centra en los países de la Europa del Este. El éxito de estas emisoras radica en el tipo de información que emiten y que, lejos de formular críticas directas al régimen comunista, se centra en resaltar los valores de los países democráticos.

A pesar del gran riesgo que supone sintonizar estas cadenas para los habitantes de la URSS, son muchos los que sienten curiosidad por conocer versiones distintas a las que propaga el régimen comunista. Pero ¿cómo puede Estados Unidos comprobar el alcance real de sus emisoras en el interior de la Unión Soviética? La imposibilidad de recabar información fidedigna dentro de las fronteras comunistas convierte a los repatriados en una de las fuentes más valiosas para valorar el impacto de sus acciones. Solo cinco meses después del inicio de Project Niños, la CIA envía a su sede europea, en Munich, unos datos reveladores: «De los 166 españoles repatriados entrevistados, el 55 % tenía radio, el 54 % escuchaba emisoras occidentales, el 44 % sintonizaba La Voz de América, el 28 % Radio Madrid y el 15 % Radio Liberty». El documento no deja lugar a dudas. Los esfuerzos invertidos en impulsar la propaganda norteamericana empiezan a tener su recompensa.

Conscientes del gran poder de la información, el régimen soviético y EE.UU. abren un nuevo frente de combate. La URSS, que considera una grave amenaza la intrusión propagandística de los norteamericanos, destina grandes sumas de dinero a interferir la señal radiofónica. Lo hace a través de un radiofaro electrónico con el que emite sonidos estridentes con el fin de detener la repetición. Sin embargo, la señal de onda corta posibilita su reanudación tras un reajuste de cálculos físicos, lo que hace prácticamente imposible anular de forma definitiva la señal.

Chelo Argüelles se encuentra en Madrid. Ya han pasado varios meses desde que saliera por última vez del portal del número 118 de la calle Goya. En esta ocasión está de visita. Se encuentra muy unida a sus hermanos, con los que tantas experiencias ha compartido en la URSS. Esa mañana su hermano ha madrugado y, cuando regresa a casa, le ofrece el periódico a Chelo. Como es habitual durante esos últimos meses, abre el diario por la sección de ofertas laborales.

—Fíjate, piden un traductor de ruso.
—A ver... ¿Para qué querrán un traductor de ruso?
—Ni idea. Es raro. Pero por ir no pierdes nada.
—¿Llamo?
—Llama.

Al día siguiente Chelo acude a la entrevista en el hotel Hilton de la Castellana de Madrid. El puesto de trabajo como traductora de ruso es para una emisora de radio llamada Radio Liberty, que está a punto de empezar a emitir desde España. A Chelo le suena el nombre.

—¿Para qué necesitan traducir al ruso? —pregunta Chelo.
—Porque la señal llega hasta la Unión Soviética.

Chelo tiene dudas y, a pesar de jugarse su opción al puesto de trabajo, su pregunta es directa:

—¿Se trata de una emisora de carácter antisoviético?
—No, es una emisora informativa.

La duda persiste, pero Chelo decide continuar. No puede dejar perder la oportunidad que estaba esperando. Tras pasar el examen con éxito Radio Liberty acepta su incorporación. En pocos días llega a Pals, una pequeña localidad pesquera de la Costa Brava. El poderío de trece gigantescas antenas de 165 metros de altura ubicadas a las afueras de la localidad asombra a sus habitantes, que desde el primer momento desconfían de las actividades que se realizan desde la emisora.

Durante más de una década Radio Liberty permanecerá bajo el control directo de la CIA y desempeñará un papel imprescindible en los planes propagandísticos norteamericanos emitidos en territorio soviético.

Para Chelo Radio Liberty es simplemente la oportunidad que tanto había esperado.

La difícil adaptación de los Niños en España también preocupa a los servicios de inteligencia norteamericanos, que ven cómo muchos de ellos han solicitado su regreso a la URSS. Su inquietud no solo reside en la fuga de fuentes que pueden ser de gran valor para Project Niños, sino también en la posibilidad de que las autoridades soviéticas se pongan al día con el trabajo que la CIA realiza en España y así se arriesgue toda la operación. En un documento muy confidencial fechado en marzo de 1957 los responsables de la CIA en España alertan sobre el «efecto desastroso que, para la moral de Occidente, constituye esta especie de desbandada y la necesidad de que se contenga no solo con fórmulas restrictivas en cuanto a la expedición de pasaportes, sino también a través de una ayuda más eficaz a los repatriados, con los medios económicos que sean precisos y ellos están dispuestos a facilitar por conducto de Cáritas». El retorno sin control de los repatriados a la URSS puede tener unas consecuencias propagandísticas catastróficas. Los Niños, que tanto ímpetu habían puesto en salir de la Unión Soviética, ahora quieren regresar a ella.

A pesar de los esfuerzos de las autoridades por retenerlos en España, la dificultad para encontrar vivienda y trabajo, la desconfianza de la sociedad española hacia los repatriados, el rechazo de sus familias y los continuos interrogatorios han terminado por dilapidar la esperanza de gran parte de ellos, que siguen solicitando el permiso para su regreso. Sin embargo, lo que parece un contratiempo para la CIA pronto se convierte en una oportunidad para actualizar la información de la que ya disponen. Están dispuestos a aprovechar el retorno de los españoles a la URSS captando a algunos de ellos como informadores de los servicios secretos norteamericanos.

Unos meses después, en Bilbao, Cecilio Aguirre recibe atónito una proposición inesperada.

8

Los Niños, la reserva de oro del PCE

Dolores Ibárruri Gómez, la Pasionaria, llega a la URSS en verano de 1939 tras recibir una llamada de la Internacional Comunista. En su maleta tan solo lleva un vestido de manga corta y un sombrero. Su idea es regresar a España en un par de días, pero la Comintern tiene otros planes para ella.

En Moscú se entrevista con el secretario general del Partido Comunista español, José Díaz, que había llegado solo unos meses antes, en diciembre de 1938. Su salud es delicada: le han diagnosticado cáncer de estómago y acaba de someterse a una operación que no ha cumplido las expectativas. La enfermedad avanza con celeridad y le provoca intensos dolores. Tras la reunión, Dolores Ibárruri prevé que su estancia será más larga de lo esperado y se instala en una casa en el centro de Moscú. Sus hijos, Rubén y Amaya, se reúnen con ella al cabo de pocas semanas.

Su primera labor es conocer la realidad de la colonia española y, sobre todo, la situación en que se encuentran los Niños de la guerra que permanecen distribuidos en las dieciséis Casas de acogida. Para ello acompaña a José Díaz en sus visitas, donde es testigo de las innumerables muestras de afecto de todos los Niños hacia el líder comunista.

Si su estancia en la URSS se va a prolongar, Dolores Ibárruri necesita aprender ruso. Su buena memoria se convierte en su mejor aliada y en poco tiempo, gracias también a la lectura del diario *Pravda*, consigue grandes avances. Su patria también sigue muy presente en el día a día de Dolores, siempre fiel a la cultura y las costumbres españolas. Su casa se convierte en el punto de encuentro de los camaradas del Partido. No pasa un solo día en el que no reciba en su salón la visita de algún miembro de la colonia española.

Los acontecimientos en España preocupan en el PCE trasladado a Moscú. El régimen franquista se ha instalado en España a la vez que la salud de José Díaz se deteriora cada vez más. Pasionaria también se prepara para un futuro incierto. Muy posiblemente pronto tenga que coger las riendas del Partido Comunista de España.

La entrada de la Unión Soviética en la Segunda Guerra Mundial tiene para Dolores Ibárruri unas consecuencias personales devastadoras. Su único hijo varón, Rubén, muere el 3 de septiembre de 1942 defendiendo Stalingrado de la invasión alemana. Ese mismo año, José Díaz, atormentado por sus terribles dolores, decide acabar definitivamente con su vida y arrojarse por una ventana en Tiflis, donde hacía pocos meses había fijado su residencia. Dolores, tras una lucha por el liderazgo con el exministro de Institución Pública durante la República en España, Jesús Hernández, asume definitivamente la secretaría general del PCE.

A Rosa Ortiz se le da muy bien dibujar. Los márgenes de sus cuadernos están llenos de pequeños bocetos a lápiz. Es brillante en casi todas las asignaturas, salvo en matemáticas. Y eso ya le ha dado más de un disgusto. El último de ellos llega esa misma mañana, cuando el director del centro la llama a su despacho.

—Rosa, tengo malas noticias para ti. —El director fija su vista en el expediente que tiene delante, y ella piensa que lo hace para evitar su mirada—. Este será el último curso que estudies en la Casa de Niños.

A duras penas consigue deshacer el nudo que se le ha formado en la garganta.

—¿Por qué? ¿Qué he hecho?

—Nada, pero tal como vas en matemáticas, nunca podrás llegar a la universidad.

El director consulta su reloj con impaciencia, como si diera la conversación por concluida. Rosa siente que le falta el aire.

—Y entonces ¿qué hago?

—¿Qué te gustaría hacer?

—Quiero entrar en la escuela de dibujo de Moscú.

Él levanta la vista, sorprendido. Por primera vez la mira fijamente a los ojos. Y lo que lee en ellos es determinación.

—De acuerdo —dice—. Te propondremos para hacer el examen de ingreso.

Rosa está pletórica. ¡Qué más puede pedir! Siempre ha soñado con ser algún día una pintora reconocida y este puede ser el primer paso de algo más grande. Y quien le ofrece esta oportunidad es el director de su casa en Tarasovka, una pequeña ciudad a pocos kilómetros de Moscú. El Partido Comunista de España se ha encargado de reagrupar al mayor número posible de Niños españoles, los cuales se habían dispersado por diferentes puntos de la Unión Soviética durante la Segunda Guerra

Mundial. En el año 1945 prácticamente todos ellos viven en Moscú o en sus alrededores, donde pueden recuperarse de las calamidades sufridas durante su evacuación.

Pero los días pasan y Rosa no tiene noticias de los resultados del examen. Hasta que al fin recibe la llamada. La buena noticia es que ha pasado las pruebas. La mala es que no hay sitio para ella en la residencia. O lo que es lo mismo: no puede ingresar en la escuela de dibujo de Moscú. Y ahora, ¿qué?

—Rosa, recoge tus cosas que nos vamos.

—¿Dónde?

—Ya lo verás.

Rosa tiene dieciséis años y acaba de llegar a Lyublino. Su nueva escuela nada tiene que ver con lo que había soñado. Acaba de ingresar en la escuela técnica ferroviaria. El Partido ha tomado una decisión sin contar con ella, y eso no le gusta. Rosa está dispuesta a desobedecer.

Manuel Arce se apoya con dificultad en las camas de la enfermería de su nueva Casa de Niños, en Najábino. Acaba de recibir las primeras prótesis para sus piernas. Hace tres años del fatal accidente en el tranvía y hoy es el primer día que vuelve a ponerse en pie. El aprendizaje es lento, pero se muestra seguro y, sobre todo, optimista.

Desde que ha llegado a Najábino Manuel duerme en la enfermería, que está a cargo del médico Victoriano Hombrados. Para él es mucho más cómodo y práctico, sobre todo cuando se trata de ir al aseo. El carrito que había construido con sus propias manos sigue ahí. Le va a costar deshacerse de él, pero la vida acaba de volver a empezar para Manuel.

En pocos días ya controla con seguridad sus nuevas prótesis. Es hora de regresar a la escuela. Cuando llega, los niños se quedan boquiabiertos: camina apoyado en un atizador. Muchos de ellos jamás habían visto a Manuel de pie. Ese día en la escuela todos celebran el inicio de su nueva vida.

Mirar hacia delante. Esa ha sido siempre su filosofía de vida. Pero a veces le cuesta. Si el PCE le hubiera permitido ingresar en la orquesta militar, piensa, quizá aún conservaría sus piernas. Esa oportunidad le había llegado durante la Gran Guerra Patria, cuando un coronel del ejército se había presentado por sorpresa en la Casa. Quería examinar a los niños más habilidosos con los instrumentos y entre ellos se encontraba Manuel. Se esforzó al máximo en cada prueba: la de oído, la de ritmo, la de capacidad pulmonar... y pensó que lo había hecho francamente bien. Se sentía orgulloso. El coronel pensó lo mismo y lo acabó escogiendo. Pero la sorpresa llegó con el representante del Partido de su propia Casa, Adolfo Lagos, que mintió deliberadamente al coronel. Ni estaba enfermo del corazón, ni tampoco de los pulmones. Pero eso fue exactamente lo que dijo.

En lugar de tocar en una orquesta, Manuel tuvo que aprender el oficio de tornero. Y fue esa decisión la que cambió su vida para siempre. Si se hubiera marchado con el coronel, nunca habría cogido aquel maldito tranvía.

Pedro Cepeda también regresa a Moscú. Le va a resultar muy difícil borrar algunos episodios vividos durante su experiencia en la marina. Ni en sus peores pesadillas podría haber imaginado algo parecido. «¿Cómo explicarle a alguien que ha colaborado en lanzar por la borda a presos rumanos y alemanes a las aguas congeladas del mar Báltico?»

A pesar de las pesadillas que le asaltan cada noche, Perico procura centrarse en su futuro. Ha regresado a Moscú y busca una nueva oportunidad. Esta vez está dispuesto a conseguir su gran sueño: cantar en la ópera. Su voz de tenor es conocida en toda la colonia española. Ahora, la noticia llega a oídos del Partido y es nada menos que Pasionaria la encargada de comunicarle la mala noticia.

—Lo siento, Perico, pero no puedes estudiar canto.

—Pues voy a hacerlo, Dolores. Es lo que me gusta.

—Es mejor que estudies peritaje de máquinas textiles. Serás más útil ahí.

—Ni hablar. Y no me lo podéis impedir.

—El Partido no necesita tenores, Perico.

El objetivo del Partido es muy claro: ofrecer el máximo apoyo a los Niños para que estudien carreras superiores o formación técnica. Lo que necesitan son personas formadas en trabajos útiles para la República que ha de llegar a España. Un tenor como Pedro no entra en sus planes. Ni una pintora como Rosa, ni tampoco un músico como Manuel.

Pedro inicia resignado sus estudios como perito, pero su don para la música lo lleva a saltarse continuamente las clases para sentarse en las escalinatas del teatro Stanislavski de Moscú. Se pasa las horas escuchando las voces que traspasan las paredes del teatro. Cada día espera paciente la salida de los cantantes, de los directores y también de los productores. Y, tras cada salida, se acerca un poco más a ellos. Por eso, cuando por fin llega su oportunidad, no la desaprovecha. Pedro realiza una prueba que lo lleva a convertirse en estudiante del conservatorio. Solo unos meses después ya habrá logrado un puesto como tenor en el Stanislavski. Por fin, alejado de las Casas de Niños y del Partido, Perico empieza a hacer su sueño realidad.

Desde el principio de su Secretariado Dolores Ibárruri se encuentra con una fuerte oposición dentro del propio Partido. La acusan de mantenerse al margen de las necesidades de la colonia española y también de nepotismo.

Jesús Hernández, a quien acaban expulsando del Partido, expresa su preocupación poniendo el énfasis en el futuro de los Niños:

> Cuando en 1943 yo me fui de la Unión Soviética el problema que más profundamente me distanció de la restante dirección del Partido Comunista de España fue el destino de los niños y de los jóvenes que habían sido reclamados por sus padres y de aquellos que expresaron su deseo de regresar a España con sus familias y que con una testarudez criminal eran retenidos en la URSS «para educarles como a buenos bolcheviques», en la medida en que dijo Pasionaria «nosotros no podemos devolverlos [sic] a sus padres a quienes se han convertido en vagabundos y en prostitutas, ni permitir que salgan de aquí como furiosos antisoviéticos».

Jesús Hernández no es el único que alerta de la situación. Algunos de esos niños, los que no siguen las directrices del Partido, son apartados del grupo. Los privilegios solo son para los que acatan las normas y no las cuestionan.

Tras el fin de la Segunda Guerra Mundial Dolores Ibárruri no solo asume definitivamente las riendas de la dirección del Partido, sino también el timón de la colonia española en la URSS. Por el momento su preocupación es darles a los Niños una salida profesional. Los que han logrado mejores notas acaban el décimo curso e ingresan en la universidad. A los que no han alcanzado el último curso los han destinado a escuelas de formación técnica. Dolores Ibárruri es muy clara en su planteamiento e inflexible ante cualquier posible desviación de los Niños. Considera que la colonia de españoles está en deuda con el país que los ha acogido y también los ha formado. Y eso tiene un precio. Su rigidez en el trato y su dureza, asociada a la férrea disciplina de los dirigentes comunistas, no siempre son bien recibidas.

Dolores es una dirigente de directrices firmes y, ante todo, fiel al Partido. Su inflexibilidad ante los deseos de los Niños se apoya en la idea de que ellos también están en deuda con el país que los ha acogido y formado.

Ángel Belza tiembla de miedo. El revisor del tren está a punto de pedirle su documentación. Por supuesto, él no lleva ninguna: acaba de escapar de la policía.

Las últimas veinticuatro horas de Ángel han sido una auténtica locura. Ha viajado en tren de Moscú a Odesa. En el vagón, de madrugada, una mujer le ha echado las cartas augurando un futuro estremecedor. Solo unas horas después la policía lo ha detenido por sorpresa y lo ha mandado de vuelta a Moscú en ese mismo tren; por supuesto escoltado por varios agentes. Durante ese trayecto un disparo en la zona de la locomotora le ha brindado la oportunidad de escabullirse en medio del caos, coger sus documentos y huir en dirección opuesta. La llegada inminente del revisor, del que no tiene escapatoria, lo ha obligado a tomar asiento al lado de un soviético que parece haber bebido algunos vodkas de más.

El revisor se para ante él. Ángel no se atreve a mirarle a los ojos.

—Tu billete.

Antes de que pueda reaccionar, su compañero de viaje se dirige al revisor en un tono que no admite réplica:

—Este viene conmigo.

El revisor asiente y sigue su camino.

Ángel se hunde en su asiento y le da las gracias al hombre que de forma tan altruista le acaba de salvar la vida. Es un coronel del ejército soviético herido de guerra, destruido tras perder a su familia durante la Gran Guerra Patria y sumido en el alcohol. Unas horas después llegan a Moscú y Ángel lo ayuda a llevar el equipaje hasta su casa. El coronel le ofrece alojamiento, pero Ángel lo rechaza. No es eso lo que quiere, aunque tampoco sabe muy bien lo que busca. Ni dónde encontrarlo. La policía posiblemente siga buscándolo.

Ángel se encuentra en esta situación por hacer dos cosas que en la Unión Soviética se consideran unos crímenes terribles: salir de Moscú sin autorización del gobierno y abandonar su puesto de trabajo en una fábrica militar. Grave error. En la URSS nadie da un paso sin que el gobierno lo apruebe. Pero eso lo sabe él ahora. En realidad, lo único que Ángel pretendía era curarse y vencer la despiadada enfermedad que sufre desde el año 1942, cuando contrajo la malaria en un lugar perdido de las montañas del Cáucaso en el que apenas podía ver el sol como consecuencia de la concentración de enormes nubes de mosquitos. Otros treinta y cinco niños españoles también cayeron enfermos. Durante un año y medio lucharon por sobrevivir a la enfermedad, pero las condiciones meteorológicas y la falta de alimentos empeoraron la situación. Ángel, en un acto de desesperación, suplicó ayuda a uno de los pocos educadores que aún permanecían con ellos.

—Sácanos de aquí.
—La situación es difícil. No tenemos dónde ir.
—Si no salimos de aquí, moriremos todos.

Ángel nunca se olvidará de la respuesta que obtuvo por parte del Comité Central, que en esos momentos había establecido su sede en Ufá, en la República de Bashkiria: «No penséis tanto en los macarrones; pensad en el futuro de España». ¿Macarrones? Ángel se había olvidado del sabor de casi todo. También de los macarrones.

Han pasado casi diez años desde que las autoridades españolas evacuaran a los casi tres mil Niños a la URSS. Una década en la que el deseo de regresar a España ha permanecido intacto entre ellos. Durante los primeros años en el país soviético, la disidencia política no ha sido relevante entre los Niños, en su mayoría demasiado pequeños y fascinados por el país que los había acogido como héroes.

Ahora, a medida que su situación en el exilio se prolonga y las condiciones de vida en la Unión Soviética se endurecen, los jóvenes empiezan a ver decisiones del Partido que no son de su agrado. Ya no son niños. Son jóvenes y, además, con una gran capacidad crítica. Y lo que ven no les gusta. El precio que tienen que pagar por no seguir las directrices del Partido es muy alto, pues se los priva de los privilegios de los estudiantes y se los envía a trabajar a las fábricas. Los problemas empiezan a multiplicarse en la sede moscovita del PCE.

Los Niños no son los únicos descontentos. Buena parte de la comunidad española lleva ya demasiados años alejada de sus familias. A ese deseo se le añaden el desengaño, el malestar del roce continuo, los problemas en la vecindad... Quieren volver sea como sea, aunque en España gobierne Franco. Pero no los dejan. Una y otra vez se les niega el visado de salida.

La ausencia de relaciones internacionales entre la URSS y España complica cualquier deseo de repatriación. Pero no es la única piedra que los Niños se encuentran en el camino. La política del Partido Comunista de España considera que un retorno en ese momento, tras el sufrimiento padecido en la guerra, puede ser demasiado prematuro y contraproducente. Temen que los repatriados puedan convertirse en altavoces de propaganda antisoviética. El simple hecho de querer salir ya presupone una muestra de descontento y crítica hacia el régimen soviético. No pueden arriesgarse.

La decisión desespera a la colonia española en la URSS.

De ninguna manera Rosa piensa estudiar una sola línea del curso de perito ferroviario. Las clases ya han comenzado en la escuela de Lyublino, pero ella opta por no asistir. En su lugar, pasea por las calles de la ciudad, dibuja en su cuaderno y observa a su alrededor. Cualquier cosa menos estudiar algo que aborrece; ni siquiera se imagina algún día dedicándose a ello. Los responsables de la escuela, sorprendidos con la actitud de la nueva alumna, llaman al Partido, que a su vez le recrimina su actitud.

—Rosa, en España no se necesitan pintoras, sino jóvenes capaces de sacar adelante el país, profesionales especializados.

La pintura no parece ser una opción, pero Rosa persiste. A testaruda no hay quien la gane. El Partido, vencido, busca una solución que en realidad no convence a nadie. De nuevo, no cuentan con la opinión de Rosa.

—Haz las maletas, que nos vamos.

—¿Dónde?

—Ya lo verás.

Esta vez Rosa llega a Duliovo, una ciudad de la región de Moscú donde se encuentra la mayor fábrica de porcelana de la Unión Soviética.

—Cuiden de ella, que no se escape.

Rosa acepta. No es su ideal, pero no va a forzar más la máquina. Durante dos años estudiará en la escuela de dibujo. Ella es una excepción, la única española entre cientos de estudiantes soviéticos. En ese tiempo Rosa apenas tendrá comunicación con la comunidad española.

A Manuel Arce ya no le para nada ni nadie. Su primer viaje en tren con las nuevas prótesis es arriesgado, pero necesita hacerlo. Viaja agarrado a la rejilla de la locomotora del tren a vapor que une Alexéyevka con Moscú. No tiene dinero y no puede pagar el billete. Cuando llega a la capital está totalmente cubierto de hollín. Cualquier cosa por volver a ver a su hermano César, que se encuentra hospitalizado como consecuencia de una tuberculosis. Hace más de cuatro años que no se ven.

Ese día César le cuenta la odisea vivida durante la guerra. Le aclara que enfermó durante el cerco de Leningrado y que el día en que abrieron la vía para poder escapar de allí varios españoles organizaron la salida. Cristóbal García Galán era uno de ellos. Le explica que él apenas tenía fuerzas para levantarse y que, gracias a sus compañeros que lo transportaron en una camilla, consiguió salir de aquel infierno. Le cuenta cómo los alemanes los capturaron al llegar al otro lado del lago. Y también que aprovechó una parada en un pequeño pueblo de los alrededores para esconderse en un granero. Cuando los alemanes siguieron su camino, él se quedó solo. Sin fuerzas, pero gracias al instinto de supervivencia se adentró en el bosque, donde sobrevivió a base de setas crudas que crecían en aquella época del año. César le explica que fueron unos guerrilleros soviéticos los que lo encontraron a punto de desfallecer y que ellos mismos se encargaron de trasladarlo hasta un hospital en Moscú. Desde entonces no se ha movido de allí.

Manuel se despide de su hermano. Al día siguiente César Arce muere en el hospital.

Manuel se entera en Alexéyevka de su fallecimiento. Ya no le queda nadie. Quiere abandonar los estudios; está en séptimo curso, pero su intención es formarse en un oficio técnico. En este caso, el director de la Casa le anima a seguir un poco más.

—No, Manuel. Mejor que te quedes aquí. Solo son tres años más.

—No, no. Yo quiero tener un oficio lo antes posible.

—Piensa que si terminas el décimo grado ya podrás ir a la facultad y escoger la carrera que más te guste.

—Primero un oficio y, luego, si puedo progresar pues progresaré, pero teniendo algo en las manos.

Cuando Manuel consigue convencer al director, los plazos para presentarse a los exámenes de admisión ya han terminado. Solo le queda una opción: estudiar Magisterio. Y aunque no entraba en sus planes iniciales, acepta el reto. Manuel tiene diecisiete años y se traslada una vez más, esta vez a trescientos kilómetros de Moscú.

Cuatro años después se graduará en Magisterio y el gobierno soviético le asignará una plaza de profesor en una perdida localidad de Karelia. Demasiado lejos. Manuel rechazará el puesto y se presentará a los exámenes de Medicina.

En el año 1950 Manuel Arce se convertirá, alejado de la tutela del Partido, en estudiante de la facultad de Medicina.

Santiago Martínez ha acabado sus estudios de primaria con medalla de honor. Es un alumno brillante y eso le permite escoger la carrera que más le gusta: Ingeniería hidráulica. Entre sus compañeros de clase en el Instituto de Energía de Moscú se encuentra Ion Iliescu, que años más tarde se convertirá en presidente de Rumanía tras la Revolución rumana de 1989. Y Li Peng, que asumirá el cargo de primer ministro de la República Popular China entre 1987 y 1998.

Las prácticas de Ingeniería le permiten viajar por buena parte del territorio trabajando en centrales hidroeléctricas ubicadas a lo largo de diferentes ríos de la Unión Soviética. Es algo excepcional. En la URSS se necesitan permisos especiales para poder trasladarse de un lugar a otro, algo que muy pocos soviéticos obtienen.

Santiago se siente un ciudadano privilegiado. Además, desde hace poco tiempo ha adquirido la nacionalidad soviética. Si bien no es necesario tenerla para vivir en la URSS, le ofrece más ventajas. Santiago ha tomado la decisión porque era condición *sine qua non* para poder apuntarse a las milicias universitarias. Sin embargo, su paso por el servicio militar es muy breve. Solo un mes después, un coronel de la universidad lo invita a abandonarlo.

—Camarada Martínez, por razones que ahora no le puedo explicar, va a tener que dejar las milicias.

—Pero ¿por qué?

—Solo le puedo decir que no puede seguir ahí. A partir de mañana regresará a la residencia de estudiantes.

Santiago está sorprendido. Y también preocupado. Su mala costumbre de opinar, cuestionar y preguntar en clase de filosofía marxista es algo que no gusta al régimen. Pero lo que más le perturba es cómo ha podido llegar a oídos de las autoridades. Sospecha de algún alumno o profesor vinculado al NKVD, la predecesora de la KGB, que pueda haberlo delatado. Es algo frecuente en las universidades, pero hasta ese momento no ha sido consciente de su poder. Por supuesto, al ejército no le interesa tener en sus filas a alguien que pueda alterar la estricta mentalidad del resto de sus oficiales.

Su preocupación crece aún más cuando un compañero con quien ha trabado amistad decide sincerarse con él. Su padre está preso en un campo de trabajo en Siberia desde finales de los años treinta por cuestionar algunas decisiones de las autoridades. Simplemente, le cuenta su amigo, tenía un enfoque distinto de lo que debía ser el comunismo. Su confesión es un susurro, como si temiera que alguien pudiera oírlos. Porque lo que tiene es miedo y desconfianza ante un sistema que le ha demostrado que quien no está con él está contra él. Si sus antecedentes familiares llegan a oídos del Partido en Moscú, él mismo puede caer en desgracia. Precisamente por eso se ha alejado de Siberia, su lugar de procedencia. No quiere que nadie vuelva a señalarlo con el dedo nunca más.

A diferencia de su compañero, la familia de Santiago siempre ha tenido una vinculación directa con el PCE. Y aunque el Partido Comunista de la Unión Soviética (PCUS) le ha ofrecido afiliarse a él, Santiago siempre lo ha rechazado. Aunque afín a las ideas comunistas, su filosofía se aleja de las directrices estalinistas. Pero, además, hay una razón más poderosa: nunca ha abandonado la idea de regresar algún día a España. Y su implicación en el Partido quizá le pueda suponer un problema en el futuro.

Un joven soviético con ciertos rasgos latinos recorre aprisa los pasillos de la facultad de Traducción e Interpretación en Moscú. A Oleg Nechiporenko se le dan muy bien los idiomas, en particular el español. Entre sus compañeros se encuentran algunos Niños de la guerra, pero con quien se lleva especialmente bien es con el decano de la facultad, José María Fernández Bravo, un exiliado español llegado a la URSS durante la Guerra Civil española. Los dos forman parte de un grupo teatral de la universidad donde preparan la obra *El sombrero de tres picos*. La cojera que arrastra tras lesionarse durante un partido de fútbol encaja perfectamente con su personaje. Ya quedan pocos días para el estreno.

La historia de los Niños de la República le resulta muy familiar. Recuerda perfectamente cómo le había impresionado la llegada de miles de niños españoles que huían del fascismo. Algunos de ellos tenían su edad: cinco años. Se sentía orgulloso de un país que acogía y cuidaba de unos niños al fin y al cabo huérfanos en la distancia. Él también les había dado la bienvenida. Incluso se había llegado a comprar «la española», el gorro de moda en la URSS que utilizaban los pilotos españoles. Ese había sido su primer contacto con España. Ahora convive con ellos en las aulas de la facultad. De hecho, son como él: ciudadanos que han crecido como soviéticos.

Lleva grabada su pasión por la URSS en los genes. Su infancia transcurrió entre películas de espionaje donde los agentes secretos soviéticos defendían con su vida al país. Al igual que la mayor parte de los niños de su edad, su espíritu patriótico se forjó con cada nueva aventura de sus grandes héroes. Él también estaba dispuesto a todo por defender y proteger a la Unión Soviética. Pero lo que nunca se había imaginado es que las misiones que revivía a través de la pantalla estaban ocurriendo en su propia familia. Su padre formaba parte del NKVD y organizaba reuniones clandestinas en casa. Durante su adolescencia aprendió a convivir de forma natural entre secretos que trascendían el ámbito familiar y las rutinas de los agentes que se presentaban a diario en su casa. Él, que aspiraba a convertirse en espía algún día, nunca dijo ni una sola palabra sobre ello.

Oleg llega a casa tras el estreno de la obra. Ha sido todo un éxito. En la pared de su habitación cuelga un enorme mapa de España con algunas anotaciones a lápiz. Son las bases militares norteamericanas que recientemente se han instalado en el país. Espera que su deseo de pertenecer a los servicios secretos soviéticos se haga realidad pronto.

Cuántas veces le habrán repetido a Rosa Ortiz y a tantos otros Niños la famosa frase atribuida a Stalin: «Los niños españoles me los ha entregado la República y solamente se los devolveré a la República». Cada año que pasa, su esperanza se esfuma un poco más.

En primer lugar, la derrota republicana en la Guerra Civil y la instauración del régimen franquista en España alejó *sine die* la fecha del retorno a España. La pérdida de la República llevó al PCE a elaborar un plan a largo plazo en el que los Niños se convertían en una reserva de oro para un futuro país democrático. Este plan incluía un estricto programa educativo y político auspiciado por el gobierno soviético. Sin embargo, la irrupción de la Unión Soviética en la Segunda Guerra Mundial asestó un duro golpe al proyecto y las consecuencias empezaban a salir a la luz en esos primeros años de posguerra.

La realidad es que, después de diez años en el exilio, el compacto grupo de Niños españoles evacuados entre 1937 y 1938 comienza a quebrarse. Muchos han muerto en el frente. Otros empiezan a rebelarse contra las estrictas normas comunistas. Un grupito, empujado por el hambre y las dificultades de la guerra, cumple condena en los gulags soviéticos. Otros, simplemente, han desaparecido del sistema.

Pero el Partido Comunista de España se mantiene firme. No piensa desaprovechar la inversión y el esfuerzo que ha realizado con los Niños, y menos aún que los enemigos del régimen comunista puedan sacar provecho de su formación y conocimientos. Por eso, ante la petición por parte de los Niños de regresar a España, el Partido se muestra implacable en su negativa. El deber tiene que permanecer por encima de los intereses personales y eso implica sacrificio.

Los Niños no se dan por vencidos y la presión que ejercen es cada vez mayor. El PCE cierra filas y endurece su respuesta. Cualquier crítica al régimen puede ser considerada como una traición al país que los ha acogido y les ha dado una oportunidad de vida. Es una advertencia.

A pesar de todo, algunos Niños deciden asumir el riesgo.

9

Zoom sobre el mapa de la URSS

> La única deficiencia real estaba en los mapas de la URSS. Los repatriados podían proporcionar excelente información detallada sobre localidades específicas, pero se necesitaban mapas detallados para localizar lugares secretos o restringidos. El Centro tuvo grandes dificultades para conseguir mapas a escala adecuada, pero un problema aún mayor fue conseguir planos con anotaciones en ruso o español, en particular en la zona de Moscú.
>
> LAWRENCE E. ROGERS,
> «Project Niños»

En noviembre de 1954, dos años antes de la repatriación masiva de los Niños de la guerra, los soviéticos celebran el día de la Revolución de Octubre con un desfile militar donde exhiben varios bombarderos soviéticos. Durante la demostración aérea, agregados militares de los poderes occidentales invitados a la conmemoración observan los aviones, los cuentan y los fotografían. Lo que no saben es que la exhibición está perfectamente orquestada para hacer creer al bloque occidental que la URSS tiene más bombarderos de los que realmente posee. Algunos de ellos dan la vuelta varias veces y sobrevuelan de nuevo el desfile. Las fotografías, tal como había supuesto el KGB, acaban en manos de los analistas de las fuerzas aéreas de Estados Unidos, que cuentan hasta un total de veinticuatro bombarderos Bison, un aparato con cuatro reactores y que promete una autonomía de dieciséis mil kilómetros, lo que significa que podría ir y volver hasta territorio de EE.UU. El número de aviones pone en alerta a la inteligencia norteamericana, que hasta ese momento estimaba una producción menor de este tipo de aeronave.

A partir de los datos recopilados las agencias de inteligencia estadounidenses lanzan diferentes estimaciones sobre la capacidad soviética para el desarrollo de armamento y cuántos bombarderos pueden llegar a producir en los próximos años. Los estadounidenses se basan en su propia capacidad de fabricación de aeronaves para proyectar una estimación de las posibilidades soviéticas. El resultado es que los norteamericanos consideran que el número de bombarderos Bison podría ser mayor a su homólogo, fabricado por la fuerza aérea de Estados Unidos. La noticia cae como un jarro de agua fría en Washington, que teme la pérdida de la hegemonía absoluta en el aire. Varios artículos ponen sobre aviso a la opinión pública sobre el retraso en la fabricación de nuevas aeronaves. El 15 de febrero de 1954 la revista *Aviation Week* ya alerta sobre la fabricación de estas aeronaves: «Las primeras fotografías de los dos nuevos bombarderos turbohélice de Rusia confirman la rápida acumulación de potencia aérea ofensiva dentro de la Unión Soviética». La nueva amenaza soviética provoca un efecto inmediato en la fabricación de nuevos modelos estadounidenses. La industria militar dispara su producción. Exagerada o no, Estados Unidos está dispuesto a combatir la amenaza roja.

La Unión Soviética logra su objetivo de hacer creer a los norteamericanos que están por delante en el desarrollo de bombarderos intercontinentales. La falta de pruebas para desmentir esta información se convierte en la gran aliada soviética.

Sin embargo, los secretos de la URSS se verán comprometidos solo dos años después, cuando un nuevo avión espía estadounidense empiece a sobrevolar su territorio.

—¿Dónde vivía usted?
—En la calle Riputesk.

En la sala de interrogatorios el agente coloca un mapa de Riga en la mesa. Rosa Ortiz observa un plano que se encuentra prácticamente en blanco. Solo hay escrito un nombre: Riga. Nada más. No hay calles ni edificios públicos.

—¿Y dónde está? Señálela en el mapa.
—Aquí no lo pone, no sé dónde está.
—Señora, usted ha estudiado dibujo lineal. Me cuesta creer que no sepa ubicarse con un mapa.
—Aunque supiera dibujar, no lo haría.

La sala está llena de tensión y Rosa está cansada. Cansada de escuchar las mismas preguntas y de repetir idénticas respuestas. Cansada de tener miedo. Por eso, carga contra el agente.

—Pero ¿a qué viene todo esto?
—¿A qué se refiere?
—¡Le he contado toda mi vida! Desde que nos fuimos hasta que hemos vuelto. En el barco, mientras veníamos a España, también nos interrogaron. Cuando llegamos a Cofrentes pasa-

mos otra vez lo mismo. También lo contamos todo. ¡Y ahora tengo que explicarlo por tercera vez!

—Cálmese.

—¿Por qué todo esto? ¡No pienso seguir!

—A mí también se me agota la paciencia. A partir de ahora vendrá cada día a las cinco de la tarde hasta que entienda que es mejor cooperar.

Durante una semana Rosa se presenta puntual en la calle Goya.

—¿Qué dice hoy?

—Nada.

—Bueno, pues se quedará aquí hasta las siete de la tarde.

El agente se ausenta durante dos horas que se hacen interminables para Rosa. Fuera, en la sala de espera, varios Niños repatriados esperan su turno.

La demostración aérea del régimen soviético deja una gran pregunta en el aire: ¿qué capacidad real tiene la Unión Soviética para desarrollar bombarderos de larga distancia? Lo que lleva a un segundo e inevitable interrogante: ¿cuándo lo conseguirán? Durante todo el período de la Guerra Fría las armas nucleares suponen la gran amenaza mundial. La idea de un ataque atómico en el propio país es aterradora. Sin embargo, para completar la capacidad de ataque no basta con poseer un arma nuclear. También implica desarrollar un sistema de lanzamiento que pueda alcanzar el otro lado del Atlántico.

Estados Unidos, convencido hasta ese momento de su superioridad armamentística, teme ahora que los soviéticos estén más cerca de lo que pensaban de lograr un sistema de lanzamiento de larga distancia. Tras la demostración aérea soviética sobrevolando la plaza Roja de Moscú, los servicios de inteligencia norteamericanos se lanzan a elaborar sus propias estimaciones sobre cuántos bombarderos puede estar produciendo la Unión Soviética. Las agencias asumen que, usando los métodos estadounidenses y la supuesta superficie dedicada a la producción de estas aeronaves en suelo soviético, la URSS puede estar produciendo un alto número de bombarderos, una hipótesis basada en datos que en realidad no han podido demostrar. La sobreestimación de las distintas agencias contribuye a exagerar la amenaza que supone la URSS en cuanto a capacidad de producción de bombarderos de larga distancia. La creencia de que la Unión Soviética se encuentra por delante de Estados Unidos en el despliegue de bombarderos estratégicos a reacción genera una crisis con nombre propio: la *bomber gap*, también conocida como «brecha de bombarderos», cuyas consecuencias son inmediatas.

Estados Unidos no está dispuesto a quedarse en segundo lugar y eleva el gasto militar del país para la producción de nuevos bombarderos. En pocos años la flota de la fuerza aérea estadounidense acumula más de dos mil quinientos. Sin embargo, la pregunta de qué es lo que realmente tiene la URSS sigue sin respuesta. EE.UU. necesita información contrastada sobre lo que ocurre en la Unión Soviética. Es el momento de centrar esfuerzos en desarrollar una tecnología capaz de aportar la prueba definitiva para conocer la capacidad armamentística de la URSS. El presidente Eisenhower, presionado por la oposición en el Congreso y por una sociedad cada vez más temerosa del poderío soviético, da luz verde a un programa de reconocimiento inédito hasta la fecha.

El 4 de julio de 1956, el día de la Independencia de Estados Unidos, la CIA pone a prueba el primer avión espía de la historia capaz de volar a una altitud superior a veintiún mil pies. Su objetivo es sobrevolar la URSS para realizar fotografías de sus instalaciones estratégicas. La distancia a la que se encuentra el U-2 resulta inalcanzable para los misiles de tierra-aire antiaéreos de los soviéticos, que ven, impotentes, cómo un avión enemigo rastrea libremente su territorio.

El Lockheed U-2, dotado de un sofisticado equipo de cámaras y componentes electrónicos capaces de monitorear las transmisiones de radio, vuela bajo las órdenes de la CIA. Se trata de una operación de alto secreto autorizada directamente por el presidente de Estados Unidos, Dwight D. Eisenhower, con el fin de desarrollar programas de inteligencia de recogida de datos. El avión, desprovisto de cualquier arma que pueda provocar un incidente internacional, despega de las bases norteamericanas más próximas a la Unión Soviética, Turquía y Pakistán. Su misión es localizar y detallar las instalaciones donde los soviéticos fabrican sus bombarderos y misiles. Las fotografías que obtiene el U-2 suponen la única certeza que tiene la CIA para determinar la cantidad de armas nucleares que posee la URSS y estimar el ritmo de producción a corto y largo plazo.

La CIA se encuentra ante un grave dilema. El territorio soviético tiene una extensión de más de veintidós millones de kilómetros cuadrados, un terreno inabarcable si no se dispone de unas coordenadas aproximadas. Necesita recabar información más precisa sobre posibles lugares estratégicos y poder dirigir al U-2 a una posición más exacta, una información que no tienen. La URSS es un país blindado, lo que hace prácticamente imposible conseguir sus secretos armamentísticos. A pesar de que Estados Unidos mantiene su embajada en Moscú, las sucesivas operaciones encubiertas que la CIA ha llevado a cabo a lo largo de los años cincuenta en territorio soviético han acabado todas en fracaso.

La repatriación en septiembre de 1956 de centenares de españoles que han vivido casi veinte años en la URSS se convierte en la gran oportunidad que la CIA lleva esperando tanto tiempo. Con la operación Project Niños, la inteligencia norteamericana empieza a dibujar con detalle el codiciado mapa soviético.

La duda está sembrada. Estados Unidos busca la prueba que confirme o desmienta sus peores hipótesis. El deseo de saber lo que está pasando dentro de la Unión Soviética convierte a los Niños en una fuente de incalculable valor para la CIA. Cualquier pequeña información, rumor o especulación que los españoles puedan proporcionar les resultará muy útil para evaluar el nivel de amenaza real que supone el programa de misiles soviético. Es la primera vez que los servicios secretos norteamericanos se encuentran con un grupo de repatriados tan numeroso. Ante sí tienen a casi dos mil testigos oculares que se suman a la información que les proporcionan los reconocimientos aéreos en territorio soviético que desde hace unos meses efectúan a través de sus aviones espía, los U-2. Pero no son los primeros.

Los servicios de inteligencia norteamericanos llevan almacenando información de testimonios desde 1952, año en el que decenas de científicos alemanes, capturados por los soviéticos tras la Segunda Guerra Mundial, comienzan a regresar a su país. Durante su cautiverio, los científicos trabajaron para la URSS en el desarrollo de nuevas armas militares inspiradas en las armas alemanas V-1 y V-2, utilizadas durante la guerra. Los resultados obtenidos por la CIA son satisfactorios, aunque pronto empiezan a quedarse desfasados. Necesitan actualizar la información.

La oportunidad surge de nuevo tras la Revolución húngara de octubre de 1956, cuando miles de ciudadanos huyen de su país. Treinta mil logran llegar a Estados Unidos y su primera parada es Camp Kilmer, un campamento del ejército creado en 1942 como punto de partida y de recepción de las tropas norteamericanas que luchan en países extranjeros. Para cuando pisan suelo estadounidense, los servicios de inteligencia ponen en marcha un nuevo programa de interrogatorios. Su objetivo es obtener la máxima información posible sobre el desarrollo y la capacidad armamentística de la Unión Soviética. El interrogatorio a los refugiados húngaros termina en mayo de 1957, solo dos meses después del inicio de Project Niños.

En el número 118 de la calle Goya, Ángel Belza lleva horas dibujando sobre un plano los lugares que le indica su interrogador.

—¿Dónde está Correos?

—Más o menos por aquí.

—Póngalo en el mapa.

Ángel se toma su tiempo. Cuesta ubicar una calle cuando el mapa está en blanco. El interrogador aprieta. Los dos muestran cansancio.

—¿Y la estación de tren?

—En esta zona.
—¿Puede ser más específico?
—Lo intento, pero es difícil.
—¿Dónde se encuentra la fábrica de tanques?
—Aquí.
—¿Y la de aviación?
—Por esta zona.

Pregunta a pregunta Ángel completa el mapa de Gorki, una ciudad ubicada a trescientos ochenta kilómetros al este de Moscú, en una zona muy próxima al río Volga. Gorki es una de las localidades catalogadas como prioritarias por los servicios secretos norteamericanos. En un documento desclasificado de la CIA sin fechar se realizan las especificaciones que los interrogadores deben tener en cuenta a la hora de construir los mapas de cada una de ellas:

> El plan base debe mostrar con precisión todas las calles sin nombres de la ciudad en particular, además de líneas de tranvía, líneas de ferrocarril y estaciones, las principales características naturales como ríos o lagos, y todos los parques de la ciudad. Se debe indicar la dirección del norte. La escala debe ser lo más grande posible siempre que el producto terminado no sea difícil de controlar. Se desean versiones no clasificadas, aunque se prefiere «confidencial» a «secreto». La calidad del papel debe ser tal que el mapa puede ser sobrescrito con bolígrafo, lápiz estándar o de color.

En la sala donde Ángel Belza está siendo interrogado el agente saca un nuevo mapa del cajón. A diferencia del anterior, este está completo.

—¿Por qué no me ha indicado esta carretera?

—No la recordaba.
—¿Cómo se trasladaba a Moscú?
—Por carretera.
—¿Y por qué no la ha puesto?

Ángel se muestra perplejo y aturdido. El mapa que le muestra el agente también es de Gorki y está perfilado a mano. Al parecer no es el primer repatriado que ha dibujado sobre un mapa de la ciudad. Lo que los servicios de inteligencia norteamericanos buscan es verificar lo que otros ya han indicado anteriormente. Cualquier error puede ser tomado como una incongruencia y poner en duda su palabra.

Gorki no es la única ciudad que se encuentra en el punto de mira de Estados Unidos. Riga, Sarátov, Stalinabad o Tallin también forman parte del selecto grupo de estudio. En todas ellas ha vivido alguno de los españoles repatriados de la URSS.

A pesar de que los dos mil informes escritos durante el período de Project Niños se mantienen bajo secreto, sus resultados forman parte de los análisis que las distintas agencias de inteligencia estadounidenses realizan durante los años siguientes. En abril de 1960 la Agencia Central de Inteligencia publica un informe confidencial con datos reveladores. Bajo el título «Planos detalle de las ciudades de Járkov, Izyum, Minsk, Shcelkovo y Stalingrado», se realiza un minucioso análisis de cada una de estas localidades. No solo aparece el nombre de las calles principales, de sus edificios públicos o de instalaciones militares. También hay registro de aquellas fábricas que puedan estar relacionadas con el desarrollo de programas armamentísticos, como una planta de generadores y turbinas eléctricas o una planta óptica de precisión. Esta última se encuentra en Izyum y la observación no deja lugar a dudas de las misiones secretas de algunos españoles que trabajan ahí: «Una planta óptica de precisión en la ciudad de Izyum, que está a dos horas, y a una de Járkov en tren. A los ▬ españoles que trabajan en esta planta de importancia nacional no se les permite ser repatriados debido a la importancia de su trabajo».

El documento adjunto en el informe añade un dato aún más revelador. Se trata de un mapa de Izyum dibujado a mano y con anotaciones en español. Palabras como «huertas», «arroyo», «Área pantanosa», «Bosque», «Río» o «Campo» aparecen escritas en el plano de la ciudad.

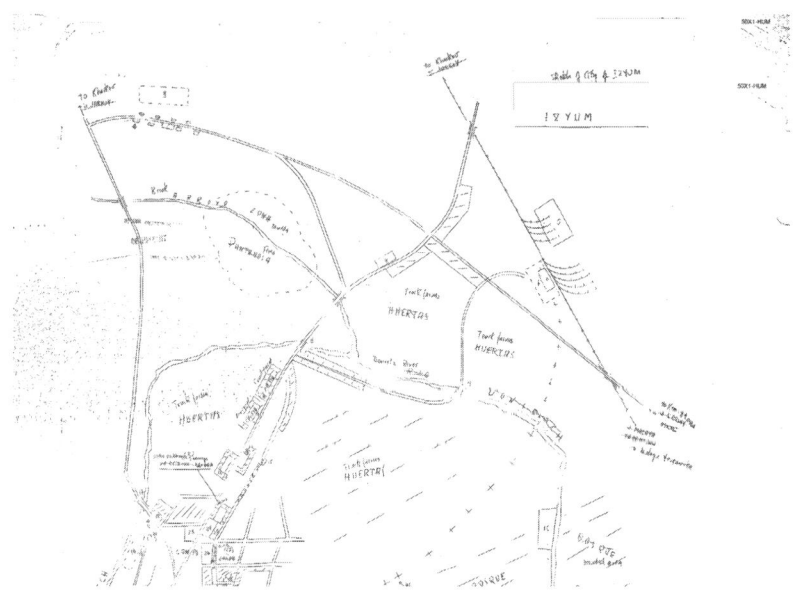

El plano con anotaciones escritas en español solo ha podido salir de un lugar: la sala de interrogatorios del número 118 de la calle Goya.

Los agentes de campo envían el material recopilado durante los interrogatorios a la central de Washington, donde los analistas se encargan de evaluar la información. Posteriormente, los servicios de inteligencia de la fuerza aérea de Estados Unidos, la armada y la CIA utilizan esos datos para realizar sus respectivos análisis. Cada una de las agencias cuenta con objetivos específicos. Si bien la fuerza aérea centra sus esfuerzos en localizar aquellos lugares donde se desarrolla la nueva tecnología armamentística de la URSS, la CIA está más interesada en lo que ocurre en el interior de esas fábricas. Es decir, en el desarrollo de las armas y los sistemas balísticos.

En agosto de 1956, apenas unas semanas antes del regreso de la primera expedición de repatriados a España, la CIA realiza un informe secreto en el que recoge preguntas complementarias que los agentes deben llevar a cabo durante los interrogatorios personalizados:

> ¿Conoces algún misil guiado soviético operativo? Si es así, ¿de qué tipo? ¿En qué trabajo de misiles has participado desde 1951? Indica las fechas y ubicaciones. ¿Cuáles son las características de rendimiento del diseño del proyecto de misiles en el que trabajó? (es decir, alcance, velocidad, tamaño, tipo de ojiva, tipo de propulsión, tipo de guía, etc.). ¿Qué etapa de desarrollo se ha alcanzado, es decir, se encuentra en la finalización del diseño, la prueba de desarrollo, la evaluación operativa, la capacitación o el despliegue operativo?

A pesar de que el informe aún mantiene bajo secreto quiénes son los destinatarios de estas preguntas, queda claro que se trata de personas que han vivido en la URSS y que podrían estar relacionadas con la industria armamentística soviética. Las respuestas que puedan obtener, según explica el informe, «proporcionarán información de inteligencia de un valor operativo inmediato e información que ayudará al análisis de inteligencia en la concepción de requisitos específicos para facilitar interrogatorios exhaustivos».

Los Niños cumplen con el perfil y los agentes no dudan en formularles estas preguntas durante los interrogatorios.

Vicenta Alcover sigue sin comprender por qué insisten en preguntarle algo de lo que no tiene ni idea. Su especialidad es la telefonía; de lo demás no sabe nada. Los últimos seis años en la Unión Soviética ha vivido en Dedovsk, una localidad ubicada treinta kilómetros al oeste de Moscú. Allí ha trabajado en una estación telefónica. Le parece mentira que solo hayan pasado unos meses desde que lo abandonara todo para volver con su familia. Pero la verdad es que en ese momento se sentía sola. Sus amigas cumplían con sus obligaciones en destinos muy dispares. Ahora Vicenta culpa a esa soledad de influir en su decisión de regresar a España. «Maldita soledad», piensa.

Frente a ella un hombre la mira fijamente a los ojos. Sin parpadear le pregunta lo mismo una y otra vez:

—Señora Alcover, ¿ha trabajado alguna vez en la fábrica 43?

—No, se lo vuelvo a repetir.

—¿Y conoce a algún español que trabajara en esa fábrica?

—Sí, pero no sé qué hacían.

—¿Sabe qué tipo de producción se realizaba en la fábrica 43?

—Lo desconozco.

Contrariado, el agente saca un mapa. Está escrito en ruso.

—Cuando los evacuaron hacia el este durante la Segunda Guerra Mundial, ¿a qué lugares llegaron?

—Me acuerdo de que estuvimos en Stalingrado. Y también en Sarátov. —Vicenta señala en el mapa—. Por esta zona había muchas aldeas que no están especificadas en este mapa.

—Quizá se acuerda más de lo que usted cree.

—No tenga esperanzas. Simplemente nos enseñaron muy bien geografía.

—Entonces, quizá se acuerde de alguna planta donde fabricaran armamento.

—Durante la Gran Guerra Patria todo era un caos. Me imagino que fabricarían armamento para luchar contra los alemanes.

—¿Se lo imagina o lo vio?

—No vi nada.

A Vicenta le hacen preguntas de casi todo, pero ninguna relacionada con misiles. Su perfil no corresponde con el de un interrogado con posibilidades de tener conocimientos balísticos. Ese mismo día regresa a casa, pero el alivio que siente al salir de la sala de interrogatorios le dura poco. En su habitación la angustia le vuelve a oprimir el pecho y le recuerda que, ahora sí, está más sola que nunca.

El día en que el avión espía U-2 sobrevuela por primera vez Moscú, el régimen soviético mira al cielo con impotencia. Sus radares detectan la aeronave estadounidense, pero sus sistemas de defensa no tienen capacidad para alcanzarlo ni derribarlo. Durante cuatro años, el U-2 se convierte en la única puerta de entrada de los norteamericanos para acceder a un país blindado sobrevolando impunemente su territorio. Pero pronto un invento militar soviético amenaza con cerrar de golpe la ventana que los aviones U-2 han abierto en la URSS.

Será en mayo de 1957 cuando la Unión Soviética presente al mundo su nuevo sistema antimisiles S-75. Una obra de ingeniería móvil con un alcance de treinta kilómetros y que tiene como principal objetivo alcanzar blancos a velocidades de mil quinientos kilómetros por hora a una altura de hasta veinte kilómetros. Ningún país ha conseguido nunca nada parecido. Ahora sí, la Unión Soviética está preparada para proteger sus instalaciones estratégicas de las intrusiones enemigas, y lo anuncia públicamente. De nuevo un desfile militar se convierte en su plataforma mundial de presentación. Es la respuesta soviética al programa de Eisenhower de vuelos de reconocimiento en su territorio.

A pesar de la nueva amenaza a la que se enfrenta el U-2, los norteamericanos prosiguen con sus vuelos de reconocimiento. Su mayor problema se centra en descubrir las coordenadas que dirijan a la aeronave a un objetivo estratégico. Algunas de ellas podrían encontrarse en los mapas obtenidos durante los interrogatorios que forman parte de Project Niños.

A lo largo de cuatro años el avión espía norteamericano localiza y fotografía cientos de objetivos estratégicos. Una información que es rápidamente evaluada y analizada por todas las agencias de inteligencia del país. Gracias a estas imágenes Estados Unidos se convence de que la URSS, lejos de sus primeras estimaciones, cuenta con un número muy reducido de grandes aeropuertos, instalaciones imprescindibles para que los bombarderos de larga distancia puedan despegar y aterrizar. Son los primeros datos fiables que contribuyen a resolver la crisis de la brecha de los bombarderos.

En agosto de 1957 el avión espía U-2 consigue evitar los radares soviéticos y fotografía un nuevo objetivo estratégico a dos mil kilómetros de Moscú. Se trata de un polígono de pruebas balístico ubicado en Tuiratam, en la república de Kazajistán. El movimiento detectado en la zona genera preocupación en los servicios de inteligencia norteamericanos. Y tienen razón. Ese mismo mes la base soviética se convierte en el escenario de la primera prueba exitosa de un misil balístico intercontinental. El R-7 consigue llevar a seis mil kilómetros su ojiva nuclear. La noticia sobrecoge al mundo entero.

Sin apenas reponerse del impacto, la sociedad es testigo en octubre de ese mismo año en Tuiratam de otro de los acontecimientos más importantes de la Guerra Fría. El 4 de octubre de 1957 los soviéticos lanzan el primer satélite artificial al espacio: el *Sputnik*. La URSS acaba de tomar la delantera en el pulso de la Guerra Fría. El pánico entra con fuerza en los hogares norteamericanos. Es el pistoletazo de salida a una alocada y peligrosa carrera armamentística y espacial entre Estados Unidos y la Unión Soviética.

Cristóbal García Galán no puede evitar sentirse orgulloso del hito soviético y le asoma media sonrisa a la cara. «Seguro que esto no se lo esperaban los americanos.» Los medios de comunicación exaltan la gran hazaña. No recuerda una noticia con tanta repercusión mediática en toda su vida. Y no es para menos. Él no se arrepiente en absoluto de su decisión de quedarse en Moscú. Y menos después de enterarse de las calamidades por las que están pasando los repatriados en España. Lo sabe porque Inés, la mayor de sus hermanas, le ha escrito algunas cartas. Al parecer las autoridades franquistas no los dejan en paz. Es un acoso continuo. ¿Y qué esperaban? Pensar que iban a llegar como si nada, hubiera sido autoengañarse. Pero lo que sí le ha extrañado es que los propios servicios de inteligencia norteamericanos también hayan mostrado interés en ellos. «Desde luego, no pierden oportunidad.»

Su cuñado Víctor, el marido de su hermana, ha pasado por las dependencias policiales y los americanos se han interesado especialmente por la fábrica de aviación donde trabajaba. Y no solo eso, sino que también le han enseñado fotografías aéreas de las instalaciones. Cristóbal es rápido atando cabos y supone que esas fotografías son las que realiza el avión espía de los americanos. Imagina también que ahora quieren saber los detalles de la fabricación. Pero su cuñado es hábil —Cristóbal siempre ha contado con ello— y les ha explicado que cada trabajador tiene un permiso con el que solo puede entrar en las zonas que le corresponde, de tal manera que pocas personas conocen la globalidad de la empresa. Inés también le ha contado, cosa que realmente le ha sorprendido, que su interrogador era un armenio. Pero no uno de Armenia, sino un armenio que posiblemente se hubiera fugado hace años o incluso pudiera ser que hubiera nacido en España. El caso es que al parecer hablaba ruso a la perfección.

La radio también se ha convertido en otra fuente de información para Cristóbal. Desde hace unos meses un receptor preside el salón de su casa. Es el último regalo de sus hermanas antes de su regreso a España. Tenían la esperanza de que pudiera sintonizar alguna cadena española para sentirse, al menos, un poco más cerca de ellas. Sin embargo, la misión se antoja difícil. Los esfuerzos soviéticos por interceptar la señal son efectivos y Cristóbal rara vez consigue sintonizar alguna emisora. Aún recuerda lo descolocado que se quedó el primer día en que por fin captó la frecuencia de Radio Nacional de España. «Dos orejas y un rabo», decían por la radio. ¿Dos orejas y un rabo? Demasiado tiempo fuera de su país.

El número de Niños que regresan a la URSS aumenta por semanas. Sus historias son tristes, angustiantes y llenas de rabia. Se sienten vencidos. Su derrota es la derrota de todos.

10
Niños en el gulag: el precio de pensar diferente

Sentado en la consulta del médico, Pedro Cepeda se despierta del dulce sueño en el que vive desde hace dos años. Aún debe digerir el diagnóstico que está a punto de acabar con su carrera como tenor. Tiene unos pólipos en la garganta y la única solución es someterse a una operación quirúrgica. Pero lo peor viene después. El médico que lo ha operado no se anda por las ramas:

—Camarada Cepeda, deberá hacer un año de reposo.
—No puedo esperar tanto tiempo.
—Si quiere cantar, debe esperar.

Además de un sueño roto, Perico tiene un problema aún mayor: conseguir un nuevo trabajo. Ha oído que en el Gran Hotel de Moscú se alojan varias embajadas extranjeras. La argentina es la primera de la que recibe respuesta. Quien le hace la entrevista es el diplomático Toni Bazán, que acaba de recibir una carta del Partido Comunista de España advirtiéndole de que Pedro Cepeda es persona non grata y que no deben contratarlo. Pero Bazán, recién llegado de Argentina, no está dispuesto a recibir órdenes de nadie.

—Pedro, mañana empezás en la embajada.

Durante un año, Perico se encarga principalmente de las traducciones del ruso al español que conciernen a la embajada. Pero hace mucho más. Acompaña a los diplomáticos a las reuniones y les hace de guía por la ciudad. Con los meses Pedro y Toni traban una estrecha amistad. No es el único español que trabaja en la embajada. José Tuñón, un aviador almeriense considerado por parte del PCE un disidente, también realiza las funciones de secretario.

A lo largo de ese tiempo llega de Argentina Pedro Conde, un nuevo agregado obrero que forma parte del sindicato y cuyo idealismo, inoculado por tantos y tantos libros de teoría marxista-leninista, desaparecerá en poco tiempo ante la cruda realidad del sistema soviético.

En ese tiempo los diplomáticos argentinos son testigos de cómo el PCE dificulta la salida de los españoles que quieren regresar a su país. Pedro y José lo han intentado una y otra vez sin éxito. Pero esta vez tienen un plan que llevan mucho tiempo preparando y que no puede salir mal. Una idea descabellada acompañada de un altísimo riesgo de fracaso: cruzar la frontera soviética en avión, escondidos en un baúl. Cuando piden ayuda a los diplomáticos argentinos, estos acceden de inmediato.

Mientras Pedro Cepeda y José Tuñón elaboran el plan de huida a finales de 1947, José María Bañuelos llega a Krasnogorsk, una pequeña localidad ubicada a dieciocho kilómetros de Moscú. Allí entra a trabajar en la fábrica número 30. Lo primero que recibe es su mono de trabajo, que a los pocos meses acaba roto y manchado de grasa, imposible de arreglar. José María se presenta en el almacén para solicitar uno nuevo. El operario que lo atiende se encoge de hombros.

—No nos quedan.

—El que tengo está inservible. ¿No lo ve?

—Lo siento, camarada Bañuelos. Entregamos el último hace tres semanas.

—¿Y cuándo traerán más?

Por toda respuesta, el operario vuelve a encogerse de hombros.

Al salir de la oficina de suministros José María se topa con que están descargando un cargamento de monos. Sin pensarlo, coge uno y sale corriendo. Pero no llega muy lejos. El responsable da la voz de alarma y lo detienen. Acaba de cometer un delito y la implacable justicia soviética debe decidir su condena.

En el informe sobre el acusado Bañuelos que la fiscalía presenta ante el juez el día del juicio hay una confusión con su nombre. En realidad, ese documento escrito por los responsables de la fábrica número 30 hace referencia a otro Niño español: José Raedo, que nada tiene que ver con el robo. La única coincidencia es que han trabajado en la misma fábrica. José María ha intentado rectificar el error, pero sin éxito. Dos policías lo han conducido a una sala de interrogatorios. El más alto se ha plantado frente a él con una mirada que hiela la sangre.

—¿Cómo se llama usted?

—José María Bañuelos.

Dos bofetadas. La segunda casi lo ha tirado al suelo.

—No, usted es José Raedo. ¿Cómo se llama usted?

—José María Bañuelos.

Así durante diez, veinte, cuarenta minutos. Una breve pausa y vuelta a empezar. Hasta que José María, ofuscado por el dolor, ha asumido su nueva identidad.

—Me llamo José Raedo.

El juez considera que existen pruebas incriminatorias suficientes y lo condena a doce años de internamiento en los temibles campos de trabajos forzados de la URSS. En su ficha carcelaria figura como José Raedo. Su delito: robar un mono de trabajo.

Tres meses después el plan de huida está listo. Pedro Cepeda y José Tuñón viajarán camuflados en las valijas diplomáticas de los argentinos Pedro Conde y Toni Bazán. Si todo sale bien, pronto llegarán a Argentina. Su primera parada será Praga, lugar de destino del avión. Desde allí tendrán que buscar la forma de trasladarse a París. Y desde allí volarán hacia Buenos Aires. Lo inesperado y rocambolesco del plan puede ser la razón de su éxito.

El 2 de enero de 1948 es el día escogido. Todo está preparado. Están a solo unas horas de la libertad. Pedro está nervioso y emocionado. Escribe una carta a sus padres. Quizá no tenga otra oportunidad de hacerlo:

> Queridos padres:
>
> En estos momentos tan graves para mí, me pongo a escribiros estas letras.
>
> Mi vida en este país ha sido verdaderamente una odisea, fatigas, hambre, padecimientos y sufrimientos. Esto sería muy largo de contar y ocurre que ya no tengo tiempo. Si es que Dios quiere y tengo suerte, creo veros pronto y reunirnos de nuevo.

Quiero comunicaros al mismo tiempo una desgracia. Sé que sufriréis, pero quiero cumplir con el deber y deciros que mi hermano Rafael, ya en el año 1944 cayó en la cárcel por robo, aunque la culpa no fue sino del hambre y de la miseria. Salió en el año 1946 al principio. Vino a Moscú y después de vivir a mi lado unos dos meses, se cansó y se fue sin decir adónde. Ahora verdaderamente no sé por dónde andará, pero calculo que de nuevo estará en la cárcel. Esto os lo he ocultado por no daros un disgusto, pero en el momento de que [sic] pienso jugarme la última carta, cuando pienso una de dos, o escapar ilegalmente de este país o quedarme en él encerrado como mi hermano.

Si logro salirme con mis propósitos nos veremos pronto y si no, perderíais otro hijo por querer abandonar este país que se suele llamar la cuna de la democracia y por el solo hecho de querer vivir en un país Latinoamericano donde en fecha próxima estaríamos juntos. Rogar a Dios que salga bien de esta y os aseguro que pasaréis los pocos años que os quedan de vida a mi lado y felices.

Recuerdos de todos y si es posible y Dios quiere os escribiré ya desde el extranjero.

Si tengo mala suerte no llorarme [sic] sino odiar [sic] a todas las clases de Dictaduras, culpable única de todas las desgracias.

Os abraza vuestro hijo, Pedro.

Sus padres nunca llegarán a leer la carta.

Ángel Belza no ha tenido suerte en la URSS. Tras escapar de la policía por haber abandonado su puesto de trabajo en una empresa militar moscovita, consigue plaza en un *koljós* soviético, uno de los campos colectivos creados por Stalin para aumentar la productividad agrícola de la URSS. Es el nuevo encargado de cuidar del ganado de los oficiales de la NKVD. Su nuevo compañero de trabajo se llama Pietro, un soviético bastante más joven que él.

El año 1947 es especialmente cruel. La sequía en el campo agrava la situación de los más pobres y la desesperación regresa de nuevo a las casas. Ángel tiene hambre. Ya no dispone de cartillas de racionamiento y desde hace semanas solo come harina de maíz cocida. Por eso, cuando ve la oportunidad de robar en el granero de la NKVD, no se lo piensa dos veces: entra.

El almacén está ubicado a ocho kilómetros de las barracas donde viven. El plan parece bastante seguro. Pietro está con él. Durante varias semanas realizan el trayecto de madrugada. Una trampilla da acceso al granero, desde donde roban el mayor número de sacos de cebada y centeno que pueden transportar en trineo. Llevan el material a casa del tío de Pietro. Al día siguiente no hay rastro de los sacos. Ángel, Pietro y su tío se reparten los beneficios tras vender la mercancía en el mercado negro.

Parece que el plan funciona. Pero en la sede de la NKVD, los oficiales siguen la pista de unos robos que se han sucedido de forma regular durante los últimos meses en el propio granero de la policía secreta.

Una noche gélida a Ángel se le olvida cerrar la trampilla del granero. La nieve y el frío le impiden pensar con nitidez. Cuando cae en la cuenta es demasiado tarde. Las botas se hunden en la nieve. Intentarlo sería un suicidio.

Al día siguiente un oficial de la NKVD descubre el portillo abierto y notifica a sus superiores el nuevo robo. Esta vez tienen una pista que los conduce hasta la habitación de Ángel.

—Ángel Belza, queda arrestado.

A Pietro le ha dado tiempo de escapar.

Hay un momento del juicio que Ángel recordará el resto de su vida, cuando se dirige desesperadamente al tribunal:

—¡No tienen derecho a juzgarme! Soy extranjero.

—En el extranjero también juzgan a los nuestros —le responde la jueza.

Y sentencia a Ángel Belza a un año de trabajos forzados en el gulag, el sistema penitenciario dirigido por la policía secreta de la Unión Soviética, la NKVD. La mayor parte de los campos se encuentran en regiones tan inhóspitas y desérticas como ricas en recursos naturales. El gobierno de Stalin convierte a los presos en mano de obra gratuita para construir carreteras, presas y minas soviéticas. A finales de los cuarenta los campos trabajan a pleno rendimiento. Más de dos millones de presos intentan sobrevivir en ellos.

La madrugada del 2 de enero de 1948 Pedro Cepeda y José Tuñón, totalmente desnudos, se colocan horizontalmente en sendos baúles.

Han pensado hasta en el último detalle. Pedro y José han perdido diez kilos para que el baúl no levante sospechas por sobrepeso. También han hecho pequeños agujeros en uno de sus laterales, pues les preocupa quedarse sin oxígeno. Su posición fetal les permitirá alcanzar con mayor facilidad algunos elementos básicos durante el viaje: agua y comida. Y también una botella donde poder hacer sus necesidades. Y una pistola. El viaje es peligroso.

Pedro viaja en la valija de Toni Bazán y José en la de Pedro

Conde. Su cuerpo desnudo está cubierto con trajes y abrigos del diplomático. Un Opel los traslada desde el Gran Hotel de Moscú hasta el aeropuerto. Pero, al llegar al control del aeropuerto, las cosas no marchan como deberían. Perico y José, ajenos a lo que pasa en el exterior, se concentran para no desfallecer de frío. La valija de Toni Bazán en la que viaja Pedro pesa demasiado y el diplomático no tiene rublos suficientes para pagar el exceso de equipaje. Bazán, que no tiene intención de regresar a la URSS, ha cambiado todos sus rublos por dólares, pero los funcionarios del aeropuerto solo aceptan la moneda del país. Ese día el termómetro ronda los treinta grados bajo cero y, mientras el diplomático resuelve la cuestión, su baúl espera en un hangar.

La valija de Pedro Conde ha pasado sin dificultad el control del aeropuerto. Los operarios colocan el equipaje en un viejo Douglas; el avión militar que ya está preparado para volar a Praga. La mala suerte hace que el primer baúl que introducen sea el del propio José Tuñón. No es buena señal. Los orificios que han realizado en uno de los laterales del baúl quedan poco a poco taponados por las maletas del resto del pasaje. A la falta de oxígeno se le añade otro imprevisto: los maleteros han colocado el baúl en posición vertical invertida, de tal manera que su cuerpo está suspendido mirando al suelo. La situación no puede ser más catastrófica. José Tuñón no tiene claro que vaya a salir de esta con vida. Pedro Conde, el responsable de la valija, tampoco. Pero no puede hacer mucho. En un avión militar como ese, cualquier movimiento sospechoso puede poner en riesgo toda la operación.

La situación es insostenible para José Tuñón. Su difícil posición pronto le pasa factura. En ocasiones vomita, en otras llega a perder el conocimiento. Pero son los movimientos incontrolados de su cuerpo los que lo acaban delatando. Una azafata escucha los ruidos y da parte al comandante, que, tras avisar a la torre de control, recibe el permiso para aterrizar en Lvov, Ucrania.

Pedro Conde, viendo que ya no tiene nada que perder, corre hacia el baúl. Al abrirlo se encuentra a un José Tuñón al borde de la muerte.

—¿Por qué no has utilizado la pistola para abrir el baúl?

—Prefiero estar muerto antes que volver a la URSS.

El avión regresa a Moscú. Tras el aterrizaje, el capitán firma el acta de lo sucedido en pleno vuelo: «Nosotros, los abajo firmantes, hemos suscrito esta acta acerca de que en el avión Flota Aérea Estatal n.º 1003 que realiza vuelos según el rumbo Moscú-Kiev-Lvov-Praga, en la maleta que pertenece al agregado de la embajada argentina, señor Pedro Conde, fue encontrado Tuñón Albertos, José Antonio, nacido en 1916, español, no argentino, a quien el señor Pedro Conde trataba de esta manera de trasladar ilegalmente al extranjero». En el acta también se detallan los objetos del interior del baúl donde se encontraba José Tuñón: «1. Pistola. 2. Documentos de viaje a nombre de José Antonio Tuñón Albertos y de Pedro Cepeda. 3. Dos bolsas de agua caliente: una llena de agua para beber y otra, según la explicación de Tuñón, para utilizar en calidad de aseo. 4. Panecillo con salchichón. 5. Traje, corbata, camisas, calcetines, etc.».

Pedro Cepeda no ha llegado a salir de la Unión Soviética. La valija diplomática regresa de nuevo al hotel. Perico está prácticamente congelado, pero persiste en la idea de salir del país. Volverán a repetir el plan al día siguiente. Toni Bazán comprará otro billete y, esta vez sí, con rublos en el monedero. Aún no saben que la policía ha detenido a sus compañeros de viaje y que regresan de nuevo a la URSS.

Cuando el diplomático llega a las oficinas de Aeroflot la policía lo está esperando. En pocos minutos ingresa en la Lubianka, el cuartel general de los servicios secretos soviéticos.

José María Bañuelos lleva mal su primer invierno en el gulag.

En condiciones infrahumanas, los presos están obligados a realizar trabajos forzados todos los días del año, siempre al aire libre. Durante interminables horas de trabajo, extraen materiales de las minas y ayudan a trazar carreteras infinitas en la extensa estepa de Siberia. Los cuarenta grados bajo cero son difíciles de soportar a la intemperie. Su peso y su estado de salud es el índice que determina el tipo de trabajo que pueden desarrollar. Todos hacen más de lo que pueden y muchos de ellos mueren en los campos. Junto con Bañuelos ingresan otros tres mil presos. Al acabar el invierno solo quedarán seiscientos con vida.

En el gulag los presos están divididos según la tipología del crimen cometido. José María se encuentra en el grupo de los delincuentes comunes. Entre este tipo de presos hay un buen número de niños españoles. La mayoría han caído en los gulags por robar comida, empujados por la hambruna que ha vivido el país desde el inicio de la Segunda Guerra Mundial y que persiste ahora en la posguerra. Cumplen condenas de entre cinco y diez años de cárcel.

Y también están los otros, los que cumplen condena por motivos políticos o ideológicos. Tras el fin de la Gran Guerra

Patria el número de presos en los gulags ha crecido exponencialmente. Casi dos millones de soviéticos cumplen condena en condiciones extremas para el cuerpo humano. Entre ellos también hay españoles: la mayoría, detenidos en junio de 1941. Marinos, pilotos y maestros de las Casas de Niños cumplen condena por conducta antisoviética. Su delito: solicitar su regreso a España.

A finales de los años cuarenta más de doscientos españoles exiliados en la URSS conviven en los gulags soviéticos repartidos por todo el territorio. A ellos hay que añadir los casi cuatrocientos prisioneros de guerra que formaron parte de la División Azul y que fueron capturados en combate durante la Segunda Guerra Mundial. Casi cincuenta mil soldados españoles se habían presentado voluntarios para formar parte de la 250.ª División de Infantería con el objetivo de luchar contra el comunismo y la Unión Soviética. Combatieron junto al ejército de la Alemania nazi. De ellos, casi cinco mil murieron en el frente y 372 fueron capturados por el Ejército Rojo.

En 1947 los prisioneros de guerra siguen cumpliendo condena en el gulag soviético.

Durante seis meses los cuatro integrantes del plan «de los baúles» son interrogados y torturados en los calabozos de la Lubianka, acusados de espionaje. Día tras día las preguntas se repiten. Las respuestas de Pedro también:

—Sí, admito que he intentado escapar de la URSS para regresar a mi patria, a España.

—Tu patria es la Unión Soviética.

—No, esta no es mi patria.

—En España está Franco. Allí ahora mismo sería un analfabeto, un don nadie. Aquí te hemos dado una educación. Hemos tratado de hacer lo mejor por ti.

—Sí, pero mis padres están allí. Yo quiero volver a Málaga. Y si me preguntan si mañana volvería a intentar la huida, les digo que sí.

Con la información recabada desde su detención, la justicia soviética abre la causa ultrasecreta número 837. En el banquillo se sientan cuatro españoles acusados de espionaje: Pedro Cepeda, José Tuñón, Francisco Ramos y Julián Fuster. Aunque estos dos últimos no están relacionados directamente con el intento de fuga de la URSS, las pruebas incriminatorias consiguen vincularlos con la embajada argentina. Los acusan de facilitar información para los servicios secretos norteamericanos y argentinos.

El juicio más rápido es el de José Tuñón, a quien han pillado infraganti en su huida frustrada. En sus primeros interrogatorios ha confesado su plan, pero no ha admitido trabajar como espía. Sin embargo, tras meses de tortura, Tuñón cambia su declaración y reconoce recabar información para la embajada argentina. Su confesión y el intento de huida son suficientes para condenarlo a veinticinco años de internamiento en un campo de trabajos forzados.

El siguiente turno es para Pedro Cepeda, a quien Tuñón ha implicado directamente en el intento de huida. El juez lo condena a otros veinticinco años en el gulag soviético. El motivo: practicar actividades antisoviéticas. Es la pena máxima prevista en el código penal de la URSS, que recoge como delito, entre otras actividades, la fotografía de mendigos. Al parecer, tenían pruebas fotográficas en las que Pedro había mostrado deliberadamente «la parte negativa» de los comedores y las tiendas moscovitas a los diplomáticos argentinos.

El doctor Julián Fuster es el siguiente en enfrentarse al tribunal que lo acusa de propaganda antisoviética. Fuster se había exiliado a la URSS en 1939, tras el fin de la Guerra Civil española. Se había afiliado al Partido Comunista en Cataluña en 1936 y durante la Guerra Civil estuvo al mando de la jefatura de Sanidad del XVIII Cuerpo del ejército republicano. Durante la Segunda Guerra Mundial se enroló en el Ejército Rojo como cirujano jefe del hospital de evacuación Ulianovsk. Sin embargo, todo ese tiempo en la URSS le ha valido para darse cuenta de que el ideal comunista dista mucho de la realidad. Tras enfrentarse a la dirección del hospital donde trabaja, el 8 de enero de 1948 la policía procede a su arresto.

Sus críticas a la dirección del Partido y al sistema soviético le han valido un asiento en el banquillo de los acusados. Entre las pruebas que avalan su rechazo al Partido y al sistema soviético la acusación aporta un documento escrito unos años antes por el propio Fuster:

> Entendiendo que la caída de Franco estaba vinculada con el fracaso de Hitler, muchos españoles abnegadamente lucharon en los frentes en destacamentos de guerrilleros en Bielorrusia, Crimea y el Cáucaso. No pocos españoles, luchando bajo la dirección de jefes soviéticos mediocres, cayeron presos de los alemanes. Comenzó un escándalo y Dolores Ibárruri dio orden de que a los españoles no se les permitiera ir al frente. Durante mucho tiempo se los mantuvo en Moscú y se les utilizaba para cortar leña. Mientras tanto, sus mujeres e hijos, que vivían en Asia Central, mo-

rían de hambre. Solamente en Kokand murieron 52 niños. El hambre fue terrible, gatos y perros se consideraban platos refinados. Para alimentar a los niños, muchas españolas se dedicaban a la prostitución, mientras que el Estado Mayor encabezado por Ibárruri vivía felizmente en Ufá. En los orfanatos para los niños españoles hacía estragos la tuberculosis.

La certificación de su repudio visceral al PCE llega con otra prueba, la carta que le escribe a su propia hermana: «La culpa directa es de los dirigentes criminales del PCE, que son agentes mercenarios de Moscú. Aquí están sus nombres: en primer lugar, Dolores Ibárruri, que sea maldito su nombre y que se coman los perros sus huesos [...] Esta gente nunca logrará salir de Rusia porque para cualquier español honrado será un honor aniquilarlos».

El juez condena a Julián Fuster a veinte años de internamiento en los campos de trabajo soviéticos.

El último en ser juzgado es el que fuera jefe del Estado Mayor del XVIII Cuerpo del ejército republicano y también profesor en la Casa de Niños de Odesa, Francisco Ramos Molins. De nuevo, un documento reafirma la causa contra él. En un diario escrito en 1942 Ramos escribe:

> He visitado el comedor de Saratov [sic]. Los camareros van con andrajos, manteles rotos, no hay servilletas. Vajillas, tampoco. La *kasha* la sirven en latas de conserva y es incomible para un estómago civilizado. [...] Se hacen colas para recibir cosas increíbles: tinta, cerraduras, cepillos, etc. Es el país de las colas. He preguntado a mis vecinos por qué no

protestan y uno dijo: «En 1928 nos hemos comido a nuestros propios hijos, de ellos hicieron salchichas». [...] Preferiría mi fusilamiento en España a la vida en Saratov [sic].

El escrito es considerado prueba incriminatoria suficiente para condenar a Ramos a diez años de trabajos forzados.
El 27 de julio 1948 el viceministro de Seguridad Estatal de la URSS, el teniente general Ogoltsov, lee la acusación. Pocos días después sale publicada la condena a los cuatros acusados.

En el campo de Khabarovsk, en las remotas regiones de Saja, Ángel Belza trabaja a destajo en la construcción de casas. Lleva casi diez horas sin descansar y está al borde de la extenuación. Como cada día, los prisioneros comen un bol de remolacha antes de comenzar el trabajo. Cuando regresan a las barracas también los espera el mismo menú. Y seiscientos gramos de pan. Cada día la ración es la misma, excepto cuando los oficiales consideran que no se ha hecho el trabajo necesario. Ese día su ración diaria disminuye. Mantener el ritmo en esas circunstancias es difícil y a Ángel cada día le cuesta más. Sus fuerzas flaquean. Teme no poder aguantar por mucho más tiempo y no es el único. Por eso, los funcionarios del campo calculan con regularidad la fuerza que puede llegar a tener un preso.
Hoy es día de control en el campo. Ángel acude a la enfermería. Con él, otros cuantos más. Lo mismo de siempre. Tras subirse a la báscula, les ordenan ponerse frente a la pared.
—Bájense los pantalones.
Varios enfermeros toman medidas para calcular la grasa corporal de cada uno de ellos. En función de ello, los respon-

sables dividen a los presos. Ángel ya no está entre los más fuertes, cada vez está más enfermo. La malaria no perdona y la humedad de los barracones es insoportable. Lleva casi un año en ese maldito campo de trabajo. «Aguanta un poco más —piensa—. Solo un poco más.» Pero sus fuerzas le abandonan y lo ingresan en el hospital.

Solo cuatro días después le dan el alta, pero no está en condiciones de trabajar. Un responsable de sección, viendo el estado en el que devuelven a Ángel, se enfrenta a la doctora:

—¿No ve que no puede trabajar?

—La culpa la tienen ustedes.

Ángel apenas puede moverse: teme por su vida. Si no trabaja, no hay comida. Sin embargo, el jefe de sección, en un acto de humanidad, trabaja por él y le proporciona a diario su ración de pan.

El día de su puesta en libertad Ángel vuelve a respirar. Ha cumplido 365 días de condena. Acaba de regresar del infierno.

El primer campo de trabajos forzados al que llega Pedro Cepeda es Intá, en pleno corazón de Siberia. Es en la estepa siberiana donde se concentra la mayor parte de los gulags. Alejados de la civilización, la propia naturaleza se convierte en una prisión en sí misma. Aunque intenten escapar, las posibilidades de supervivencia son escasas.

Pedro es uno más de los cientos de presos que extraen a diario cientos de kilos de carbón de la mina. En invierno, las temperaturas también sobrepasan los cuarenta grados bajo cero.

El día a día en el gulag es difícil de llevar, sobre todo los primeros meses. Lo más importante es encontrar la manera de conservar algo de esperanza. Tras las largas horas de trabajo forzado, los presos tienen ganas de distraerse. A veces cantan, otras se animan con algún pequeño teatro y unas cuantas ocasiones divagan sobre política alrededor de las calderas. Algunos, los más atrevidos, se escapan y tienen aventuras con algunas mujeres de los alrededores.

El gulag de Karagandá, en Kazajistán, es el siguiente destino de Pedro. Han pasado cinco años desde que el juez dictó su condena. Nada más llegar le dicen que entre los internos también hay, al menos, un español, un tal Antonio. Durante varios días lo busca sin descanso. Finalmente lo encuentra, pero el otro intenta escabullirse.

—No te interesa hablar conmigo. Soy de la División Azul.

—¡Y a mí qué más me da! Lo que quiero es hablar en español. ¡Qué división azul, ni verde ni roja! Olvídate.

Antonio Fabra había formado parte de la 250.ª División de Infantería que había luchado con los nazis en el frente de Nóvgorod.

Cepeda y Fabra se hacen amigos. Tanto, que Pedro recibe palizas cada vez que Fabra intenta huir del campo de trabajo. Él no es un traidor. No lo hizo en la Casa de Niños cuando lo señalaron con el dedo como único culpable del robo de las sábanas y no lo va a hacer ahora para delatar a su único amigo en la prisión. Por eso, ante los funcionarios de la cárcel Pedro siempre responde lo mismo: «Pegadme lo que queráis, pero si hubiese podido, yo también habría intentado escapar con él».

Cuando Antonio Fabra muere en uno de sus intentos de fuga, Pedro Cepeda siente de nuevo la soledad. Pero las noticias también corren entre los campos. Los continuos movimientos de presos de un gulag a otro les permiten obtener información sobre otros presos conocidos.

—¿De dónde vienes?

—Del gulag de Kengir.

—¿Hay algún español allí?

—Sí, está un doctor llamado Julián Fuster.

Es todo lo que Pedro necesita saber. Julián Fuster sigue con vida.

El 5 de marzo de 1953 la esperanza renace en los cerca de setecientos españoles, exiliados y divisionarios, que se encuentran cautivos en los gulags soviéticos. El líder soviético, Iósif Stalin, muere víctima de una enfermedad agónica. Su fallecimiento produce una serie de cambios en la política exterior soviética que pronto empezarán a dar sus frutos. La llegada al poder de Nikita Jrushchov como primer secretario del Comité Central del Partido Comunista de la URSS es también el inicio de una nueva etapa. El deseo de la Unión Soviética de iniciar un período de coexistencia pacífica con el capitalismo lleva al nuevo gobierno a dar pequeños pasos en esa dirección. Una de esas primeras muestras de apertura se concretará ese mismo año. Los presos de guerra capturados durante la Gran Guerra Patria reciben la amnistía. Entre ellos se encuentran los miembros de la División Azul.

Los presos condenados por delitos políticos e ideológicos aún tardarán un poco más en salir de los campos de trabajos forzados. Pero en agosto de 1955, la comisión central de revisión de las causas admite por fin sus peticiones y considera que los años de prisión cumplidos son suficientes para dejarlos en libertad. Pedro Cepeda, José Tuñón, Julián Fuster y Francisco Ramos vuelven a convertirse en ciudadanos libres. Sin embargo, ellos se siguen sintiendo presos en una cárcel de más de veintidós millones de kilómetros cuadrados.

Su lucha por salir de la URSS continúa.

11

El KGB espera su oportunidad

> Varios cientos de repatriados, muchos de los cuales habían sido interrogados, regresaron a la Unión Soviética. El problema de seguridad se centró en dos elementos básicos: primero, mantener a los repatriados ignorantes sobre el grado de participación estadounidense en el programa; y segundo, mantener un grado razonable de confidencialidad entre los residentes de la zona sobre la existencia y la verdadera naturaleza del Centro.
>
> Lawrence E. Rogers,
> «Project Niños»

Oleg Nechiporenko, disfrazado con uniforme de aduanero, revisa varias maletas en el control de seguridad del aeropuerto de Vnúkovo.

—¿Lleva algún objeto prohibido?

—No.

—¿Puede abrir la maleta, por favor?

Nechiporenko descubre varias cartas escondidas entre la ropa.

—¿Sabe que está prohibido transportar material para terceras personas?

—Sí, lo sé. No tenía ni idea de que estaban aquí.
—¿Es su equipaje?
—Sí.
—¿Y no sabe lo que lleva en su equipaje?

Sin darle tiempo a responder, requisa el material e invita al dueño de la maleta a acompañarle a una sala contigua, donde prestará declaración ante las autoridades.

Lo que acaba de ocurrir es una mera representación orquestada por el KGB. Nechiporenko, recién incorporado a las filas de los servicios secretos soviéticos, ha colaborado en la organización de una trama que tiene como objetivo descubrir a un Niño español sospechoso de trabajar para la CIA.

Desde el momento en que «Simón», nombre ficticio del repatriado español, ha vuelto a pisar suelo soviético, el KGB ha seguido muy de cerca sus pasos. Las sospechas acerca de una posible misión de espionaje están más que fundadas. Según los informes de los que disponen, «Simón» ya se había mostrado muy crítico con el régimen soviético antes de su repatriación. También había manifestado opiniones similares durante su breve estancia en España.

Contra todo pronóstico, a «Simón» le había resultado relativamente fácil encontrar trabajo y vivienda en territorio español y su vida allí parecía más que satisfactoria. Entonces ¿por qué razón ha querido regresar ahora a la URSS? Esa es la pregunta que se formula el KGB, que lleva varias semanas observando sus movimientos. Oleg Nechiporenko forma parte del operativo de vigilancia y su atención se centra ahora en la correspondencia que «Simón» mantiene con sus contactos afincados en España.

Durante este tiempo han interceptado varias de esas remesas. Una vez en su poder, el equipo de criptografía del KGB ha revisado cada palabra en busca de un código secreto. Por el momento no hay resultados. Por eso, cuando un informador explica que «Simón» está buscando abrir una nueva vía de comunicación con España, el KGB se adelanta y crea el suyo propio, ficticio. Sin saberlo, «Simón» cae en la trampa en el momento en que se pone en contacto con la persona que ha de ayudarle en el envío. Ese «cartero», el mismo que acaba de intentar pasar la aduana con las cartas escondidas en la maleta, también trabaja para el KGB. El material requisado en el aeropuerto pasa por el ojo de los criptógrafos. Para el desánimo de los agentes soviéticos no parece que haya ningún tipo de código oculto. A pesar de todo, deciden mantener la vigilancia.

Oleg Nechiporenko se quita el uniforme. Ha sido un día duro. Tras informar de los resultados de la operación a sus superiores, regresa a casa. Vive en un pequeño piso en el centro de Moscú con su mujer, que se encuentra en un estado avanzado del embarazo.

En casa apenas hablan de su trabajo; es lo mejor para no comprometer ninguna operación. A pesar de ser un agente novel en el KGB, su reputación empieza a ser conocida en los servicios de inteligencia.

Su vida cambió el día en que el KGB le propuso trabajar para ellos. Tras terminar la carrera de Traducción, su dominio del español y del inglés lo convertía en un gran activo para los servicios secretos. Con una mínima preparación oficial dentro de la agencia, Nechiporenko había hecho realidad su sueño:

convertirse en agente del KGB. Sus habilidades con los idiomas y su apariencia física latina le habían valido un puesto en el equipo de seguimiento de los Niños españoles que regresaban a la URSS.

Su principal objetivo ahora es detectar a aquellas personas que podrían haber sido captadas por los servicios de inteligencia norteamericanos. No tiene ninguna duda de que la CIA, al menos, lo ha intentado. Tras su regreso, son varios los repatriados que, traicionando su compromiso con los estadounidenses, se han dirigido a los comités de seguridad de las fuerzas especiales de sus respectivas ciudades para informar de lo ocurrido durante su estancia en España. Las pruebas que aportan algunos de ellos son definitivas: los objetos de espionaje proporcionados por la propia CIA empiezan a acumularse en la sede del KGB. Se trata de material que los españoles reclutados debían utilizar para mandar mensajes encriptados al exterior de la URSS. Para ello, les habían proporcionado en España libretas cifradas o material para camuflar información secreta, como cámaras de fotos o bloques de notas especiales en los que escribir cartas secretas. Entre los objetos llama la atención una pequeña cajita de sedal para pescar. Su interior está preparado para esconder el negativo de una película fotográfica.

Todo este material corrobora tres puntos básicos. Primero, que algunos españoles que han regresado a la URSS pueden estar colaborando para la CIA. Segundo, que algunos de ellos han traicionado a los servicios estadounidenses para colaborar con el KGB. Y tercero, que la CIA desconoce esta última información y pueden utilizar esta ventaja para enviar información falsa a los norteamericanos.

Oleg Nechiporenko se centra en el seguimiento de aquellos que, reclutados supuestamente por los servicios de inteligencia de EE.UU., están dispuestos a llevar a cabo su misión en territorio soviético.

El Partido Comunista de España en la URSS sigue los pasos de los repatriados que ahora regresan. En marzo de 1957 elabora un informe en el que se plantea varias preguntas: «¿Quiénes son los que regresan?, ¿qué cuentan? y ¿por qué regresan?». Describen a los recién llegados como jóvenes poco desarrollados políticamente y «atrasados culturalmente debido a que pasaron algunos años en las cárceles por delitos comunes». Pero no son los únicos. En uno de los informes elaborados por el PCE justifican su regreso aludiendo a la añoranza de un país que les había dado todo: «Durante estos años la Unión Soviética ha sido para ellos una madre solícita y todo ello tenía que reflejarse necesariamente en su conciencia». La nostalgia se refuerza con la imposibilidad de estos jóvenes de abrirse camino en España: «No encuentran trabajo, carecen de vivienda, no reciben ayuda de nadie, se ven en el mayor desamparo y desesperación y deciden regresar a la URSS». El informe también apunta a la inocencia y la incredulidad como base para el fracaso de los retornados. Los españoles que deseaban regresar a su país no se habían creído lo que se decía acerca de la realidad del mundo capitalista: «Tenían el recuerdo de su infancia, la idea de la patria (en el sentido que la comprende un joven soviético); además influía la correspondencia de sus padres, que en muchos casos ocultaban la verdad por el deseo de verlos de nuevo. Al llegar a España se han encontrado con un ambiente completamente nuevo, extraño, de desconfianza, abandonados a su suerte».

El PCE, que tanto se había esforzado en impedir la repatriación de los Niños a España, ve cómo muchos de ellos empiezan a regresar. ¿Una victoria silenciada? Sus advertencias habían sido desoídas y eso les había valido enemistarse con muchos de ellos. Ahora esos Niños regresan y lo hacen con las orejas gachas. El PCE retoma de nuevo su poder.

En la Lubianka, el KGB recibe puntualmente los informes que el PCE elabora sobre los españoles que continúan regresando a la Unión Soviética. Todos ellos han pasado por las oficinas del PCE para informar sobre su amarga experiencia en el país que los había visto nacer. Los documentos que elabora el Partido los entrega a la inteligencia soviética.

Oleg Nechiporenko lee minuciosamente los informes. Le sorprende que algunos de ellos iniciaran sus trámites para volver al país soviético apenas unas semanas después de su repatriación a España. Otros decidieron darse un poco más de margen con la esperanza de que su situación personal y económica mejorara, pero al final habían acabado claudicando ante la evidencia.

La realidad no deja lugar a dudas. De los españoles repatriados a España entre 1956 y 1958, se calcula que más de la mitad acabará regresando a la Unión Soviética.

Cada repatriado tiene su propio motivo para abandonar España. La razón de Aquilino se encuentra en el rechazo que ha recibido por parte de su propia madre. En los informes queda constancia de las entrevistas entre el PCE y los retornados:

La madre de Aquilino dispone de un piso que arrienda a los huéspedes. Cuando llegó su hermano Lucio ocupó una habitación. En la expedición siguiente llegó Aquilino y la madre le ofreció otra. Pasado un mes les reunió la madre para comunicarles que tenían que pagar 300 pesetas por el cuarto. Los hermanos coincidieron en que le pagarían 200 pesetas. Entonces la madre, por toda respuesta, los puso en la calle.

Después de trabajar tres meses en una fábrica textil de Madrid, Aquilino decide regresar a la URSS.

Otros regresan por la situación de vulnerabilidad en que se encuentran sus esposas soviéticas. Si para ellos la vida en España es complicada, para sus mujeres lo es todavía más. Una carga imposible que acaba con un pasaporte sellado que los devuelve al país que los ha visto crecer. En el caso de las mujeres españolas con maridos soviéticos, las circunstancias son aún más dramáticas. Nieves Echevarría manifiesta ante el Partido en Moscú que «el día que marchó ya pensaba volver». Lo decidió en el momento en que le dijeron que su marido, soviético, no podría viajar con ella. Su visita se le antojaba efímera desde el principio. Sin embargo, había regresado para cumplir su deseo de volver a ver a sus padres.

El poco tiempo que Nieves permanece en España es suficiente para recibir el aviso de las autoridades y presentarse en las dependencias de la calle Goya de Madrid. «A Madrid fue ya cuando tenía el pasaporte de salida y se negó rotundamente a decir nada. Insistieron en que señalara en el mapa la ciudad donde trabajaba, pero ella alegó que estaba muy mal de geografía. Le dijeron que si en dicho pueblo había campo de aviación o en lugares próximos». Nieves también acusa a Desiderio, otro español residente en Eibar, de propasarse en sus explicaciones ante la policía: «En Eibar se habla muy mal de Desiderio. Que este al parecer había dicho más de la cuenta en sus declaraciones, llegando incluso a descubrir a algún joven que era del partido».

Los repatriados que regresan a la URSS revelan sus sospechas sobre algunos españoles que podrían estar proporcionando información confidencial a las autoridades españolas, y también a las norteamericanas. José Luis Vidal acusa al repatriado Trueba de trabajar para la CIA: «Que Trueba es un agente entre los que marcharon a la URSS y esto se lo ha dicho a Vidal el joven Antonio Álvarez, advirtiéndole que tuviera cuidado».

Isabel Tomás, otra española que regresa a la URSS, relata al Partido una información que proviene del camarada Antonio Muñoz:

> El sábado antes de salir para la URSS se presentó [Antonio] de nuevo en mi casa y me recomendó que dijera al partido que Carrascal, Monterrubio, el Peque, Huertas, Piera y César el aviador, trabajaban para la policía, que eran datos oficiales, que él mismo los había visto, y que le hicieron un careo con el Peque y con otro que no me acuerdo quien [sic] es, y que hay más jóvenes, aviadores, marinos y otros.

José Muguruza se suma a la lista de acusadores. En su informe aparecen varios nombres de españoles. Señala a Cueto «el Manco» de ser «uno de los que se habla que está ayudando a la Comisión de la calle Orense, facilitando datos de los repatriados y que está liado con Amor Gómez, la cual hace tiempo que se dedica a esta clase de trabajo». También acusa a Canteli de mal comportamiento y que «está al servicio de la policía y que había hablado por la radio que está al servicio de los americanos, "Golos esboboda" [La voz de la libertad]».

Juanita Cobiella, recién llegada de España, manifiesta que «es muy posible que hayan enviado a gente especialmente, ya que cuando solicitan salir de España, a unos les dan la salida rápidamente y a otros los retienen mucho tiempo».

El contenido de esas notas es revelador. Las sospechas de los recién llegados abren nuevas vías de investigación. El KGB analiza la información e investiga minuciosamente cada paso de los repatriados desde que pisan territorio soviético.

Por su parte el PCE también tiene sus prioridades. Necesita saber quién les profesa lealtad y quién les ha traicionado. Sin embargo, este juego de sospechas y rumores se antoja peligroso. Los repatriados se sumergen en un mundo lleno de ambigüedad y desconfianza.

Pero el PCE está decidido a llegar hasta el final.

Los agentes secretos del KGB vuelven a tener a «Simón» bajo su punto de mira. De nuevo el contenido de una carta se convierte en un quebradero de cabeza para la agencia. En ella, «Simón» relata que tiene intención de acudir a un cementerio donde se encuentra enterrado un camarada español. La visita tiene dos fechas programadas y llama la atención de los agentes. Durante varias semanas Oleg Nechiporenko trabaja sin descanso para averiguar su auténtico significado. Por su cabeza pasan muchas hipótesis. Podría tratarse de unas coordenadas del cementerio o quizá dos días señalados para llevar a cabo una operación secreta. Ante la ausencia de una respuesta convincente, Nechiporenko decide dar un paso más y coordina una operación para registrar su casa. El tiempo corre en su contra. El calendario avanza y las fechas señaladas en la carta están muy próximas. En el KGB se viven momentos de gran tensión.

En solo unas horas la policía desaloja a todos los vecinos del edificio donde reside «Simón». La agencia ha preparado un gran dispositivo para que el registro se lleve a cabo con la máxima discreción: esperan escondidos a que «Simón» salga de su domicilio y, cuando lo hace, las órdenes se ejecutan tal cual lo han previsto. Un cerrajero abre la puerta. El desorden reina en la casa y los agentes registran las habitaciones. Nechiporenko y su camarada Igor se centran en los papeles que encuentran en medio del caos. Fotografían especialmente aquellos escritos en español. Apenas llevan veinte minutos en el domicilio cuando los agentes apostados en la calle alertan del regreso de «Simón». Tienen el tiempo justo para salir. En el portal se cruzan con él, pero nada le hace sospechar que son agentes del KGB.

En la oficina Nechiporenko y su equipo revisan el material: no hay nada reseñable. «Simón» se les ha vuelto a escapar. Y no será la última vez. A pesar de los esfuerzos que destina la agencia a la vigilancia de los españoles repatriados, lo cierto es que no consiguen pruebas reales de su participación en posibles misiones encubiertas. No obstante, la operación continúa abierta.

Manuel Arce se sienta en su cama y observa detenidamente a sus viejos compañeros, un georgiano y un albanés que, como él, están a pocas asignaturas de obtener la licenciatura de Medicina. Los meses que ha vivido en España se le revelan ahora como un sueño. Allí ha logrado su objetivo: reunirse con sus padres y con su hermano pequeño. Pero lo que ha visto le ha dejado un sabor amargo. La sociedad española no es la que esperaba encontrarse. A pesar de todo, se alegra de haberlo vivido. Solo ahora se da cuenta de que no tiene una patria, sino dos: el país que le vio nacer y el que lo educó.

Conversa con sus compañeros y todos coinciden en la suerte que ha tenido; no solo porque las autoridades soviéticas le hayan permitido continuar con sus estudios, sino porque ha podido reubicarse exactamente en la misma habitación de la misma residencia en que había vivido antes de su repatriación. Todo está tal y como él lo había dejado. Como si jamás hubiera regresado a España.

Manuel está fatigado; acumula un gran cansancio tras un viaje de regreso que se le ha hecho, como poco, eterno. Primero, el trayecto de Madrid a París; después su estancia de dos semanas en la capital francesa a la espera de que la embajada soviética le concediera el visado para entrar de nuevo en la URSS. Durante ese tiempo Manuel temió que las autoridades soviéticas le denegaran la entrada, pero lo ha conseguido. De los cuatro españoles que esperaban la decisión de la embajada, solo dos han podido proseguir su viaje.

Manuel Arce acaba de regresar a Moscú dispuesto a terminar la carrera de Medicina. Lo que hará después... Ahora no tiene ganas de pensar en el futuro. Cuando llegue el momento, lo decidirá.

La calidez con la que sus compañeros de facultad han recibido a Manuel dista mucho de la fría acogida que sufren otros muchos españoles retornados. Ellos se han encontrado con una URSS diferente. Más arisca y resentida. Han vuelto con la esperanza de recuperar sus hogares y sus puestos de trabajo, pero la realidad se les antoja muy distinta. Las autoridades soviéticas no están dispuestas a facilitar su reincorporación y ahora se enfrentan a un nuevo reto. Ante la desesperación de muchos de ellos, el 21 de abril de 1957 tiene lugar en el Club de Españoles una reunión encabezada por el Comité del Partido Comunista de España en Moscú y representantes de la Cruz Roja soviética. El objetivo: aplacar el descontento de los retornados.

Un informe especial del Ministerio de Gobernación de mayo de ese mismo año recoge, no sin cierto desdén, la desilusión de los españoles:

> Ya durante el largo viaje en ferrocarril a través de Europa, pasado el telón de acero (de esto tenemos numerosos testimonios) hubieron de sufrir los españoles burlas y humillaciones de toda índole, oficial y popular; pero aún los ilusos conservaban una remota esperanza de su casa y trabajo en Moscú. Triste desengaño [...] Y esta masa de españoles desamparados, sin recursos económicos, tras un largo viaje, penoso, días y días hambrientos por las calles de Moscú, piden auxilio al Comité del Partido.

Las autoridades soviéticas diseminan a los recién llegados y los más afortunados acaban en la periferia de Moscú. A otros, sin embargo, se les ofrece trabajo en Kiev o Dnipropetrovsk, ciudades bastante más alejadas de la capital. La razón de esta dispersión, según el informe de la Delegación del Gobierno, es evitar que en el futuro estas personas puedan constituirse como un foco de peligro. «Lejos unos de otros, confinados en pequeños centros, aislados del contacto y calor de la Colonia numerosa de Moscú, purgarán su error en el inmenso espacio del paraíso soviético». Cada palabra del documento destila rencor y cierta satisfacción ante el futuro de los que han decidido abandonar definitivamente la que había sido su patria.

La difícil situación de los españoles retornados a la URSS y el panorama desolador que describen en sus cartas aquellos que han decidido permanecer en España siembra una gran duda entre los españoles que aún aguardan su repatriación. ¿Deben continuar con los trámites? ¿Qué futuro les espera en España? ¿Y si les pasa lo mismo que a sus compatriotas? ¿Merece la pena intentarlo? El desconcierto reina en la colonia española.

Solo un mes después, en junio de 1957, un nuevo informe de la División de Investigación Social realiza un análisis de la situación. En este caso las autoridades españolas catalogan a los repatriados que han querido abandonar voluntariamente España y sus razones para hacerlo. En primer lugar, figuran los que han regresado a la URSS por su condición de «delincuentes habituales, prostitutas u hombres inadaptados e inadaptables». En segundo lugar, aluden a razones de índole más personal: «por no congeniar con sus familiares de España, o por no dejarse someter a la disciplina paterna, de recato público o de convivencia social». El tercer puesto lo ocupan aquellos que han dejado a sus cónyuges en la URSS. Y en cuarto y último lugar, los menos según apunta el informe, los que «por estar imbuidos de la educación política soviética [...] encontraban mal todo lo que no fuera ruso».

En agosto de 1957 las cifras de recién llegados que quieren huir de España son sorprendentes: 278 personas ya han salido y 112 esperan la autorización que les permita hacerlo. De ellos, el 96,9 por ciento ha optado por regresar a la URSS.

Las cartas que los repatriados envían desde España a sus camaradas y familiares que viven en la URSS se convierten también en otra fuente de incalculable valor para los servicios de inteligencia soviéticos. Los agentes están muy pendientes de lo que ocurre en territorio español. Sobre todo, en el número 118 de la calle Goya, la sede desde donde la CIA dirige los interrogatorios. Su principal preocupación reside en la capacidad de los norteamericanos para sonsacar la información que necesitan y que la Unión Soviética se ha preocupado de mantener tan celosamente bajo secreto desde el final de la Segunda Guerra Mundial.

La lectura de esas cartas confirma que el principal objetivo de los servicios de inteligencia norteamericanos es su programa de misiles intercontinentales. El repatriado Santos Baños es una de esas personas que escribe una carta desde España. Sin embargo, su caso contiene algunas diferencias sustanciales. Por un lado, recibe la proposición por parte de la CIA de trabajar para ellos. Y, en segundo lugar, Baños no acude a ninguna sala de interrogatorios, sino que lo entrevistan en su propia casa. Un jefe de aviación acude hasta allí dos días consecutivos con un amplio cuestionario bajo el brazo. El detalle de las preguntas también sorprende a los agentes:

[...] llevaba preguntas de todas clases, desde la ropa que llevaba puesta hasta la que visten para volar. Anotaba todas las contestaciones. Al día siguiente volvió a visitarle y a hacerle las mismas preguntas. También recibió la visita de un agente de «La Voz de América» ucraniano de nacionalidad, que quería saber cómo se escuchaba en la URSS una tal emisora.

Otra carta describe el *modus operandi* de los agentes para conseguir la colaboración de los repatriados durante los interrogatorios:

Nos llaman a Madrid, nos costean el viaje, el hotel, etc. Todas las mañanas y tardes nos interrogan durante cuatro, y algunas veces, ocho horas. Los primeros días interrogan «norteamericanos», es decir, el que pregunta suele ser español, pero trabaja para ellos. Al principio te leen una especie de conferencia de la URSS, diciendo que es un país avanzado en el aspecto técnico y que los españoles deben aprender de ello, etc. A continuación, dicen que para que nuestra industria pueda desarrollarse a un ritmo rápido es preciso conocer cómo se resuelven en la Unión Soviética los problemas técnicos a fin de recoger experiencias, y que nosotros, debemos ayudar a la patria en este sentido. Así es, poco más o menos, en un espíritu de «patriotismo» como hablan con nosotros el primer día. Después empieza el interrogatorio.

Pero lo que no saben los agentes de la calle Goya es que los Niños de la guerra no tienen una sola patria, sino dos. Y difícilmente traicionarán al país al que están tan agradecidos.

Luis Torrijos sale de España en diciembre de 1958. Unas semanas después llega a la URSS. En esta ocasión es la propia secretaria de Dolores Ibárruri, Carmen Pinedo, quien realiza la entrevista y da cuenta de su contenido a través de un informe fechado el 21 de enero de 1959. Durante la conversación Torrijos cuenta que lo llamaron a los interrogatorios de Madrid en dos ocasiones. La última vez lo retuvieron seis días. Y cada día un nuevo interlocutor se sentaba frente a él. El último era polaco.

> Torrijos no notó diferencia en las preguntas que le hicieron las distintas personas con quien hubo de verse, a excepción de la primera entrevista, en la que todas las preguntas eran de carácter militar y se referían a la fábrica, al pueblo, los caminos hacia Magadan, etc. Le presentaron un plano en ruso del pueblo donde vivió. Le dijeron que el «objetivo» del interrogatorio era ayudar como patriotas a España, ya que la URSS estaba más adelantada en algunas cosas.

Carmen Pinedo pregunta, como ha hecho con tantos otros españoles que han huido de España, si sospecha que algún camarada haya podido contarles a los norteamericanos información relevante para el Partido en la URSS. Torrijos se lo piensa. Sí, sospecha de alguien: «En la pensión se encontró con un repatriado llamado Elías (el apellido lo desconoce). Aquí estuvo en Norilak. Le han interrogado durante dos meses. A Torrijos no le gustó. Después de ser interrogado Elías, siempre llamaban a algún repatriado».

El KGB ya no tiene dudas sobre las intenciones de la CIA. Solo espera que los españoles repatriados aguanten el tirón y revelen al enemigo la menor cantidad de información estratégica posible. Negar la existencia de algún «caballo de Troya» en territorio soviético sería esquivar la realidad.

Pedro Cepeda aún espera el permiso de las autoridades soviéticas para poder regresar a España. Consiguió la libertad en 1955, apenas unos meses antes de que dieran comienzo las primeras expediciones a España. Después de casi nueve años de cautiverio, Pedro debe someterse ahora a un período de rehabilitación. Una vez más, se encuentra en la casilla de salida y, una vez más, está dispuesto a empezar una nueva vida.

En Karaganda conoce a Irina, una escultora soviética con la que inicia una relación. No es el primer matrimonio de Pedro. Aún recuerda con dolor la carta de repudio que le envió su primera esposa mientras cumplía condena en el gulag. Una auténtica puñalada en la espalda. Pero no la culpa por ello. Rosa también tenía derecho a rehacer su vida y a darle una oportunidad al hijo de ambos, nacido después de su ingreso en prisión. Sin duda, las cosas le irían mejor si se desentendía de un marido que cumplía condena por cuestiones políticas. A pesar del repudio, la policía soviética fue implacable con ella: aparecían en su casa buscando pruebas incriminatorias, y lo hacían minuciosamente. El registro incluía arrancar el papel pintado de las paredes. Buscaban nuevas pistas que corroboraran su supuesto trabajo de espionaje para otras potencias mundiales.

Nunca llegaron a encontrar nada.

Ahora parece que las cosas le van algo mejor con Irina. A finales de 1958 se instalan en Moscú tras conseguir el permiso de las autoridades soviéticas. Él trabaja como profesor de canto y esperan una niña. Sin embargo, aunque la vida empieza a sonreírle, sigue sin poder cumplir su gran sueño: regresar a España. Pedro lo intenta una y otra vez, pero su principal escollo sigue siendo el Partido Comunista de España, que le deniega cualquier petición de repatriación. Aún deberán pasar ocho años antes de que Pedro consiga pisar de nuevo suelo español.

Nechiporenko lleva varias horas escuchando la grabación de unas llamadas telefónicas realizadas por un repatriado recién llegado de España. Forma parte de un nuevo operativo de vigilancia. El KGB elabora un plan de acción personalizado para dar caza a cada uno de los españoles sospechosos de colaborar con la CIA. Entran en sus casas y colocan dispositivos de grabación; realizan operativos de vigilancia continuados y, si la operación lo requiere, fotografían material sospechoso en el interior de su casa. Ejecutan un trabajo rápido, perfecto. El sujeto, ajeno a cualquier intrusión del KGB, prosigue con sus rutinas diarias. Y así debe continuar. Buscan la oportunidad para pillar infraganti al sujeto.

Los Niños se han convertido, sin pretenderlo, en objetivo de las dos principales agencias de inteligencia del mundo: la CIA y el KGB. Los norteamericanos necesitan desesperadamente información sobre los programas armamentísticos de la URSS. El KGB, por su parte, destina todos los recursos disponibles para evitar que esa información llegue a manos de su gran rival y enemigo. Unos y otros utilizan a los Niños para sus propios intereses y estos solo sufren las consecuencias.

Fueron víctimas de la Guerra Civil española y víctimas también de la Segunda Guerra Mundial. Ahora añaden un nuevo capítulo a sus vidas. Viven atrapados en medio de un peligroso fuego cruzado. Se acaban de convertir en víctimas de la Guerra Fría.

12

El retorno de la División Azul

José María Bañuelos es uno de los cuatro Niños que viaja a bordo del buque *Semíramis*. El resto del pasaje lo conforman 227 voluntarios de la División Azul, 21 voluntarios de las Unidades Alemanas S.S., 19 marinos mercantes y 15 pilotos de la República. Todos ellos tienen un denominador común: haber cumplido condena en los gulags soviéticos y ser los primeros españoles repatriados de la URSS.

En el puerto de Barcelona, miles de personas esperan impacientes y exaltadas a que sus seres queridos bajen del barco. Las sirenas de centenares de embarcaciones que han salido a su encuentro también les dan la bienvenida. El ruido es atronador. Los familiares vitorean los nombres de los repatriados; los aludidos comienzan a enjugarse las lágrimas.

La impaciencia puede más que la lentitud de las maniobras de atraque y algunos de los familiares trepan por los cabos de amarre para llegar a la cubierta del barco. Los primeros abrazos tienen lugar justo ahí. Hermanos, hijos y padres se ven las caras tras más de una década de separación. Los que continúan en el muelle agitan ilusionados sus pañuelos blancos. Todos quieren abrazar a los suyos.

A las 17.35 del viernes 2 de abril de 1954 el buque liberiano con nombre de diosa siria atraca en el muelle de Barcelona. La tripulación, toda ella de origen griego, acomoda una escalera de madera. Los primeros en subir son los representantes del gobierno franquista, que dan la bienvenida oficial a aquellos compatriotas que han arriesgado su vida para luchar contra el comunismo. Entre ellos se encuentra el actual ministro del Ejército, el teniente general Agustín Muñoz Grandes. Su presencia es especialmente emotiva entre los divisionarios. Entre 1941 y 1943 fue el comandante que lideró a los voluntarios españoles en el campo de batalla.

Esta tarde 286 familias recuperan a sus hijos perdidos. Solo unos días antes el Ministerio del Ejército ha hecho pública la lista de repatriados de la URSS. De algunos de ellos no se había vuelto a saber nada desde que marcharon al frente hace casi trece años. El NO-DO da cuenta de ello: «Muchos de los que regresan habían sido dados por muertos o desaparecidos y por eso su retorno tiene algunos casos los caracteres de resurrección».

Los medios de comunicación no se pierden detalle de uno de los acontecimientos más relevantes del año. En el muelle decenas de periodistas, muchos de ellos extranjeros, captan el momento. Algunos corresponsales de *La Vanguardia*, *Ya* o *ABC* incluso se han incorporado al viaje en el puerto de Estambul y han realizado el último tramo a bordo del *Semíramis*. A esa expedición se ha añadido un pequeño grupo de policías que tiene la orden de averiguar la ideología de los repatriados. El régimen franquista no quiere sorpresas que torpedeen la celebración de la llegada de sus héroes.

Pero esa tarde todo es pura fiesta. Las autoridades franquistas han recomendado a las empresas de Barcelona que dejen salir a sus empleados para recibir a los repatriados. La ciudad entera se rinde al espectáculo: la maquinaria propagandística y patriótica del régimen funciona a pleno rendimiento. Este retorno de supuestos rojos arrepentidos y divisionarios es un triunfo que el franquismo no puede desaprovechar.

Desde la publicación del listado de los repatriados, Radio Nacional de España transmite una y otra vez el nombre de los afortunados. José María Bañuelos no está en ese listado. Su lugar en la lista lo ocupa el Niño José Raedo Hidalgo.

Junio de 1941. El general Franco se niega a entrar en la Segunda Guerra Mundial, al menos de forma oficial. A pesar de su posición de no injerencia en la contienda, da luz verde a la creación de un centro de reclutamiento para aquellos españoles voluntarios que quieran formar parte de la lucha contra la URSS y frenar así la expansión del comunismo. El envío de una división de soldados supone para Franco saldar la deuda con Hitler por su ayuda durante la Guerra Civil española, pero el Führer observa a este grupo con cierta preocupación. No está dispuesto a asumir la incorporación a su ejército de un batallón inexperto y exige que la división esté formada por soldados experimentados. El acuerdo definitivo se cierra después de que España incorpore a oficiales profesionales del ejército al mando del batallón de voluntarios.

El general Agustín Muñoz Grandes asume el mando del nuevo batallón. Sus éxitos en el campo de batalla llegarán a oídos del Führer, que lo considerará como un posible relevo en la jefatura del régimen de Franco. Poco tiempo después recibirá la Cruz de Caballero de la Cruz de Hierro por sus méritos militares, una de las mayores condecoraciones de la Alemania nazi.

En 1941, la respuesta de la sociedad española al reclamo de voluntarios es inmediata. La iniciativa tiene una gran acogida entre los partidarios franquistas, que ven la oportunidad de vengarse del país que instigó y favoreció los sucesos que, a sus ojos, llevaron a España a la Guerra Civil. Unos cincuenta mil voluntarios forman parte de la división de infantería integrada en el Heer, el cuerpo terrestre del ejército de la Alemania nazi. Entre 1941 y 1945 participan en durísimas batallas. Principalmente luchan en dos frentes: el de Nóvgorod y el de Leningrado. Durante ese tiempo, casi cinco mil de esos voluntarios mueren en el campo de batalla, más de diez mil resultan heridos o mutilados y trescientos setenta y dos son capturados por el Ejército Rojo durante el combate. El gulag soviético engulle a estos presos durante más de una década.

Sin embargo, no todos los voluntarios españoles han llegado a la URSS para luchar contra el comunismo. Algunos se enrolan en la división con el único propósito de huir de España, desertar en el frente y pasarse al Ejército Rojo. Otros simplemente acaban abandonando la formación *in extremis* al no poder soportar las duras condiciones a las que se ven sometidos o porque tienen serios problemas con sus mandos superiores.

Los desertores de la División Azul tampoco lo tienen fácil. Aunque se han aliado con el Ejército Rojo, al finalizar la Segunda Guerra Mundial muchos de ellos empiezan a solicitar regresar a España. Sin embargo, el gobierno soviético considera su petición como una traición a la patria y los juzga según las leyes penales de la URSS. Sea como fuere, al finalizar la contienda todos aquellos voluntarios de la División Azul, fuera cual fuese su objetivo inicial, se reencuentran de nuevo en los gulags.

Un camino parecido recorre el grupo de marinos mercantes de Odesa y el de los estudiantes para piloto enviados por la República a la escuela de aviación Kirovabad. El fin de la Guerra Civil los sorprende a miles de kilómetros de su hogar y muchos solicitan el permiso de regreso a España. No son antisoviéticos, sino que su motivación nace del deseo de regresar junto a sus familias, que empiezan a emigrar a países como Francia, México o Argentina huyendo de las represalias del franquismo. A ese deseo se suma un creciente rechazo a las realidades soviéticas, que distan mucho de lo que ellos se habían imaginado. Ese interés se convierte, a ojos del Partido Comunista de España y del gobierno soviético, en un dardo envenenado y por ello cierran la posibilidad de concederles la repatriación. A partir de ese momento, todo aquel que solicite el permiso de salida puede ser considerado traidor a la patria o antisoviético. Lo que quiere decir que cualquiera puede ser arrestado y enviado a campos de trabajos forzados, como finalmente sucede. Muchos terminan cumpliendo condena en los gulags como presos políticos. Y allí confraternizan con los voluntarios de la División Azul que cumplen condena en el sistema penitenciario soviético. Todos, unos y otros, se repiten a diario las mismas preguntas: ¿Hay alguien que luche por sacarlos de ese infierno? ¿Está haciendo España todo lo posible por devolverlos a su patria?

Tras la Segunda Guerra Mundial, la imagen de España queda seriamente dañada ante los ojos de la comunidad internacional. Sobre todo genera desconfianza. Es el único país de Europa Occidental, junto con Portugal, que sigue bajo las garras de un régimen fascista. Pero tampoco se puede desdeñar su importancia geoestratégica ni sus posibles alianzas comerciales. En julio de 1945, durante la conferencia de Potsdam, los principales líderes políticos mundiales dejan patente sus diferencias sobre cómo actuar con una España sometida a la dictadura franquista. Si bien Iósif Stalin considera que entraña un grave peligro para las naciones unidas amantes de la libertad, el líder norteamericano Harry Truman alerta de la posibilidad de una nueva guerra civil española en el caso de propiciar el derrocamiento de Franco. Por su parte, el primer ministro británico, Winston Churchill, centra su interés en las relaciones comerciales que sigue manteniendo con España: «Nos proporciona naranjas, vino y otros productos a cambio de nuestras propias mercancías. Yo no querría que este comercio saliera perjudicado».

Solo un año después, en diciembre de 1946, la Organización de las Naciones Unidas (ONU) firma una resolución relativa a España en la que describe el gobierno de Franco como un régimen fascista que no solo ha recibido ayuda de la Alemania nazi o de la Italia de Mussolini durante la Guerra Civil española, sino que además ha colaborado con el Eje durante la Segunda Guerra Mundial: «Durante la larga lucha de las Naciones Unidas contra Hitler y Mussolini, Franco, a pesar de las continuas protestas aliadas, dio una ayuda muy sustancial a las potencias enemigas. Por ejemplo, de 1941 a 1945 la División de Infantería Azul, los Voluntarios de la Legión Española del Escuadrón Aéreo de Salvador lucharon contra la Rusia soviética en el frente oriental». Por este motivo la ONU condena al gobierno de Franco y decide que, mientras perdure el régimen, España no será admitida en el seno de la organización. La resolución va más allá y recomienda a todos los Estados miembros que «retiren inmediatamente de Madrid a sus Embajadores y Ministros Plenipotenciarios acreditados allí».

España está aislada internacionalmente.

A finales de los años cuarenta, el mundo se ha dividido en dos formas de ver y entender el mundo: el capitalista, capitaneado por Estados Unidos, y el comunista, liderado por la Unión Soviética. El Telón de Acero acaba de caer sobre Europa. Los países europeos miran con recelo a Stalin. La posibilidad de que el comunismo triunfe y se instale en la Europa democrática pone en jaque a la mayor parte de los Estados. Tras la derrota del nazismo, el Partido Comunista en Francia o Grecia se ha hecho fuerte. La Europa del Este está dominada por la Unión Soviética, pero no ocurre así en el flanco sur. El régimen franquista se ha encargado de soterrar cualquier movimiento comunista en España. Por eso, los principales líderes mundiales tienen un grave dilema que resolver: derrocar o no a Franco. Si lo eliminan del poder, el Partido Comunista podría tener vía libre para formar un nuevo gobierno. Y ese es un riesgo que no están dispuestos a correr.

Estados Unidos analiza la situación y, el 5 de noviembre de 1947, la Agencia Central de Inteligencia (CIA) elabora un informe catalogado como «top secret» en el que centra su atención en la importancia geoestratégica de España a la hora de combatir el comunismo y, de paso, los intereses comerciales de EE.UU.: «La importancia de España para Estados Unidos se ve subrayada por su posición estratégica que flanquea Francia,

Italia y Reino Unido del salvavidas mediterráneo, así como las rutas estadounidenses al petróleo del Mediterráneo oriental». EE.UU. es consciente de la situación política de España, asume que no va a cambiar en un futuro inmediato y está dispuesto a tender una mano al país oponiéndose a una acción internacional drástica. Considera «que esa acción conduciría finalmente a una nueva lucha civil y, por lo tanto, dificultaría conseguir nuestro objetivo en España».

No es la única reflexión que hace Estados Unidos. Si eliminan a Franco de la ecuación, ¿qué gobierno se formará al día siguiente? ¿Y quién lo hará? La posibilidad de un régimen comunista en España aterroriza a las democracias occidentales.

Franco, en máxima alerta ante el rechazo de la comunidad internacional y motivado por la posible colaboración militar y económica que EE.UU. pueda ofrecer a España, está dispuesto a sacar el máximo rendimiento a la situación.

La década de los cincuenta es crucial para la apertura española al mundo. Y su aliado para conseguirlo es Estados Unidos. Sin embargo, el 13 de febrero de 1950 un diario sueco publica que España ha comenzado a vender mercurio a la Unión Soviética. La CIA analiza la información en un memorando secreto que hace saltar todas las alarmas en el Departamento de Estado norteamericano: «Las compras tienen por objeto contrarrestar la pérdida de Yugoslavia como fuente de mercurio para la URSS. Recientemente se organizó un gran cargamento a través de un intermediario suizo. El mercurio que se compra es muy necesitado por la Unión Soviética para sus industrias de guerra. Franco está negociando actualmente con otros países de la órbita soviética para el intercambio de artículos importantes». El análisis de la CIA concluye que Franco está utilizando estas transacciones como una palanca de presión diplomática contra Estados Unidos.

La realidad es que las relaciones entre España y la URSS se rompen tras la victoria de Franco en 1939. Sin embargo, desde finales de los años cuarenta se detectan contactos entre agentes comerciales españoles y soviéticos, interesados en intercambiar materias primas esenciales. La España franquista necesita obtener cereal y trigo para la población como consecuencia de las carencias durante la posguerra. Por su parte, la URSS busca minerales estratégicos de defensa, principalmente mercurio y wolframio. Como las relaciones bilaterales son inexistentes, ambos países recurren a un tercero, en este caso Suecia. Los acuerdos se cierran a través de compensaciones: las divisas no son convertibles y en su lugar se acuerda la cantidad en tonelada métrica de trigo y wolframio, o su equivalente en frascos de mercurio. El canje se realiza en territorio sueco. Las negociaciones comerciales se llevan a cabo durante casi una década y no solo entre España y la URSS, sino también en otros territorios de la órbita comunista como Checoslovaquia.

Las relaciones comerciales entre España y la URSS disgustan a Estados Unidos, que fuerza la máquina para intentar consumar un pacto que permita la colaboración de Franco para hacer frente al bloque comunista. En mayo de 1950 las fuerzas armadas de Estados Unidos reclaman a la Casa Blanca un acuerdo con España:

> El Estado Mayor Conjunto recomienda que, con respecto a España, EE.UU. presione para la aceptación por parte del

Reino Unido y Francia de los objetivos de la política de EE.UU. También recomienda vehementemente que el Departamento de Estado lleve a cabo acciones sin demora para asegurar a EE.UU. y a sus aliados accesibilidad militar y cooperación militar con España, bien bilateralmente o bien a través de la aceptación por parte de esa nación como firmante del tratado del Atlántico Norte o del tratado de la Unión Occidental.

Para Estados Unidos, en este momento de la Alta Guerra Fría, el anticomunismo de otros países es más importante que sus propias orientaciones políticas o ideológicas y alienta a Reino Unido y a Francia a buscar la fórmula para caminar en la misma dirección:

> Esperamos que los gobiernos británico y francés busquen también resistirse a las presiones locales en sus formas extremas, ya que sería difícil para el público norteamericano entender esta negligencia aparente del potencial de defensa disponible para la protección común. Sin duda se crearía un sentimiento de que Francia y el Reino Unido estarían anteponiendo factores que, de forma correcta o incorrecta, se piensa que son secundarios para la autodefensa.

El colofón al largo noviazgo de conveniencia entre Estados Unidos y España llega el 26 de septiembre de 1953 con la firma de los Pactos de Madrid, tras varios meses de tensas negociaciones cuyo principal escollo había sido la exigencia financiera del gobierno español. Finalmente, España se compromete a ceder parte de su territorio para instalar cuatro bases militares norteamericanas. A cambio, el régimen de Franco recibirá un total de setenta y cinco millones de dólares en ayuda económica y otros cincuenta millones en ayuda militar.

Franco acaba de asegurarse su futuro como caudillo.

Los Pactos de Madrid suponen el mayor espaldarazo de la primera potencia mundial occidental al régimen franquista. Ahora menos que nunca, los norteamericanos permitirán una desestabilización española. Con este acuerdo Estados Unidos y España no solo estrechan sus relaciones militares. La colaboración también alcanza la inteligencia y el intercambio de información.

El regreso de los voluntarios de la División Azul es una de las prioridades del régimen franquista, pero la ausencia total de relaciones entre España y la URSS hace imposible un acercamiento entre ambos países. A pesar de las dificultades, Franco intenta realizar algunas gestiones a través de la mediación de terceros países considerados neutrales como es el caso de Suiza o Egipto, o incluso de organizaciones no gubernamentales como la Cruz Roja Internacional.

La irrupción de la Guerra Fría y la inflexible política exterior soviética aleja cualquier solución cercana en el tiempo. El régimen franquista poco puede hacer. Sin embargo, la muerte de Stalin en 1953 y el proceso de desestalinización posterior abren una puerta a la esperanza. El nuevo liderazgo del régimen soviético asumido por Nikita Jrushchov declara ese mismo año una amnistía para la mayor parte de los prisioneros. Esa decisión abre las puertas de los gulags para los cientos de españoles que aún permanecen en sus campos: divisionarios, pilotos, marinos, políticos en el exilio y también los Niños.

En el campo de trabajo de Rýbinsk el responsable reúne a todos los presos españoles. Ese día a José María no solo le dicen que es un hombre libre, sino que también tiene la posibilidad de regresar a España. Lo inesperado de la situación desborda todas las emociones y no se lo piensa dos veces. Después de todo lo que ha pasado... ¡como para quedarse en la Unión Soviética! Empieza la cuenta atrás para reencontrarse con sus padres.

La suerte y la desgracia llevan a José María Bañuelos a embarcar en el *Semíramis* el 26 de marzo de 1954. La desgracia de cumplir condena en un gulag le acaba de abrir de forma inesperada la puerta a su regreso.

El 2 de abril de 1954 José María Bañuelos busca desesperadamente a su padre en medio de una marabunta de gente desatada en el muelle de Barcelona. Busca a un hombre alto, delgado y con bigote de los años treinta. Imposible, no lo encuentra. En ningún momento se le pasa por la cabeza que nadie haya ido a recibirlo. Pregunta a las enfermeras de la Cruz Roja, que lo invitan a quedarse en el hospital de campaña mientras ellas intentan localizar a sus familiares.

Cuando José María ve a su padre queda impactado. No es como lo recordaba. En su cabeza aún guarda la imagen infantil de la última vez que lo vio. Nada que ver con la persona que tiene delante. Ni es alto ni tiene bigote. Es simplemente como él. Los años han pasado para los dos. Padre e hijo se funden en un gran abrazo.

José María es uno de los cuatro Niños que han conseguido regresar en el *Semíramis*. Pascual Alonso, Jesús Peral y Antonio Tamayo conforman el resto del equipo. Todos han pasado sus últimos meses de cautiverio en el campo de trabajo de Rýbinsk, una pequeña ciudad al norte de Moscú. En ese gulag también han conocido a muchos de los divisionarios, con quienes mantienen una gran amistad. Al igual que Pedro Cepeda, el instinto de supervivencia supera cualquier ideología o diferencia política.

José María también coincide con Teodoro Palacios, el capitán de los voluntarios de la División Azul. Este cayó prisionero durante el cruento combate de Krasny Bor el 10 de febrero de 1943 que dejó nueve mil muertos en el campo de batalla. Tras quedar cautivo por el Ejército Rojo ha acabado cumpliendo condena en innumerables gulags soviéticos durante once años. Su paso por los campos no ha sido fácil: se ha llegado a enfrentar a tres juicios por altercados con las autoridades carcelarias y ha sido condenado a muerte en dos ocasiones.

El capitán Palacios también regresa a casa en el *Semíramis*.

No es el único capitán que conoce Bañuelos. El capitán Oroquieta también ha pasado por su gulag y a José María le cae especialmente bien. Gerardo Oroquieta resultó herido durante la batalla de Krasny Bor cuando dirigía la Tercera Compañía del 250.ª de Reserva. Pero no tuvo tiempo de llegar al hospital de campaña. El Ejército Rojo lo interceptó y capturó antes. Es probable que ese sea el motivo por el que en España se le ha dado oficialmente por muerto. Incluso se publicó una esquela en su memoria: «El camarada Gerardo Oroquieta Arbiol, capitán voluntario de la División Azul, caído en tierras de Rusia, por Dios y por España». Pero el capitán Oroquieta, ajeno a los rumores, sobrevivió a las heridas y pasó once años internado en el sistema penitenciario soviético.

Los primeros días de José María Bañuelos en España son, como poco, extraños. Se siente feliz de regresar a su casa, con los suyos. Pero su familia no es la misma que él dejó diecisiete años atrás. Se entiende mejor con su madre, considera que tiene una mentalidad más abierta, más revolucionaria. Es la única que muestra interés por conocerlo mejor, la que siente que ya no hay tiempo suficiente en el mundo para recuperar los años perdidos. Con su padre es distinto. La distancia entre uno y otro es difícil de manejar. Y en el silencio de las sobremesas todos recuerdan a sus dos hermanos, que todavía permanecen en la URSS.

Al salir de casa se topa con una sociedad que nada tiene que ver con lo que ha vivido hasta ahora. Aunque carente de libertades individuales y colectivas, no deja de sorprenderle el poco control que ejercen las autoridades en el día a día de sus vecinos. En el pueblo se reencuentra con sus amigos de la infancia y no tarda en volver a formar parte de la cuadrilla. Un golpe de suerte. José María Bañuelos vuelve a sentirse como en casa.

Su futuro laboral también parece estar solucionado. Aunque España no le quiere reconocer su título de perito industrial conseguido en la URSS, el régimen franquista ha ofrecido a la mayor parte de los repatriados un empleo. José María trabaja en el Instituto Nacional de Previsión, la primera empresa estatal encargada de la Seguridad Social y de la asistencia sanitaria en España. Enseguida coge buena reputación. Sus años en el engranaje soviético lo han convertido en un empleado muy eficaz.

Pocos días después del desembarco de la División Azul en España, la CIA informa a la embajada estadounidense en Madrid de la conveniencia de iniciar un interrogatorio de los repatriados. Su objetivo es recabar información estratégica sobre la Unión Soviética:

> Hemos informado a la Embajada en Madrid de nuestro deseo de entrevistar a exprisioneros de guerra seleccionados de la División Azul Española para obtener información de primera mano sobre las condiciones en la URSS. Estamos preparados para enviar a España expertos en asuntos soviéticos que realizarían las entrevistas y compartirían con las autoridades españolas los resultados de los interrogatorios.

La predecesora de la CIA, la Oficina de Servicios Estratégicos (OSS) había abandonado España a mediados de los años cuarenta, durante el aislamiento al que somete la comunidad internacional al régimen franquista. A lo largo de esa década no solo se cerraron muchas embajadas. La mayor parte del personal de los servicios de inteligencia occidentales también abandonó el país. Sin embargo, los Pactos de Madrid vuelven a poner a España en la agenda de la Agencia Central de Inteligencia norteamericana, con el objetivo de mantener la seguridad que requiere el despliegue militar estadounidense en el país, pues consideran que sus homólogos españoles no están suficientemente preparados para ello. Por eso, uno de los trabajos de la CIA será reforzar y profesionalizar los deficitarios servicios de espionaje y contraespionaje españoles.

Un año después, el regreso de los voluntarios de la División Azul tiene un efecto inmediato en los objetivos fijados por la CIA en España. A la seguridad de las bases norteamericanas se le añade una misión prioritaria para Estados Unidos: obtener información estratégica de la URSS. No están dispuestos a desperdiciar la oportunidad de interrogar a casi trescientos españoles que llevan más de una década viviendo en el país soviético. Cualquier información puede ser crucial para la inteligencia de EE.UU.

Por este motivo, en abril de 1954 arriban a España varios especialistas de inteligencia y contrainteligencia relacionada con la Unión Soviética. Llegan procedentes de Alemania Occidental, donde se encuentra el mayor centro de recolección de información orientada a la URSS. Serán ellos quienes efectúen, conjuntamente con la policía española, los primeros interrogatorios a los repatriados.

Un sargento de la Guardia Civil de Ortuella se presenta en casa de José María Bañuelos y, tras comprobar su identidad, le lanza una pregunta que lo pilla desprevenido:

—¿Sabe que usted es un prófugo?

—¿Y qué quiere decir eso?

—Que es un desertor.

—¡Cómo cojones voy a ser desertor si acabo de venir de la URSS!

—Y a mí que me cuenta. Preséntese mañana en el cuartel de la Guardia Civil.

José María está mosqueado. ¡Prófugo!, dicen. Lo que hay que oír.

Al día siguiente se presenta en el cuartel. El sargento no está, pero uno de los guardias le da un sobre: dentro hay un billete para viajar a Burgos. Su próxima parada es la Comandancia de la Sexta Región Militar. Por lo menos, piensa, no tengo que pagar el tren. Tampoco la habitación del hostal donde duerme durante más de una semana.

Cuando José María se presenta por fin en la comandancia, su sorpresa es mayúscula. Nada de prófugos ni desertores. La policía secreta ha montado una sala de interrogatorios al más puro estilo norteamericano. Lo primero que hacen es ofrecerle un paquete de cigarrillos.

—¿Quiere tomar algo?

—Bueno, un vino.

Entre descanso y descanso José María responde pacientemente a una gran cantidad de preguntas.

—¿Dónde ha trabajado usted?

—En Sarátov, en Krasnogorsk y en la fábrica número 30. Después ya me detuvieron.

—¿Se acuerda del nombre de los directores de esas fábricas?

—¡Y qué coño sé yo cómo se llamaban los directores!

A estas preguntas les siguen muchas otras: qué productos se fabricaban, cuál era su función, cómo se llamaban sus compañeros, dónde vivía...

Por mucho que José María le da vueltas a las respuestas tiene bastante claro que estas no le interesan en absoluto a la policía secreta española. Aquí hay algo más. Sospecha que pueden vender esta información a Estados Unidos: tiene sentido. ¿Quién puede haber más interesado que los norteamericanos en conseguir información sobre la URSS?

Pero sus interrogadores son españoles.

En realidad, es el gobierno de Franco quien acaba asumiendo el control de los interrogatorios. A pesar de la petición norteamericana de llevar personalmente el timón del proyecto, España se mantiene firme en su posición. Quien insiste es el ministro del Ejército español, Agustín Muñoz Grandes, el que fuera comandante de la División Azul durante la Segunda Guerra Mundial. Es Muñoz Grandes quien exige que el interrogatorio a los retornados de la División Azul se haga con mucho tacto y no tenga un carácter policíaco.

Los primeros interrogatorios tienen lugar a los tres días del desembarco de los repatriados de la División Azul. En una nota informativa de la Capitanía General de la Cuarta Región Militar fechada el 1 de mayo de 1954 se adjuntan veintitrés informes relativos a veintitrés interrogatorios ya consumados. Cada interrogatorio consta de tres cuestionarios específicos. El B responde a las preguntas del Alto Estado Mayor y se centra en los interrogatorios a los que los mismos divisionarios habían sido sometidos durante su tiempo de cautiverio en los gulags soviéticos. En este cuestionario se encuentra uno de los datos más relevantes para los servicios secretos españoles. El divisionario onubense Enrique González Rodríguez responde a las preguntas del agente especial.

—¿Se le pidió que trabajase para los soviets al volver a España?

—No.

—¿Y se le pidió que actuase como informador en el campo?

—A mí no. Pero sí sé que algún otro compañero se convirtió en informador. Los soviéticos cogían a los más débiles de carácter.

—¿Quiénes eran los informadores en los campos?

—Estaba Juan Iribarren, de Navarra. Lo sé porque testificó contra mí. Y también sé que estaba Ramón García. Creo que dijo que era de Villagarcía de Arousa. Y me parece que los soviéticos se lo cargaron.

Enrique González Rodríguez se alistó como voluntario en la División Azul en el año 1942: «Prestó servicios de campaña hasta caer prisionero no habiendo acciones de guerra hasta el ataque del 10 de febrero en que cayó en poder del enemigo». Durante once años cumplió condena en las cárceles soviéticas.

Victoriano Aixalà es otro de los divisionarios interrogados en la Cuarta Región Militar. En su caso, los servicios secretos soviéticos le ofrecieron convertirse en informador:

> En el campo de Karaganda el número 7099-15, un teniente de la M.B.D. le requirió para que hiciera de informador ofreciéndole mejora de comida, vestuario y que sería mejor visto y lo mandarían pronto a casa, para lo cual le darían un nombre supuesto. Negándose rotundamente a acceder a sus pretensiones, ante cuya negativo [sic] le dijo dicho Teniente que no dijera nada de que había sido requerido para informador.

Victoriano también delata a supuestos informadores.

La información recabada durante los interrogatorios es enviada de forma sistemática al Alto Estado Mayor. En su parte superior queda impreso en rojo el membrete de «Secreto». Durante años la información duerme bajo llave.

La CIA también recibe los informes de los servicios secretos españoles, que analiza minuciosamente. Cualquier dato puede ser una pista que lleve a entender las realidades soviéticas, pero sobre todo a descubrir los grandes secretos militares de la URSS. Son una posible fuente de información que ellos no tienen. La URSS ha blindado sus fronteras y EE.UU. apenas sabe nada de lo que ocurre. Los voluntarios de la División Azul pueden ser su primera fuente fidedigna sobre la ubicación de las grandes fábricas de misiles de la URSS. Si bien es verdad que la mayor parte del tiempo han permanecido cautivos, lo cierto es que han colaborado en la construcción de grandes instalaciones estatales. Además, los constantes traslados entre los campos del gulag les han dado la oportunidad de conocer mejor el terreno.

Un informe secreto de la CIA del 24 de abril de 1954 saca a la luz cierta información que, de otra forma, hubiera sido prácticamente imposible de obtener. Se trata de un listado de fábricas calificadas como estratégicas y de su posible localización. El informe hace alusión a un interrogado cuyo nombre no aparece, pero se trata de uno de los repatriados españoles que había cumplido condena en la URSS. Ese interrogado destaca una importante fábrica química en Karaganda. En ese mismo lugar, relata, también se encuentra una de las minas de carbón más importantes de la URSS. En el cuestionario también se identifican y localizan diversos sistemas de defensa antiaérea, bases navales y submarinas, así como los últimos modelos de material armamentístico que ha llegado a ver. Por último, el interrogado opina sobre el modo de vida soviético. Habla de «una población desmoralizada y fatalista sin ilusión por su futuro y con miedo a las posibles represalias de las autoridades». Explica que los trabajadores no pueden sobrevivir con su salario y que por eso aprovechan cada momento en el que pueden para robar en el trabajo. Y añade que la mayor parte de los soviéticos desean fervientemente la guerra, «no como modo de destrucción, sino como forma de liberación».

A pesar de toda la información aportada por los repatriados del *Semíramis*, la CIA no queda satisfecha con los interrogatorios. Su largo cautiverio, al fin y al cabo, les ha impedido conocer la realidad de los últimos años, quizá los más cruciales para Estados Unidos.

Este desengaño provocará serias dudas solo dos años después, cuando la CIA deba decidir qué hacer con la nueva remesa de repatriados llegados de la URSS. No tendrán muchas alternativas. La escalada de tensión entre EE.UU. y la Unión Soviética durante la Guerra Fría será determinante.

El 4 de septiembre de 1954 la Segunda Sección del Estado Mayor Central del ejército recibe una nota del agregado militar en Washington en la que se analiza la capacidad productiva de misiles balísticos de largo alcance de la URSS: «La URSS se halla más adelantada que Estados Unidos en la tarea de investigación de proyectiles dirigidos, lo que puede permitirle lograr proyectiles intercontinentales con cabeza de guerra de hidrógeno».

Es el pistoletazo de salida a una carrera armamentística por parte de las principales potencias mundiales. Estados Unidos y la URSS conseguirán llevar al extremo la tensión y el pánico de la población ante un posible ataque nuclear del enemigo.

A pesar de que la CIA no tiene manera de contrastar la información, la nota recoge diferentes rumores y noticias sobre los supuestos avances soviéticos: «Se cree que los rusos tienen un nuevo motor cohete de características extraordinarias, el M-103, que pesa poco más de unas 6.000 libras y produce una reacción igual a la potencia desarrollada en un cohete de dos etapas, compuesto por un V-2 perfeccionado, acoplado a otro mayor para el despegue».

El informe también reconoce que la producción soviética de bombarderos pesados «se halla dos años más adelantada de lo que había previsto el Servicio de Información Militar norteamericano. A causa de este inesperado éxito, las fuerzas aéreas rusas para la guerra atómica, reforzadas ahora con bombas de hidrógeno, pueden ser muy pronto tan importantes como las norteamericanas». En este caso, las fuerzas armadas se basan en la exhibición que la URSS había realizado solo unos meses antes, el 1 de mayo de 1954, en la que varios bombarderos sobrevolaron el cielo de Moscú. Su interés se centra en un nuevo tipo de bombardero, el jet cuatrimotor. «En el Pentágono calculan que la producción del citado avión es de unas treinta unidades al mes». O, lo que es lo mismo, que en un plazo de dos años, la URSS puede haber fabricado setecientos veinte bombarderos de este tipo. La cuerda se tensa entre los bloques que lideran la Guerra Fría.

En esa misma nota también aparece la localización de dos importantes centros de investigación y producción de proyectiles dirigidos. Uno de ellos está en Sverdlovsk, en los Urales. El otro se encuentra en Jimki, una pequeña ciudad en las proximidades de Moscú.

Cecilio Aguirre trabaja en la fábrica 456 de Jimki. No está solo. Otros españoles altamente cualificados también trabajan ahí.

13

Los Niños, epicentro de la Guerra Fría

Otoño de 1957. En San Mamés, el Athletic Club de Bilbao se enfrenta a la Real Sociedad. En la puerta del estadio cuelga el cartel de completo. Un derbi nunca defrauda. Cuarenta y dos mil aficionados jalean a sus jugadores y abuchean a los adversarios. Quedan pocos minutos para el final del partido. El empate a cero en el marcador descompone a los más entregados. Apenas hay nadie sentado, pues la última jugada los ha levantado a todos de sus asientos. A todos excepto a dos hombres que conversan ajenos a la tensión que se vive en el campo. Uno de ellos es Patrick Dyer, un joven bilbaíno de origen británico de ojos claros y gran sonrisa. Su acompañante es un Niño de la guerra y hace pocos meses que ha regresado de la URSS. Patrick desconoce el nombre del Niño y tampoco se lo ha preguntado. Es el pacto al que ha llegado con su enlace, Rufino Gil Zúñiga.

Rufino, un joven muy cercano a los Niños de la guerra, colabora con Patrick a cambio de una pequeña remuneración. Su trabajo consiste en convencer a sus compañeros para que se entrevisten con él. Algunos acceden, aunque mantienen sus reservas. A sus espaldas llevan demasiadas preguntas acumuladas. Desconfían de todo y de todos. Pero, sobre todo, evitan meterse en cualquier lío que complique aún más su situación en España.

Patrick Dyer lo sabe y no desaprovecha su única oportunidad para ganarse la confianza del Niño.

—¿Te gusta el fútbol?

—Sí, aunque me cansa que acapare todas las conversaciones.

—Te doy la razón.

—Es que parece que en España no exista nada más.

—Seguramente es la manera de no entrar en temas importantes. Aquí tampoco lo han pasado nada bien. Ya sabes...

—Me imagino.

—¿Has podido conseguir trabajo?

—Sí, desde hace una semana trabajo en un taller de coches. No es mucho, pero me da para pagar el alquiler.

—¿También eras mecánico en la URSS?

—Algo parecido.

—¿De qué era el taller?

—Allí trabajé en una fábrica de aviación.

—Pues seguro que te enterarías de muchas cosas...

—Si yo te contara...

—¿Te apetece una cerveza?

Poco a poco se gana su confianza. Quizá sea verdad lo que dicen de él, que tiene un gran don de gentes. Arthur Patrick Dyer nunca le dirá al Niño a qué se dedica realmente. Nunca le contará que es el responsable del MI6 en Bilbao. La información que este repatriado tiene en su poder podría ser de vital importancia para Reino Unido, el mayor aliado de Estados Unidos durante la Guerra Fría, también dispuesto a hacer frente a la amenaza soviética que sobrevuela Europa Occidental.

Los repatriados españoles se convierten en objetivo de una nueva agencia de espionaje. Todas quieren conocer los secretos armamentísticos que guarda la Unión Soviética. Todas buscan información que les permita elaborar su plan de acción frente al avance tecnológico y militar de la URSS. Y todas tienen a los Niños en su punto de mira. Una y otra vez, se les somete a interrogatorios donde los agentes de inteligencia escudriñan sus vidas, les preguntan sobre sus conocimientos y les presionan para revelar lo que quizá no sepan. El KGB también los sigue de cerca. Sus veinte años de vida en la Unión Soviética los coloca en el epicentro de la Guerra Fría.

El abuelo de Patrick había llegado a Bilbao a finales del siglo XIX para hacerse cargo de la explotación de hierro de las minas de Gallarta, en Baracaldo. El material que extraían lo enviaba a Inglaterra, donde su familia era dueña de una naviera al norte de Gales. Su abuelo no solo amasó una gran fortuna, sino que logró hacerse un hueco en la alta sociedad bilbaína. Trasladó su afición al deporte a su hijo William Llewellyn Dyer, que además de convertirse en uno de los socios fundadores del Athletic Club de Bilbao en 1898, saltó al campo como profesional en su primera alineación. Además de los Dyer, otras grandes familias procedentes de Reino Unido se instalaron progresivamente en la capital vasca. La colonia inglesa siempre fue muy bien aceptada por sus convecinos.

Patrick Dyer nace en Bilbao en 1916. La Guerra Civil española lo sorprende en Cambridge, mientras realiza sus estudios universitarios. Es en ese momento cuando su familia, huyendo de las bombas, se instala temporalmente en la costa vasco-francesa, en una pequeña localidad llamada San Juan de Luz. Al inicio de la Segunda Guerra Mundial, Patrick, embriagado por el patriotismo generalizado del momento, se ofrece como voluntario para luchar contra el nazismo. Sin embargo, su destino no está en el frente de la batalla, sino en la retaguardia. El Ministerio de la Guerra Económica lo traslada al consulado británico de Bilbao. Su primera misión consiste en controlar los buques que salen y entran del puerto de Santurce. No es fácil, pero consigue prácticamente todo de los navíos: las listas de pasajeros, el manifiesto de carga, el listado de la tripulación. Cualquier sospecha lleva a Dyer a remitir un informe al cónsul británico. Muchos de los barcos acaban detenidos en altamar.

Su entrega y el trabajo que desarrolla llegan a oídos del MI6, que lo recluta tras un breve curso de contraespionaje. En poco tiempo se convierte en el responsable del servicio secreto de inteligencia británico en Bilbao.

Los servicios secretos de Reino Unido, creados en 1909, son de los más respetados en el mundo. Entre sus principales objetivos se encuentran las operaciones de contraespionaje en el interior del país y la recolección de información sobre potenciales enemigos en el exterior. El servicio de seguridad o MI5 está al frente de la primera misión. El servicio secreto de inteligencia o MI6 es el responsable de las operaciones llevadas a cabo en el extranjero. Sus primeros éxitos llegaron durante la Primera Guerra Mundial a través de diversas operaciones clandestinas ejecutadas tras las líneas alemanas. Posteriormente, el auge del nazismo convirtió a Alemania y al Partido Nacionalsocialista de Hitler en su principal objetivo. Poco después estallaba la Segunda Guerra Mundial, escenario en el que las principales agencias de inteligencia tuvieron que pasar su prueba de fuego. La ocupación alemana de gran parte de Europa occidental alentó a muchos ingleses, guiados por su patriotismo, a alistarse al MI6. Sin embargo, tras la derrota del nazismo un nuevo enemigo emergió para Occidente: el comunismo. Patrick Dyer aterriza en el MI6 en uno de los momentos más importantes y trascendentales para la agencia británica y también para el mundo entero: la Guerra Fría.

En 1956 Dyer sigue con atención los pasos de los repatriados españoles que llegan en diferentes expediciones procedentes de la URSS. También está al tanto de la operación que la CIA está llevando a cabo en Madrid. El despliegue de los norteamericanos en suelo español despierta el interés de Dyer, que comunica a sus superiores la situación. Todos intuyen que los conocimientos de los Niños tal vez sean importantes para el desarrollo y el devenir de la Guerra Fría. En pocas semanas Dyer organiza su propia operación y lo hace en solitario, sin salas de interrogatorios ni preguntas ofensivas. Él se convierte en la máxima representación de la sutileza y la finura con la que los británicos actúan sobre el terreno. Un *modus operandi* que contrasta con la tosquedad de la que se suele acusar a sus homólogos norteamericanos y, sobre todo, muy distante de la rudeza y simplicidad de los españoles.

Los resultados de su propia investigación pronto generarán una tensión sin precedentes entre la CIA y el MI6.

Unas semanas más tarde Patrick Dyer espera sentado a una mesa de un restaurante de San Sebastián. El frío aprieta. Su invitado llega puntual a la cita.

—Hola, soy Dani. Me envía Rufino.

—Gracias por venir. —Patrick le tiende la carta del restaurante—. Le recomiendo la merluza. La he comido otras veces y está deliciosa.

—Gracias, no se moleste.

—No es molestia. Insisto.

La situación económica de la mayor parte de los repatriados es muy precaria. De eso se ha dado cuenta desde el primer momento. En estas circunstancias, ofrecer dinero a cambio de información es la mejor estrategia para obtener resultados.

—¿Dónde trabajó en la URSS?

—En Jimki.

—¿Le gustaba vivir allí?

—Por lo menos teníamos asegurada la vivienda. Ya es mucho más de lo que puedo decir aquí.

—¿Aún no ha encontrado trabajo?

—No, pero me han dicho que buscan conductores para los autobuses de Donosti.

—Eso está bien. ¿Y en Jimki qué hacía?

—Trabajé como empleado de limpieza en una fábrica.

—¿Y de qué era la fábrica?

—Una planta en la que construyen y prueban motores de electropropulsión para cohetes.

Patrick intenta no reflejar en el rostro el vuelco que acaba de darle el corazón.

—Así que cohetes, ¿eh? ¿Los vio alguna vez?

—Sí. Yo era uno de los pocos que tenía acceso a todos los talleres de la fábrica.

—¿Y eso?

Dani sonríe.

—Es uno de los privilegios de ser limpiador de retretes.
—Brindo por eso.
Patrick levanta su copa y Dani hace lo mismo.
—Y siempre llevé a rajatabla mi regla número uno: «Oír, ver y callar».
—Muy útil para la supervivencia.
—Allí había que ser cauto.
—Dani, ¿cree que sería capaz de dibujar alguno de esos motores?

Dani no solo dibuja detalles de los motores. También esboza la distribución de la planta y las máquinas que tienen en cada uno de los talleres. Su facilidad con el lápiz es impresionante. El nuevo confidente de Patrick Dyer ha resultado ser, contra todo pronóstico, una fuente inestimable de información.

«Dan Dan Lavatory Man»: ese es el nombre en clave que Patrick utilizará para referirse a Dani en los informes que reporte a sus superiores. Ante todo, tiene claro que debe proteger la identidad real de sus contactos.

Cecilio Aguirre conoce a Rufino en casa de unos amigos de Paquita, su mujer. En la Casa de Niños de Óbninskoye, en la URSS, conoció a Esther, con quien conserva una gran amistad desde entonces. Rufino es primo del marido de Esther y se gana la vida como profesor de inglés.

—Cecilio, tengo una propuesta delicada que hacerte.
Cecilio no dice nada. Apenas conoce a Rufino y la vida le ha enseñado a desconfiar.
—Tengo un amigo —continúa Rufino— que está intere-

sado en conocer la vida de todos los que habéis vivido en la URSS.

—¿Y quién es ese amigo?

—Se llama Patrick y...

—¡Seguro que trabaja para los ingleses!

—Es de origen inglés, sí, pero bilbaíno de nacimiento.

—¿No me traerá problemas?

—No, te lo aseguro. Es de confianza. Te doy mi palabra.

Unos días después, Cecilio acude a su extraño encuentro con Patrick Dyer. En realidad, lo que ha vivido desde su llegada a España le parece un auténtico despropósito. Aún se está sobreponiendo a la propuesta que la propia CIA le había hecho hace apenas unas semanas. Lo citaron en la comisaría de Bilbao, y Cecilio acudió pensando que le realizarían nuevas y tediosas preguntas, las mismas de siempre. Pero lo que se encontró allí lo dejó con la boca abierta. La CIA quería que colaborara con ellos. Por supuesto, su respuesta había sido clara y concisa: «No». De ninguna manera piensa trabajar para los norteamericanos. Ni para los soviéticos. Ni para nadie. Está harto de que todos quieran utilizar a los Niños en su beneficio. ¿Y qué ganan ellos? Sufrimiento y dolor. Eso es lo que ve a su alrededor.

Cecilio acude al lugar donde debe encontrarse con Patrick Dyer. Como siempre ha hecho, explicará lo que él quiera. Podría haber dicho que no, pero la curiosidad por averiguar qué saben los servicios secretos británicos ha ganado la batalla. Cuando llega al restaurante, Cecilio reconoce al británico por su estilo. Viste bien: elegante a la vez que clásico. Es más joven de lo que pensaba y su sonrisa enseguida le cautiva.

—¿Es usted Patrick Dyer?
—Yo mismo. Gracias por aceptar mi propuesta.

Ernesto Vega de la Iglesia recibe una llamada de un buen amigo que vive en Bilbao. Acaba de llegar a Madrid para visitar a unos familiares y le propone tomar unos vinos juntos. Ese amigo se llama Rufino. En cuanto se ven, se dedican a ponerse al día. A Ernesto no le va mal, aunque lo que lleva peor es el odio que ve en los ojos de sus vecinos. Sobre todo sufre por su mujer, que es soviética. Ella es la que lo está pasando peor. Sin hablar apenas el idioma y con la percepción que la España franquista tiene de los soviéticos, prefiere no salir apenas de casa, solo lo imprescindible. Aprieta a Ernesto para que vuelvan a la Unión Soviética. Por ella lo haría, pero no deja de pensar en todo el esfuerzo previo para regresar a España. «Intentémoslo unos meses más. Seguro que todo acabará poniéndose en su lugar», le dice.

Antes de despedirse Rufino le hace una pregunta:

—¿Te importaría contarle a un amigo mío algunas cosas sobre la URSS?

—¿Yo? ¿Y por qué tendría que hacerlo?

—Podría pagarte.

—No quiero dinero.

Ernesto, visiblemente molesto, se niega de manera rotunda a colaborar para nadie.

—Ningún dinero me hará hablar mal de la Unión Soviética.

—No se trata de eso, hombre. Nadie quiere que digas cosas malas de los soviéticos. Solo que cuentes lo que viviste y lo que hiciste en la fábrica.

—Ni hablar. Y se acabó.

Lo que sabe Ernesto podría valer oro para cualquier agencia de inteligencia. Sus diez años de trabajo en la fábrica número 45, en Moscú, lo convierten ahora en un bien muy preciado para todos. De camino a casa piensa en todo lo que podría contar, pero que no dice, lo que nunca saldrá de su boca. En esa fábrica se proyectaban los últimos modelos de motores a reacción. Lo sabe muy bien. Él mismo formó parte de la cadena de montaje. Él y otros setenta españoles. Conocía cada pieza que se utilizaba en el taller. Una vez construidos, llevaban los motores al banco de pruebas. Allí sobre todo recuerda el ruido. Era ensordecedor. El eco de los motores se oía por toda la capital. Si supieran los norteamericanos y los ingleses cómo habían conseguido minimizar aquel ruido endemoniado... se quedarían de piedra. Con pipas de girasol, uno de los mejores aislantes del mundo. A veces no hace falta tener la mejor tecnología para combatir al enemigo. El ingenio puede ser muy poderoso. Incluso sabía a ciencia cierta adónde se enviaban los motores que pasaban las pruebas. Pero toda esa información piensa quedársela para sí mismo. Se negó a colaborar para la CIA y ahora hace lo propio con el MI6. Ernesto, fiel a sus principios, llega al portal de su casa, donde su mujer lo espera. Ella no dice nada, pero en la cara revela el sufrimiento que acumula a sus espaldas.

Patrick Dyer conduce su propio vehículo. Se dirige a Asturias, donde tiene una cita con otro Niño de la guerra. Esta vez no viaja junto con su mujer, como suele ser habitual, sino con Dolores, su hija adolescente. Dolores Dyer conoce una de las dos vidas de su padre. Sabe que trabaja para el consulado británico en Bilbao y que tiene muchísimas amistades. Sin embargo, a sus quince años, empieza a atar algunos cabos sueltos.

—¿Por qué vamos a Asturias?

—Voy a entrevistar a unos jóvenes que han regresado de la URSS.

—¿Y por qué te interesan?

—Estos jóvenes se fueron de España siendo unos niños y hace pocos meses que han regresado. Ahora ya son adultos y algunos de ellos han trabajado en lugares muy interesantes.

—¿No son peligrosos, verdad, *daddy*?

—En absoluto. Más bien al contrario. Lo que sí tienen es mucho miedo a hablar.

Para cuando regresan al País Vasco, un equipo de especialistas químicos está listo para la acción. Durante diez días trabajan a destajo encerrados en la casa de veraneo que la familia Dyer posee a las afueras de la capital vasca. Dolores empieza a habituarse a los secretos que esconden esas paredes. Por algo en su familia la llaman cariñosamente «Radar», pues siempre está alerta a cualquier movimiento extraño. Y en esa casa los hay, y muchos. Se pasa horas pensando en los dobles sentidos de algunas de las frases que se intercambian sus padres. ¿Mensajes cifrados? Su imaginación viaja como el rayo: ¿y si su padre fuera un espía? Aún no se lo ha dicho a nadie, pero ojalá algún día ella pueda convertirse en uno de verdad.

Lo que analiza minuciosamente el equipo de expertos es un cuchillo que el Niño asturiano ha entregado a su padre. Ella apenas prestó atención, pero sí recuerda la seguridad con la que el hombre afirmó que habían escondido ese cuchillo entre el equipaje durante el viaje de regreso a España. El material era el mismo con el que se construían los cohetes. De confirmarse esto, Dyer estaría en posesión de información crucial para su país.

En Bilbao, Rufino visita a Patrick una o dos veces por semana; son íntimos amigos. Le va proporcionando nuevos nombres de repatriados; los que han tenido alguna clase de responsabilidad en sus empresas son los más reacios a colaborar. Pero Rufino insiste. Durante dos años Patrick Dyer continúa entrevistando a decenas de Niños de la guerra. A los más receptivos los somete a una prueba de olores. Gracias a su equipo de expertos químicos, posee diferentes frascos con aceites de motores y combustibles. La confirmación de que esos productos se están utilizando en el desarrollo de misiles puede ser una prueba definitiva para corroborar los avances técnicos soviéticos en materia armamentística.

Cuando el informe de Patrick Dyer llega a Londres, sus superiores toman una decisión: compartir la información con Washington. Unos días después, los responsables de la CIA en España se ponen en contacto con Dyer, cuya presencia requieren de forma urgente en Madrid. El enfado de los norteamericanos es mayúsculo, pues entienden la operación del MI6 como una intromisión en su trabajo. Las relaciones entre ambos servicios secretos quedan seriamente dañadas. El resultado es que los británicos se negarán en el futuro a ofrecer nueva información proporcionada por su agente en Bilbao. Patrick Dyer, a pesar de la furia norteamericana, decide continuar con su particular y genuino camino para llegar a los Niños y sonsacarles información.

Mientras el mundo se divide en dos bloques enfrentados por la Guerra Fría, España se esfuerza por obtener el reconocimiento internacional. Arrinconado por las principales potencias mundiales, Franco ha sabido sacar provecho de la situación geoestratégica de España en este nuevo juego de equilibrios, lo que le ha valido un gran pacto con Estados Unidos. España ha cedido su territorio para que instale allí bases militares. A cambio, ha recibido el apoyo del gigante norteamericano. Un pacto que ha beneficiado a ambos a pesar de sus grandes diferencias. La lucha contra el avance del comunismo se ha convertido en un frente común que supera cualquier desavenencia entre ambos países.

Project Niños nace gracias a esta colaboración en la que ambas agencias de inteligencia aúnan esfuerzos para averiguar los secretos armamentísticos que esconde la URSS. Durante cuatro años Madrid pasa a ser el mayor centro de documentación sobre la Unión Soviética y el comunismo del mundo. Nunca antes se ha procesado tanta información proporcionada por personas que hayan vivido durante tanto tiempo en la URSS. Hasta la calle Goya han acudido, y siguen haciéndolo, centenares de repatriados, algunos incluso en dos o tres ocasiones. Todo lo recopilado en el centro se convierte en una de las principales fuentes para la inteligencia norteamericana, que analiza y elabora sus propias hipótesis sobre el número de bombarderos, misiles intercontinentales y sistemas de lanzamiento que podrían poseer los soviéticos.

Sin embargo, queda mucho camino por recorrer. Estados Unidos necesita nuevas pruebas. Más precisas. Más recientes.

Que confirmen con todo detalle dónde están esas fábricas armamentísticas, qué tipo de motores utilizan y, sobre todo, qué capacidad tienen para desarrollar sus programas de misiles en los próximos años. Su gran objetivo no es otro que analizar la amenaza real de la URSS sobre territorio norteamericano. ¿Puede llegar realmente un misil intercontinental soviético a Estados Unidos?

Sin duda los U-2, que continúan sobrevolando la URSS, han proporcionado pruebas sobre algunas instalaciones estratégicas soviéticas. Pero necesitan más exactitud. Y celeridad. Por eso, el presidente Eisenhower, presionado por la sociedad, los medios de comunicación y la oposición en el Congreso, decide dar luz verde a un nuevo proyecto tecnológico todavía más ambicioso y sofisticado que el anterior: el Proyecto Corona.

Todo indica que sí, que la URSS podría atacar directamente a los norteamericanos. La alarma cunde entre la población, que exige acciones inmediatas a su presidente.

14

1956. «Rumbo a nuestros sueños»

El 31 de diciembre de 1954 Rosa Ortiz cena con sus amigos españoles.

—¡Por el próximo año en España!

Cada Nochevieja, el mismo brindis. Cada año, el mismo deseo. Desde que ha conseguido que la trasladen a Riga, Rosa trabaja en una de las mayores fábricas de porcelana de la URSS, donde es la encargada de la decoración pictórica de todas las piezas que salen de allí. Tras varios años aislada, por fin ha reanudado el contacto con los españoles que viven en la región de Moscú.

En la capital los Niños suelen reunirse en el club Asoaviajin, el centro neurálgico de toda la comunidad española. Allí recuperan, aunque sea por unas horas, sus costumbres. Organizan bailes y teatros, y el PCE programa asambleas y reuniones para todo el que quiera asistir. Gracias al club, los Niños mantienen el contacto. Las Casas donde crecieron ya han quedado en el recuerdo. Ahora, cada uno ha seguido por un camino diferente y viven en lugares distintos, según el destino que les ordena el gobierno.

El país entero lucha por sobreponerse a la dura economía

de posguerra a la que se han visto sometidos a lo largo de los últimos años. Los cuarenta millones de muertos soviéticos que ha causado la Segunda Guerra Mundial y la destrucción del territorio han dejado una sociedad sumida en la más absoluta pobreza. A pesar del triunfo de la Gran Guerra Patria, los productos de primera necesidad escasean y la población pasa hambre. Pero el gobierno soviético parece tener una meta que dista mucho de las necesidades más elementales de sus ciudadanos: la lucha por el dominio global contra Estados Unidos supone destinar gran parte de su economía al ambicioso programa nuclear con el que hacer frente a un hipotético ataque por parte de los norteamericanos. Varios Niños españoles, altamente cualificados, trabajan en algunas de esas fábricas estratégicas. La Guerra Fría ha comenzado y el mundo entero se enfrenta a la mayor amenaza de destrucción global de toda su historia.

Cecilio Aguirre trabaja en la fábrica 456 de Jimki, uno de los emplazamientos estratégicos más importantes de la URSS durante la Guerra Fría. En sus instalaciones se encuentra la principal oficina de diseño de motores de cohetes de la Unión Soviética. Pero Cecilio no forma parte del engranaje de los motores. Su misión es construir pucheros, cacerolas y bañeras infantiles. Trabaja en el sector público. Es la otra cara de la moneda, la que se dedica a paliar las necesidades de la población.

En una fábrica como la de Jimki los accesos están totalmente restringidos y solo unos pocos pueden entrar en la sección donde se encuentran los prototipos de ese tipo de motores. Pero, contra todo pronóstico, Cecilio tiene acceso a toda la fábrica. Lo ha conseguido porque el ingeniero jefe encargado de la fabricación de cohetes es un auténtico apasionado de los coches.

Un día lo manda llamar y le dice:

—Camarada Aguirre, me han hablado muy bien de usted. Creo que tiene experiencia en mecánica y automoción.

—Sí, he trabajado en varias fábricas de aviación y algo he aprendido.

—Ya. —El ingeniero jefe desvía la mirada, pensativo, como si dudara en seguir o no. Finalmente se decide—: Tengo un jeep con la parte trasera descubierta y en el patio han dejado la carrocería de un Opel. ¿Cree que podría acondicionar el Opel al jeep?

Cecilio se queda boquiabierto.

—No sé decirle. Tendría que mirarlo.

—Pues hágalo, hombre. ¿A qué espera?

Cecilio toma las medidas de los dos automóviles y enseguida le da una respuesta:

—Creo que sí que podría.

—Bien. Tome, le hará falta.

Lo que le da es el pase para acceder a todos los talleres de la fábrica, incluidos los de la fabricación de motores. Cecilio tiene información, pero también sabe que eso implica una mayor responsabilidad y riesgo. El secreto de la fábrica está a salvo con él.

Tras varios días peleándose con los entresijos de la automoción, Cecilio termina el encargo. Como agradecimiento, ese mes recibe una paga doble. Su trabajo continúa en el taller de pucheros, pero en su bolsillo permanece el pase que da acceso a toda la instalación.

Jesusa López y Manuel Gascón, Niños de la guerra, viven en los barracones de Jimki. Se conocieron un par de años antes en Tiflis mientras trabajaban en una fábrica. Después consiguieron que los destinaran a Moscú, donde contrajeron matrimonio. Poco después los llevaron a trabajar a la fábrica 456.

Los barracones en los que viven están ubicados dentro de las instalaciones. Son largos y estrechos y, a lado y lado del pasillo, se encuentran las habitaciones. Cada una pertenece a una familia, o incluso a varias. Todos los que están allí son españoles. Jesusa y Manuel han sido muy afortunados: les ha tocado una habitación individual. Para ellos y para Begoña, su hija recién nacida.

Jesusa ha estudiado una carrera universitaria. Es delineante. Y ocupa un puesto en la fábrica donde se construyen motores para cohetes. Su marido es fontanero. En casa nunca hablan de lo que ocurre en las instalaciones. El compromiso de confidencialidad se mantiene incluso en el hogar.

Cada verano la fábrica concede unos días de permiso para que sus trabajadores puedan disfrutar de unas vacaciones en los balnearios del sur, a orillas del mar Negro. Todo está organizado y pagado por el Estado. Jesusa y Manuel también van, pero nunca lo hacen juntos: las mujeres viajan con las mujeres, los hombres con los hombres. De esta manera, alguno de ellos siempre se queda con Begoña. En las barracas.

Desde ellas Begoña ve pasar muchas veces enormes camiones cargados con piezas gigantes protegidas bajo una gran lona. Siente curiosidad por saber lo que son. Es el gran misterio alrededor de la fábrica 456 de Jimki.

Ernesto Vega vive en Moscú y trabaja en la fábrica número 45 de Moscú, donde se construyen motores para la aviación soviética. Ernesto, que nunca quiso estudiar, ya ha pasado por varias secciones de la fábrica. Ha sido mecánico de motor, fresador y tornero. Ahora trabaja con los últimos modelos. Desde hace poco tiempo se centra en los motores de reacción y comprueba su eficacia en los bancos de pruebas. Es un lugar increíble, pero el ruido es insoportable. De hecho, es tan fuerte que se oye por toda la ciudad. Las autoridades están preocupadas, pero no tanto por el bienestar auditivo de los vecinos, sino porque esto acabe despertando el interés de su gran rival mundial, Estados Unidos, que busca desesperadamente cualquier pista que le pueda aportar información sobre el desarrollo del programa balístico de la URSS.

Ernesto es uno de los setenta españoles que trabajan en la fábrica número 45 y lo sabe absolutamente todo acerca de ella. Conoce con detalle hasta el último rincón. De hecho, es consciente de que su fábrica forma parte de un gran engranaje a nivel estatal que les permite construir los mejores aviones del mundo. Está orgulloso de su trabajo.

Ernesto, Cecilio, Jesusa o Manuel no son los únicos Niños que trabajan en este tipo de fábricas. Algunos de ellos podrían estar trabajando en Naukogrados, las ciudades secretas creadas alrededor de centros de investigación científica y que están repartidas a lo largo de todo el territorio soviético. El acceso a ellas está totalmente restringido. La policía controla las salidas y las entradas, incluso también las de los ciudadanos soviéticos. La información que manejan es muy sensible. Apenas se sabe nada de lo que ocurre en el interior de estas ciudades ni tampoco hay rastro oficial del personal que trabaja en él.

Cecilio Aguirre lleva días dándole vueltas a un asunto. Va camino de Jimki, donde vive su novia Francisca. Hace seis años que salen juntos. Desde la Segunda Guerra Mundial han intentado no alejarse demasiado el uno del otro. Pero ahora Cecilio trabaja en la fábrica del Proletario, en Moscú, y solo pueden verse los fines de semana. Es sábado y Cecilio llega a la estación de tren de Jimki.

—Paqui, así no podemos seguir.
—¿Y qué quieres hacer?
—¡Casémonos!
—¿Cómo?
—Que sí, mujer. Así no nos tendremos que separar nunca más.

Dicho y hecho. Ese mismo día Francisca Amaya y Cecilio Aguirre firman los papeles en el juzgado. Una semana después se convierten oficialmente en marido y mujer.

En la fábrica del Proletario, Cecilio, siempre despierto, logra hacerse con el cargo de maestro superior. O lo que es lo mismo, consigue el sueldo más alto de la fábrica. Francisca y él tienen dos hijos, Maite y Juan. Su vida en la URSS les empieza a sonreír, pero sigue echando de menos a la familia. Sabe que no será plenamente feliz hasta el día en que consiga reunirse con los suyos en España. Cecilio quiere volver.

Los primeros intentos de repatriación empiezan en el año 1939, hasta la invasión del territorio soviético por las tropas del Tercer Reich. En ese momento tanto pilotos como marinos republicanos han emprendido una serie de gestiones exponiendo su deseo de salir de la Unión Soviética y regresar a España o bien exiliarse a Francia o a México.

Sin embargo, las circunstancias europeas de ese momento complican el proceso. La firma del pacto Ribbentrop-Mólotov, el tratado de no agresión firmado por la Alemania nazi y la URSS, unido al estallido de la Segunda Guerra Mundial y la posterior ocupación de buena parte del territorio europeo por las tropas alemanas, dificulta a las autoridades soviéticas la posibilidad de conseguir los permisos de acogida o los visados de entrada en Francia o México. A pesar de las dificultades, pilotos y marinos continúan con su propósito y acuden también a distintas embajadas extranjeras en Moscú, incluida la alemana.

Gracias a estas gestiones, tres pilotos pueden salir de la Unión Soviética a finales del año 1940, cuando las autoridades soviéticas los entregan a las alemanas en el puente de Brest-Litovsk. No son los únicos. Varios marinos también consiguen su repatriación, en este caso por mediación de las autoridades diplomáticas de Turquía. Dos expediciones llegan a España en agosto de 1939. Posteriormente y de forma individual, arriban algunos más a lo largo del año 1941.

La invasión de la Unión Soviética por parte de las tropas alemanas paraliza cualquier nueva petición de salida.

Con la victoria de los Aliados en la Segunda Guerra Mundial el deseo de repatriación de la colonia española renace. A pesar de las penurias, del hambre y del frío, la alegría por la victoria y el rechazo internacional al gobierno franquista propicia el deseo de reencontrarse con sus familias. Entre 1945 y 1947 son muchos los españoles, Niños y pilotos, marinos y políticos exiliados, que visitan las embajadas extranjeras en Moscú.

Cecilio Aguirre y su hermano Juan están dispuestos a todo para regresar a España. Acuden a la diplomacia francesa. Tienen muy claro lo primero que les van a preguntar:

—¿Por qué quieren salir de la URSS?

—Llegamos hace diez años aquí, cuando éramos unos niños. Como puede entender, nuestro mayor deseo es reencontrarnos con nuestros padres.

—¿Tienen el permiso de salida de las autoridades soviéticas?

—Todavía no.

—Cuando lo tengan, vengan y gestionamos el visado de entrada en Francia.

Varias semanas después los hermanos Aguirre tienen en sus manos el permiso de salida de la URSS y también el visado de entrada al país galo. Es todo lo que necesitan. Solo les queda subir a un avión rumbo a París, igual que el que acaba de coger su amigo y compañero José. Sin embargo, el intento de huida en el interior de unos baúles de Pedro Cepeda y José Tuñón enfurece a las autoridades soviéticas y trunca los planes de regreso de los hermanos. La respuesta del gobierno soviético, con el beneplácito del Partido Comunista de España, es contundente. Ningún español tiene ya permiso para cruzar la frontera de la URSS.

Una vez más, el deseo de Cecilio no ha podido cumplirse. Tendrá que esperar diez años más para que la repatriación se convierta en realidad. Sin embargo, Juan no tendrá esa oportunidad. En 1952 morirá víctima de una infección hepática sin cumplir el sueño de volver a reunirse con su familia.

El día en que Cecilio se entera de la repatriación de los presos de la División Azul entra en cólera.

—Pero ¡qué diablos estamos haciendo aquí! ¿Cómo puede ser que nosotros sigamos aquí y nadie reaccione?

Está indignado y dispuesto a hacérselo saber al Partido Comunista de la Unión Soviética. Escribe una carta de la que informa al resto de los españoles que trabajan con él en la fábrica del Proletario.

—Cuantas más firmas haya, más fuerza tendremos.

De las seis familias españolas que viven allí solo una persona, Antonio Fernández, se ofrece a firmar. El miedo a posibles represalias sigue presente entre los Niños. A pesar de la muerte de Stalin y de la relajación de las políticas internas de la URSS, nadie sabe hasta dónde es capaz de llegar el Partido. Cecilio percibe el pánico en sus caras. Pese al ofrecimiento de Antonio, decide seguir él solo con la carta. Si hay consecuencias, al menos que tan solo sea uno el que cargue con ellas.

Durante semanas la fábrica del Proletario recibe visitas de cortesía de varios miembros del Partido Comunista de España. Preguntan por su situación, por sus familias y por sus ideas. Tantean el terreno. Cecilio sospecha que muy probablemente la carta ya haya llegado a manos del PCE.

La prueba definitiva de su presentimiento llega el día en que Dolores Ibárruri cumple sesenta años. Cada año, la líder comunista celebra por todo lo alto su cumpleaños. Cecilio había oído que era así, pero nunca había sido invitado a una celebración. Hasta ese día.

El 9 de diciembre de 1954, Dolores Ibárruri agasaja a sus invitados con un crucero por el Moscova. En la embarcación también está otro de los líderes del Partido, Fernando Claudín. Es la primera vez que Cecilio ve a Dolores, pero no hablan. El día transcurre tranquilo, sin sorpresas ni preguntas. Nada especial. Cecilio regresa a su casa. No sabe muy bien qué pensar de lo que acaba de vivir.

La respuesta la encuentra unos meses después, en 1955, cuando recibe una nueva invitación de Pasionaria. Esta vez le pide que asista a una reunión que celebra en su propia casa en Moscú. El día del encuentro se sienta a una mesa junto con otros cinco Niños de la guerra. Dolores lo hace a su derecha.

La casa está llena de souvenirs españoles. En las estanterías conviven muñecas de bailaoras, castañuelas, objetos de artesanía, abanicos y figuras de toros. Es la huella de todos aquellos españoles que han visitado a la líder del Partido Comunista de España.

Cada español invitado explica los grandes logros conseguidos en sus respectivas fábricas. Cecilio es el último en hablar.

—Y qué sé yo de avances y de logros. Yo no sé qué decir de eso.

Dolores asiente con una sonrisa.

—¿Tienes familia?

—Sí, estoy casado con Paquita, otra Niña de la guerra. Y tenemos dos hijos.

En la despedida Cecilio saca de su cartera una fotografía de Maite, su hija mayor, y se la da a Pasionaria.

Unos días después llega un paquete a su casa, con el que

Dolores Ibárruri aprovecha para agradecerle su visita. En él también hay un regalo para Maite: una chaqueta de color verde. De la repatriación, ni una palabra.

Los pasos que realizan de forma individual españoles como Cecilio se convierten con los meses en una demanda cada vez más multitudinaria. Poco a poco los exiliados empiezan a perder el miedo a reivindicar el derecho a volver a su país. José Antonio Ortueta es otro Niño de la guerra que vivió en la Casa número 3 de Planernaya, la misma en la que estuvo Ángel Belza.

En septiembre de 1955 Ortueta trabaja en la fábrica número 30 de Moscú, donde se encuentra precisamente José Tuñón, el piloto que intentó huir en el interior de un baúl con Pedro Cepeda. Hace solo unos meses ha obtenido la amnistía para salir del infierno de uno de los gulags más duros de la URSS, en el Ártico. Desde entonces vive en Moscú.

Ese mismo mes de septiembre Ortueta, harto de las negativas recibidas por parte de la directiva del PCE, escribe una carta al presidente del Consejo de Ministros, Nikolái Bulganin donde solicita la vuelta a España de los españoles residentes en la URSS. En esta ocasión otros setenta españoles que viven en Moscú, y a pesar de los posibles riesgos que pueden correr, se atreven a suscribir la misiva. Según relata el Ministerio de Gobernación en un informe relativo a la repatriación de los españoles fechado en febrero de 1957, la carta tiene «un efecto inmediato» en el Partido Comunista de España, que monta un dispositivo represivo y punitivo hacia los firmantes «amenazando con dejarlos sin trabajo, perseguirlos y encarcelarlos.

Estas maniobras fueron iniciadas expulsando del "club" de la fábrica a los firmantes de la carta a Bulganin y comunicándoles más tarde que, si persistían en su propósito de marchar a España, serían despedidos del trabajo y sufrirían otras coacciones». Estas persecuciones no hacen sino provocar el efecto contrario e impulsan un movimiento de protestas sin precedentes en la URSS y que tiene como objetivo defender a los españoles de las represalias.

A pesar de las manifestaciones, los resultados no llegan.

Ante la ausencia de noticias por parte del gobierno soviético, otros españoles envían nuevas cartas. Quieren romper el silencio de las autoridades. Esta vez los españoles dan un paso más y deciden manifestarse ante la Cruz Roja soviética para que haga de intermediaria en la situación. Pero la entidad los manda a la embajada francesa, donde les dicen que se encuentran los documentos de los españoles que pueden ser repatriados. Sin dudarlo, se acercan al consulado galo y ahí les comunican que solo les constan veintiún pasaportes de españoles. Es decir, que solo veintiuna personas tienen autorización para salir de la URSS. La noticia enfurece a los manifestantes, que acuden en masa a la sede del Partido Comunista de España.

Aumenta la presión en la Unión Soviética y en el Partido Comunista de España. Las críticas son cada vez más continuas. La determinación para impedir la salida de los Niños empieza a perder fuerza.

En las oficinas del PCE los españoles exigen explicaciones y su rabia provoca situaciones de violencia en los pasillos. La tensión vivida ese día abre los ojos al Partido, que cambia radicalmente su postura para «congraciarse con la causa prometiendo su colaboración ante las autoridades soviéticas».

A lo largo del año 1955 el Ministerio de Asuntos Exteriores de España recibe información confidencial a través de comerciantes y corresponsales españoles en el extranjero sobre las demandas de los Niños que exigen su regreso. El gobierno de Franco, que hasta la fecha ha mostrado poco interés en el retorno, empieza a ver en la repatriación una oportunidad propagandística de primer orden. Aquellos Niños de la República que huyeron de los sublevados durante la Guerra Civil desean ahora volver. Y si pasa eso es porque prefieren regresar a un régimen franquista antes que quedarse en el país que los acogió y los educó en la doctrina comunista.

Por otro lado, en el contexto internacional, España acaba de ingresar en las Naciones Unidas gracias a la mediación de Estados Unidos y una maniobra de estas características puede relajar las posturas de los países más críticos con el franquismo. Una lógica que también cuadra con la Unión Soviética. Permitir el regreso de los Niños a su país de origen puede considerarse como la prueba definitiva de que el país se encuentra en un proceso de apertura.

Pero no todo son beneficios. Ambos países también son conscientes de los riesgos que conlleva la repatriación. Por parte del régimen franquista su angustia reside en la posibilidad de que algunos repatriados lleguen a España convertidos en espías soviéticos. El temor de la URSS es otro: la fuga de información valiosa y sensible para el país que pueda llegar a caer en manos de la potencia enemiga, Estados Unidos.

Ambos países tienen mucho que ganar y mucho que perder. España y la URSS definen sus planes de actuación. España dedicará todos sus esfuerzos a detectar posibles infiltrados del Partido Comunista o del KGB. La URSS hará lo propio para evitar, sea como sea, que sus secretos armamentísticos lleguen a oídos de su archienemigo.

En la URSS los españoles presionan a las autoridades soviéticas. Una de las máximas preocupaciones es la lentitud de las gestiones. Llevan esperando demasiado tiempo. La Cruz Roja soviética se hace cargo de la tramitación de las solicitudes.

Cuando en abril de 1956 Cecilio Aguirre recibe una carta de la Cruz Roja soviética, intuye que se trata de buenas noticias. Requieren su presencia inmediata en la sede de Moscú. Las manos le tiemblan mientras le tiende el papel de citación al funcionario de la entrada. Este le echa un vistazo.

—¿Usted es Cecilio Aguirre Iturbe?

—Sí, señor.

El funcionario suspira, abre un cajón, saca un papel y se lo da.

—Tiene que rellenar esta solicitud.

Es el formulario para solicitar la repatriación a España.

Ahora ya no es solo la mano de Cecilio la que tiembla. Le tiembla el cuerpo entero; la emoción y los nervios lo atenazan, le cuesta mantenerse en pie. Cumplimenta el formulario en unos pocos segundos, como si pensara que en cualquier momento las autoridades se lo pudieran repensar. Acaba de depositar toda su esperanza de futuro en esa solicitud.

En la fábrica reúne con carácter de urgencia a todos los españoles y les insta a que también se presenten en la sede de la Cruz Roja. Cecilio no quiere perder ni un solo minuto y también acude a la fábrica donde trabajan otros españoles conocidos.

Rosa Ortiz llega un día más a la fábrica de porcelana de Riga. Su responsable le comunica que tiene una llamada y a Rosa le da un vuelco el corazón. Este tipo de imprevistos no ocurre cada día. Sube corriendo al despacho. La voz alterada de una amiga española le llega desde el otro extremo del hilo telefónico.
—¡Rosa, Rosa!
—¿Por qué chillas? ¿Qué pasa?
—No te lo vas a creer... ¡Que nos dejan volver a España!
—¿Cómo?
—Que sí, que volvemos. ¡Por fin volvemos!
Nada más colgar, Rosa corre al despacho del director.
—¡Vamos a volver!
Rosa es la única española que trabaja en la fábrica. Es una Niña de la guerra y allí todos conocen su historia y su deseo de volver junto a su familia. Se alegran por ella. El director también y este no duda en facilitarle la documentación que necesita enviar a la Cruz Roja soviética.

La información de que los Niños ya pueden regresar a España corre como la pólvora. En Moscú realizan varias reuniones informativas en el club de españoles para detallar los requisitos, cómo cumplimentar la solicitud y la documentación laboral que deben presentar. En pocos días la noticia se extiende por todo el territorio de la Unión Soviética. Desde Riga hasta Kírov, desde Dnepropetrovsk hasta Járkov. Por teléfono o por carta, en verano de 1956 la información llega a toda la colonia de españoles residentes en la URSS.

En pocas semanas la Cruz Roja soviética se pone en contacto con todos los solicitantes. Entre las condiciones necesarias para la repatriación, la entidad les exige que presenten una carta de reclamación firmada por sus familias desde España. Un auténtico desafío para muchos de ellos, que llevan casi dos décadas sin noticias de sus allegados. Además, los españoles deben presentar varios informes que documenten su vida personal y laboral en la URSS. En última instancia es el gobierno soviético quien decide, solicitud a solicitud, quién se va y quién se queda.

Una vez el gobierno da luz verde a la salida de cada uno de los solicitantes, de nuevo la Cruz Roja se pone en contacto con ellos para finalizar los trámites de salida.

—¿Y cuándo salimos para España?

—Aún no hay una fecha definitiva, pero estén preparados.

—¿Y qué nos podemos llevar?

—Una maleta con ropa y algo de dinero.

—¿Nada más?

—Nada más.

—¿Y qué hacemos con todas nuestras cosas?

A pesar de no contar con una fecha exacta de regreso, la mayor parte de los españoles empiezan a vender sus pertenencias. La casa de Cecilio Aguirre es un goteo de amigos y conocidos que miran con detalle los muebles y los objetos de su casa. Necesitan deshacerse de todo lo que poseen y lo venden a buen precio. Quieren estar preparados para cuando llegue el gran día.

Vicenta hace las maletas, aunque no sabe muy bien qué ropa será más necesaria en España. Su vecina, exiliada española, le echa una mano.

—¿Qué ropa le llevo a mi hijo?
—Piensa que no hace ni mucho menos el frío de aquí. Estas Válenki no te harán falta en España.
—¿Y qué regalos crees que puedo llevarle a mi madre?
—Prueba con unas mantelerías. Eso es práctico. En el mercado hay una parada con mercancía china que sale bien de precio.

Vicenta compra varias mantelerías bordadas en la parada de los chinos del mercado de Dedovsk. Para su madre, para sus tías y para ella. También le harán falta cuando se instale en el nuevo hogar. Para su cuñado compra una cámara de fotos. A pesar de las restricciones de las autoridades, está dispuesta a llevarse el tocadiscos que sus amigos le acaban de regalar con motivo de su despedida de la URSS.

Cada vez está más ilusionada y espera impaciente que la Cruz Roja le comunique el día de salida.

Nadie quiere regresar con las manos vacías a España.

A principios de septiembre por fin la Cruz Roja soviética da por finalizada la lista con los españoles aptos para ser repatriados. Se organizan varias expediciones que saldrán de forma escalonada a lo largo de los próximos meses. El viaje se realizará en barco y zarpará desde el puerto de Odesa rumbo a España. La fecha de la primera salida es inminente: el 22 de septiembre de 1956. Los españoles de esa primera expedición reciben la noticia: entre ellos se encuentran Cecilio Aguirre y Secundina Blanco.

La cuenta atrás ha empezado. Las autoridades soviéticas se apresuran a organizar la salida. El régimen franquista hace lo propio para preparar el retorno.

El KGB acelera sus actividades para blindar los intereses estratégicos de la URSS. La CIA organiza un plan, dispuesta a perforar como sea la impenetrable coraza soviética.

La repatriación de los españoles se ha convertido en el gran acontecimiento del año. Con cada expedición, un nuevo motivo de celebración. El 18 de septiembre Radio Pirenaica, la emisora impulsada por Dolores Ibárruri en 1941, difunde un reportaje sobre los preparativos. «Se han celebrado en fábricas, empresas y otros lugares de trabajo numerosos actos de confraternización de las muchachas y muchachos españoles y de sus camaradas moscovitas en Moscú.» La fábrica metalúrgica Hoz y Martillo, la de automóviles de Moscú, la textil de Kúntsevo y otras tantas se suman a la despedida. Los españoles son agasajados con multitud de regalos como cámaras fotográficas y también disfrutan de sus últimos conciertos, donde los bailes y los cantos de ambos países se suceden sin descanso. Son días de gran emoción.

El 20 de septiembre, el día del cumpleaños de Paquita, Cecilio y su familia suben al tren camino hacia Odesa. En el andén de la estación no cabe un alfiler. Españoles y soviéticos de las fábricas se despiden de los repatriados.

Radio Pirenaica emite la noticia para sus oyentes en España: «A las 7.30 de Moscú a Odesa ha salido un tren especial con los primeros 557 jóvenes españoles que regresan a España. En la estación moscovita de Kiev». La radio también se convierte en transmisora de una primicia: el vicepresidente de la Cruz Roja y la Media Luna de la URSS asegura que habrá dos expediciones más. Los gastos del viaje, la organización y la manutención irán a cuenta del gobierno de la URSS.

El recorrido en tren se alarga un día y medio. Radio Pirenaica se vuelca con el adiós a los repatriados:

> En los techos de los vagones del tren en que han llegado desde Moscú son miles y miles los trabajadores de Odesa que vienen a dar el adiós a los jóvenes españoles, muchos de los cuales precisamente llegaron hace veinte años a este mismo puerto siendo niños y que hoy regresan con su profesión adquirida, siendo hombres de vanguardia, médicos, arquitectos, abogados, ingenieros, con todo lo que han adquirido en la URSS.

Desde el vagón Cecilio ve por primera vez el *Crimea*, el barco que los llevará a su país. Está amarrado, en calma, a la espera del embarque.

Tras la revisión, los españoles forman una larga fila que se extiende a lo largo de todo el puerto. Radio Pirenaica describe el momento tan deseado por todos:

> Empiezan a subir por la escalera del barco. La motonave *Crimea* es un barco blanco, moderno, que conducirá a los jóvenes españoles hasta Valencia. Una lluvia de flores cae en este momento sobre la multitud. Las arrojan los jóvenes españoles que se van para España como un recuerdo amoroso de los años que han pasado en el entrañable pueblo soviético. Son los últimos momentos de la despedida.

Ese mismo día la embajada de EE.UU. en Madrid envía un comunicado a Washington en el que se hace eco del programa que Radio Pirenaica ha emitido desde Odesa: «En su programa *Jóvenes españoles en la Unión Soviética* acaban de despedir a los primeros repatriados españoles». El informe destaca las palabras de representantes de la Cruz Roja soviética enfatizando la amistad entre la URSS y España, así como entre los jóvenes españoles y sus amigos soviéticos. En la despedida también hay representantes de los sindicatos de la Unión Soviética, que enfatizan los esfuerzos hechos para la educación de los Niños llegados veinte años antes y les desean una vida feliz en su nuevo futuro en España.

La CIA sigue muy de cerca los acontecimientos.

En la entrada del barco las autoridades recogen los documentos de los repatriados. «Ahora solo somos ciudadanos del mundo», escribe Cecilio en su diario. Los nervios están a flor de piel y uno de los españoles, Jesús Crespo, parece haber perdido la cabeza. Cecilio deja constancia de ello en sus memorias:

> Mientras estamos embarcando, vemos como alguien que ya estaba embarcado, desciende colgado por el cabo de amarre y que a los pocos instantes vuelve de nuevo al barco. Este resultó ser Jesús Crespo al que yo conocía desde la casa infantil. Su estado de salud mental por lo visto aconsejó, a pesar de todo, ingresarlo en una clínica de Odesa. Por de pronto no forma parte de esta primera expedición.

Poco después de medianoche los primeros 532 españoles repatriados se encuentran a bordo del *Crimea*. A pesar del cansancio y la emoción, ninguno se atreve a abandonar la cubierta:

«Nadie duerme, como si todos esperásemos oír el pitido de salida que tanto esperábamos».

Bien entrada la madrugada, el *Crimea* enciende motores. Cecilio plasma sus primeras impresiones a bordo:

> Día 22 a las 6 h, 15' de la madrugada del mes de septiembre de 1956 se pone en marcha el barco rumbo a nuestros sueños. Es comprensible que a esas horas no haya ni un alma en el puerto, salvo tres hombres rusos de cuyas esposas españolas se separan por no tener ellos el permiso para salir del país, y un corresponsal de la radio que retransmite cómo «miles de ciudadanos odesitas nos despiden».

Este viaje será el inicio de una historia inesperada. Para algunos España se convertirá en una trampa de la que será difícil salir. Verán también cómo la sociedad española, sometida al adoctrinamiento franquista, los marginará sin piedad. A muchos les tocará además sobrevivir a la decepción más grande de su vida: recibir el desprecio y el rechazo de sus propias familias. A la mayoría se los someterá a innumerables interrogatorios, incluidos los de la CIA, que tratará por todos los medios de obtener la máxima información posible.

Esta historia comienza solo cinco días después. Cuando Cecilio Aguirre y otros 532 españoles avistan tierras españolas.

La vida en España no será tal como la habían soñado tantas y tantas veces. Sin embargo, ese viernes 28 de septiembre de 1956 será, sin duda, un día inolvidable para todos ellos.

15

Pánico nuclear

La cadena norteamericana Universal Newreels difunde la noticia del lanzamiento del *Sputnik* al espacio:

> Hoy hay una luna nueva en el cielo: una lanza de metal de 23 pulgadas colocada en órbita por un cohete ruso. Aquí, una concepción artística de cómo se logró la hazaña. Un cohete de tres etapas; número uno, el refuerzo en la clase de un misil intercontinental, su peso estimado en 50 toneladas. La segunda etapa más pequeña se realizó a 5.000 millas por hora y continuó hasta el punto más alto alcanzado. Quinientas millas arriba, la luna artificial se eleva a una velocidad que contrarresta el tirón de la gravedad y se libera.

«Bip-bip, bip-bip.» La voz del presentador enmudece para que los espectadores puedan prestar mayor atención al sonido que emite el *Sputnik* desde el espacio. Bip-bip. Una señal metódica, rítmica y aguda. Un eco que estremece a la sociedad estadounidense y al mundo entero:

> Estás escuchando las señales reales transmitidas por el satélite de ciclo terrestre. Una de las grandes hazañas científicas de la época.

El 7 de octubre de 1957 los noticiarios y las portadas de todos los diarios del mundo abren con la noticia del lanzamiento del *Sputnik*. Los medios de comunicación norteamericanos no dudan en cargar contra un gobierno que consideran que no ha estado a la altura de las circunstancias.

El presagio de un gran terremoto a punto de sacudir los cimientos de Norteamérica se asoma con los primeros titulares de la prensa. «Luna Roja sobre Estados Unidos», titula la revista *Time*, que, seducida por el éxito del *Sputnik*, matiza que «una nueva era en la historia ha comenzado, abriendo un nuevo capítulo brillante en la conquista por la humanidad del entorno natural y un nuevo capítulo sombrío en la guerra fría». Su artículo también aborda de lleno el gran error cometido por Eisenhower: «EE.UU. ha perdido su ventaja porque, al estirar al máximo sus recursos, la nación ha ahorrado demasiado en la investigación y desarrollo militares». Cabeceras, como el *Herald Tribune*, ponen el dedo en la llaga: «Estados Unidos ve en el satélite una victoria rusa», mientras que algunos periódicos como el *Huntsville Times* se rinden ante la evidencia: «El mundo descubre una nueva Rusia».

La sociedad norteamericana se siente humillada. El *Sputnik* parece la prueba definitiva de que la Unión Soviética cuenta con suficiente potencial para competir y vencer a Estados Unidos. Acaban de demostrar que su tecnología es muy superior a la que imaginaban. Los norteamericanos, acostumbrados a vivir en la seguridad más absoluta, empiezan a darse cuenta de que, de repente, se han vuelto vulnerables a ese tipo de ataque.

La prensa, altavoz del desánimo colectivo, arremete contra el gobierno liderado por Eisenhower, al que acusan de pasividad y de falta de previsión con unas consecuencias desastrosas.

Los intentos frustrados del propio presidente a la hora de procurar restar importancia al acontecimiento enervan aún más a la oposición, que exige un cambio radical en la postura del gobierno. «¿Los rusos nos podrán atrapar pronto?», se pregunta el *Huntsville Times*. El *Washington Post* va más allá: «*Sputnik*, ¿un espía en el cielo?». En su editorial, el mismo diario alienta a EE.UU. a embarcarse en la conquista del espacio.

El lanzamiento del *Sputnik* supone el inicio de una nueva era, la espacial. Pero para Estados Unidos supone además una crisis política interna sin precedentes. A la pérdida de la supremacía en la vanguardia tecnológica, se suman los intereses económicos, políticos e ideológicos. Los candidatos demócratas aprovechan la oportunidad en el Congreso para exigir una mayor inversión en la industria bélica norteamericana.

Al otro lado del Telón de Acero la población celebra con devoción los repentinos éxitos de su país. Pero también son muchos los que cuestionan cómo es posible que la URSS lidere proyectos tan importantes como el *Sputnik* y, al mismo tiempo, sea incapaz de dar de comer a su población. Las deficiencias económicas y los pocos recursos de los que disponen los ciudadanos soviéticos contrastan con las ingentes cantidades de dinero que su gobierno destina a la industria armamentística. Al descontento de la población se le suma también una oposición silenciosa que empieza a coger fuerza alrededor del número dos de Nikita Jrushchov, Kozlov, que muestra su preocupación por la política aventurera del líder soviético, la cual podría desembocar en un nuevo conflicto militar. Temen una guerra nuclear que podría aniquilar al mundo entero.

Nikita Jrushchov, ajeno a las críticas, se muestra pletórico. La inesperada reacción mundial a la puesta en órbita del *Sputnik* supera cualquier expectativa y está dispuesto a sacar todo el provecho de su nueva herramienta propagandística. El 3 de noviembre de ese mismo año 1957 la URSS lanza un nuevo satélite y, de nuevo, logra impresionar al mundo entero. En esa nave viaja el primer ser vivo de la historia que consigue sobrevivir unas horas en el espacio: la perra Laika. Otro éxito sin precedentes.

Estados Unidos, que ve la concatenación de éxitos que suma su gran rival, cae en el ridículo más absoluto el 6 de diciembre tras la explosión televisada del cohete *Vanguard*. Lo que pretendía ser una exhibición mundial a la desesperada del poderío y la hegemonía estadounidenses se convierte en una nueva bofetada a su orgullo nacional. Los dos segundos que está en el aire sin sobrepasar el metro del suelo convierten el *Vanguard* en el hazmerreír de los medios. «Kaputnik» o «Stayputnik» son algunos de los calificativos impresos en portada. La imagen del *Vanguard*, que pretendía poner en órbita su propio satélite, simboliza para la sociedad norteamericana la impotencia en que se encuentra sumido el país:

> Ahora, debemos estar preparados para un nuevo peligro: la bomba atómica. Primero, debes saber qué sucede cuando explota una bomba atómica. [...] ¡Hay un destello brillante, más brillante que el Sol, más brillante que cualquier cosa que hayas visto! Si no estás listo y no sabes qué hacer, puede lastimarte de diferentes maneras. Podría derribarte o arrojarte contra un árbol o una pared. Es una explosión tan grande que puede aplastar edificios y derribar letreros, pero si te agachas y te cubres, como Bert, estarás mucho más seguro.

Bert es el nombre de la protagonista de *Agáchate y cúbrete*, un cortometraje que impacta a la sociedad norteamericana en los años cincuenta. Una voz narra los pasos que los ciudadanos deben seguir en caso de un ataque nuclear contra Estados Unidos. El alarmismo llega a límites insospechados. «Recuerda siempre: ¡el destello de una bomba atómica puede venir en cualquier momento, sin importar dónde te encuentres! [...] No hay tiempo para mirar alrededor o esperar. ¡Sé como Bert! Cuando haya un destello, agáchate y cúbrete, ¡y hazlo rápido!»

Durante la Guerra Fría el miedo a una hecatombe nuclear evita los enfrentamientos bélicos entre Estados Unidos y la URSS. Ambos polos se observan a distancia. Y los dos países toman medidas de protección ante el peor de los escenarios.

Las últimas décadas los ciudadanos norteamericanos han vivido creyéndose prácticamente invulnerables a cualquier ataque enemigo en su propio país. Las grandes guerras se habían disputado lejos de su patria. Solo el ataque japonés a la base naval estadounidense de Pearl Harbour durante la Segunda Guerra Mundial había conseguido hacer tambalear la enorme sensación de seguridad en el país. Nada hacía pensar que sus vidas podrían estar algún día en peligro. Sin embargo, la primera prueba exitosa de un misil balístico intercontinental soviético en agosto de 1957 y, dos meses más tarde, el lanzamiento del primer satélite al espacio ha conseguido dinamitar su percepción de muralla infranqueable. Ahora la nación se encuentra a merced de la maquinaria militar soviética, que barre de paso el prestigio y el liderazgo de su gobierno.

La sociedad y los medios de comunicación se dejan llevar

por el pánico ante la idea de que un satélite de la URSS está dando vueltas alrededor de la Tierra. Están convencidos de que los soviéticos tienen la capacidad de llegar a Estados Unidos en un tiempo estimado de entre veintidós y treinta minutos con un arma nuclear. El pánico a un ataque intercontinental de la Unión Soviética lleva a los norteamericanos a exigir respuestas rápidas y efectivas.

La situación para el gobierno de Eisenhower no hace más que empeorar cuando, pocas semanas después del lanzamiento del *Sputnik*, la prensa publica un informe secreto encargado por el propio presidente a un equipo de científicos encabezado por H. Rowan Gaither. En él hace alusión a unas iniciativas de defensa estadounidenses inadecuadas para proteger a la población civil y urge a tomar medidas. La más inmediata: aumentar el presupuesto militar. El objetivo, según revela el documento, es acelerar la producción de misiles balísticos intercontinentales. El *Washington Post*, cargado de una gran dosis de alarmismo, publica que «Estados Unidos se halla ante el más grave peligro de su historia y la nación se dirige, por un camino aterrador, a convertirse en una potencia de segunda clase. Muestra que América está expuesta a una casi inmediata amenaza de los terroríficos misiles de la Unión Soviética». Las conclusiones del artículo dejan sin aliento a la sociedad norteamericana. Eisenhower se ve obligado a desarrollar un programa de defensa muy distinto al que había trazado al inicio de su legislatura.

Como resultado de la amenaza que representa la Unión Soviética, los norteamericanos empiezan a ser más tolerantes ante algunas intrusiones del gobierno en su privacidad e incluso apoyan la existencia de un gran estado de seguridad nacional, algo a lo que tradicionalmente se habían resistido.

Al mismo tiempo que el secretario de Defensa de Estados Unidos recula en su intención de reducir el presupuesto de su departamento en un 10 por ciento, el gobierno promete una inyección económica a la industria armamentística de Estados Unidos, que en muy pocos años llegará a duplicar su tamaño.

El lanzamiento del *Sputnik* da al Partido Demócrata una gran oportunidad para batir a su rival en el gobierno. El senador por Missouri Stuart Symington es uno de los primeros en alzar la voz contra el gobierno denunciando ante el Congreso y la opinión pública la ventaja armamentística de los soviéticos, a la vez que pone en evidencia la falta de recursos destinados a solventar el problema. Symington, que fuera primer secretario de la fuerza aérea estadounidense durante el mandato del presidente Truman, exige un mayor gasto en defensa para competir con la Unión Soviética. Se apoya en los datos que le suministra Thomas Lanphier, un coronel convertido en héroe durante la Segunda Guerra Mundial y ahora flamante vicepresidente de Convair Division. La empresa, conocida por fabricar uno de los bombarderos estratégicos más poderosos del momento, el Convair B-36 «Peacemaker», se centra ahora en el desarrollo del primer misil intercontinental para la fuerza aérea de Estados Unidos, el SM-65 Atlas. Este, con una ojiva cien veces más poderosa que la bomba lanzada sobre la población de Nagasaki en 1945, estará preparado para la acción en octubre de 1959. Sin duda, la amenaza soviética sobre Estados Unidos favorece la perspectiva de nuevos y suculentos contratos para la industria militar norteamericana.

Sin embargo, la carrera de Stuart Symington hacia la Casa Blanca se ve pronto ensombrecida por la de otro candidato demócrata que defiende con más carisma la tesis del *missile gap*: John F. Kennedy. El joven senador por Massachusetts se suma a la campaña de desprestigio contra Eisenhower. Su mensaje es claro: Estados Unidos se ha quedado atrás en la carrera armamentística y ahora es la Unión Soviética quien lleva la delantera en la producción de misiles intercontinentales. Kennedy cree firmemente que el programa económico del presidente es un auténtico error. Su propuesta pretende abandonar la disciplina fiscal impulsada por Eisenhower, al mismo tiempo que potenciar el gasto tanto como sea necesario para mantener la seguridad en el país.

«Queráis o no, la historia está de nuestra parte. Os enterraremos a todos», había dicho en 1956 Nikita Jrushchov durante una recepción a diplomáticos internacionales en Moscú, dispuesto a perpetuar la tensión entre ambos bloques y a mantener viva la leyenda de una URSS invencible. La fanfarronería del líder soviético alardeando de la capacidad de su país para desarrollar misiles balísticos intercontinentales (ICBM, por sus siglas en inglés) esconde un secreto a voces: la URSS no está a la cabeza de ninguna carrera armamentística. Sin embargo, hay dos cuestiones que el régimen soviético sí ha sabido manejar con gran soltura: mantener un país blindado al mundo y dominar el juego de la desinformación como ninguno. Justamente los dos grandes desafíos a los que se han enfrentado sin éxito los servicios secretos norteamericanos desde el inicio de la Guerra Fría. La mayor preocupación de cualquier agencia de inteligencia no está en lo que ya conocen, sino en lo que no saben. Ese es su gran objetivo. Y la desinformación es su principal rival a batir.

En septiembre de 1959 Nikita Jrushchov visita Estados Unidos junto con su mujer Nina. El viaje, en plena tensión por la Guerra Fría, levanta una gran expectación y el líder soviético no defrauda a su público. De carácter histriónico, irascible, impulsivo y gruñón, Jruschov ofrece titulares difíciles de digerir en el bloque capitalista: «Rusia produce hoy más misiles que las salchichas que vosotros podéis producir con vuestras máquinas». Una frase para la historia. Y una punzada en el corazón de los norteamericanos. ¿Fanfarronería o amenaza?

Lo que no calcula Nikita Jrushchov es el beneficio que sus palabras le reportan a los detractores de Eisenhower, que aprovechan cada discurso del líder soviético para arremeter contra la política de seguridad dictada por el presidente. Jrushchov se convierte en el mayor aliado de la oposición.

Lo cierto es que la inteligencia norteamericana sigue sin conocer con exactitud la realidad acerca del estado actual de los programas de armamento soviético. La única información con la que cuenta el gobierno federal de Estados Unidos es la que recogen los NIE (siglas de «National Intelligence Estimates»), unos documentos clasificados donde la comunidad de inteligencia evalúa periódicamente los principales problemas de seguridad nacional. Los analistas encargados de su elaboración proyectan en los NIE posibles escenarios futuros a partir de la información recabada hasta ese momento. Aunque estos documentos deben leerse como una «estimación», senadores y congresistas utilizan la información en función de sus propios intereses y la convierten en un arma arrojadiza para debilitar al rival. Son pocos los que cuestionan la fiabilidad de las fuentes. La percepción del *missile gap* se gesta precisamente en sus páginas.

El National Intelligence Estimates publicado en noviembre de 1957, apenas un mes después del lanzamiento del *Sputnik*, estima que en 1962 la URSS tendrá a punto quinientos misiles balísticos intercontinentales, mientras que la producción norteamericana de los misiles Atlas apenas llegará al centenar. Este NIE puede considerarse como el primer documento de inteligencia que da máxima prioridad al desarrollo soviético de misiles.

Dos años después, el NIE del 11 de agosto de 1959 concluye que, si los soviéticos quisieran iniciar una guerra nuclear, lo primero que harían sería destruir la capacidad de respuesta norteamericana concentrada en el Comando Aéreo Estratégico, la unidad operativa a cargo de los bombarderos estratégicos y del arsenal nuclear de los misiles balísticos intercontinentales. Según los cálculos estimados, los cien ICBM que los soviéticos probablemente tengan en su poder podrían ser suficientes para destruir todas las unidades. Las conclusiones del NIE avalan el anuncio realizado por Nikita Jruschov en febrero de ese mismo año de que la URSS tiene la capacidad para atacar cualquier lugar del mundo y que la producción seriada de misiles intercontinentales ya es una realidad. Los datos de la inteligencia, sumados a los mensajes del líder soviético, avivan la pesadilla del ciudadano norteamericano. La percepción del *missile gap* está más presente que nunca.

Los datos son demoledores. Sin embargo, el gobierno federal de Estados Unidos se enfrenta a un grave problema. ¿La información que llega de los NIE es fiable? Las diferentes agencias que intervienen en las Estimaciones de Inteligencia de la Nación ofrecen visiones muy distintas sobre la producción soviética de ICBM. Sus notas a pie de página demuestran una gran divergencia de opiniones entre las fuerzas aéreas, la armada y la CIA acerca del número de misiles que la URSS puede llegar a fabricar en los próximos años.

Las estimaciones de inteligencia de las fuerzas aéreas son las más pesimistas y en el NIE del 11 de agosto de 1960 consideran que los soviéticos tendrán treinta y cinco misiles intercontinentales operativos a mediados de 1960 y alrededor de doscientos a mediados de 1961. Al otro lado de la balanza se encuentran la armada y la marina de Estados Unidos, que estiman que los soviéticos tendrán apenas unos pocos ICBM a mediados de 1960 y alrededor de cincuenta a mediados de 1961. La estimación de la CIA se sitúa en una posición intermedia. Las grandes diferencias entre las principales agencias de inteligencia norteamericanas no hacen sino corroborar la limitada información de la que disponen sobre la producción de ICBM en la URSS. Sus estimaciones, aventuradas por inexactas, apenas tienen una base consistente. Los intereses políticos y económicos presionan a la inteligencia norteamericana para que ponga cifras a la capacidad militar soviética. Pero la tensión entre sus diferentes facciones hace muy difícil fijar una posición.

Las filtraciones a la prensa de ciertos datos estratégicos contribuyen a alimentar el pánico de la sociedad norteamericana. La percepción de que la Unión Soviética está a la cabeza en el desarrollo de misiles balísticos intercontinentales sigue imbatible. Casi nadie duda de su certeza. Y los que lo hacen prefieren no arriesgar. Si alguien se equivoca, mejor que sea por exceso que por defecto.

El *missile gap* sigue instalado en el pensamiento norteamericano.

«España, señor presidente, con toda la hospitalidad que está enraizada profundamente en su alma os abre las puertas de su casa y le ofrece a vuestra persona de todo corazón para que entréis en ella como si fuese en la vuestra propia.» Son las palabras de bienvenida que el 21 de diciembre de 1959 Francisco Franco dirige a Eisenhower en la base aérea hispano-norteamericana de Torrejón de Ardoz. La expectación ante la visita del primer presidente estadounidense que visita oficialmente España es enorme. Cientos de medios de comunicación del mundo entero están acreditados para retransmitir el histórico acontecimiento.

España es la última parada en la gira del presidente de EE.UU. por diferentes países aliados. Una visita que a punto ha estado de no producirse, pues cuatro meses antes Estados Unidos rechazó la invitación española. En ese momento, Eisenhower se excusó alegando que algunos países de la OTAN como Francia, Reino Unido y los países escandinavos no aprobaban su visita a España. Temían lo que en realidad estaba a punto de ocurrir: que el mundo viera el apoyo norteamericano a un régimen autoritario.

Sin embargo, la insistencia del ministro de Asuntos Exteriores español, Fernando María Castiella, pronto obtiene sus frutos. Pactan una visita breve, de cortesía, alejada de cualquier vinculación política o diplomática. Pero una imagen vale más que mil palabras y ese 21 de diciembre de 1959 España sale definitivamente del ostracismo internacional.

El presidente Eisenhower pondrá rumbo a Estados Unidos apenas catorce horas después de su llegada. Una visita fugaz que el régimen franquista exprime hasta la saciedad. El baño de multitudes de Eisenhower subido en un vehículo descapotable y saludando a las masas quedará grabado para siempre entre los grandes hitos internacionales de Franco. En el fondo, la Torre de Madrid de la plaza España también le da la bienvenida con un cartel luminoso que reza «Ike», el diminutivo por el que se conoce al presidente Eisenhower. Los españoles aguardan a ambos lados de la Castellana para saludar y vitorear al líder norteamericano. Unas horas después, en el Palacio Real tiene lugar la comida oficial y una reunión extraoficial entre Franco y Eisenhower. En ella refuerzan su posición común frente al comunismo y coinciden en que la URSS es su principal enemigo a batir.

Los medios de comunicación españoles se vuelcan en la visita, aunque no ocurre lo mismo con los servicios de propaganda norteamericanos, que procuran evitar una fotografía conjunta de Eisenhower con el dictador español. A pesar de sus esfuerzos, la imagen es clara. Y su lectura también. Franco ha conseguido su objetivo. La visita de Eisenhower certifica ante el mundo el indiscutible apoyo político de los norteamericanos al régimen franquista.

Los servicios de inteligencia norteamericanos prosiguen con sus labores de interrogación en la calle Goya. Ya quedan pocos repatriados que no hayan pasado por sus salas. Y también pocas esperanzas de encontrar información de primer orden. Han pasado más de tres años desde el inicio de Project Niños y cuatro desde que los primeros españoles empezaran a regresar. Un tiempo en el que la URSS ha realizado grandes avances e impulsado nuevos programas balísticos. Una información que es imposible que los Niños puedan ya conocer.

La pesadilla soviética está lejos de desaparecer para los norteamericanos cuando el 1 de mayo de 1960 un misil lanzado desde una base soviética abate un U-2 que en esos momentos sobrevuela los Urales. El piloto Gary Powers, que consigue salvar la vida lanzándose en paracaídas, es capturado por soldados soviéticos. La URSS trata el ataque como una gran victoria. Y lo es. Estados Unidos da por finalizado al programa de vuelos del avión espía más conocido de la historia. En su lugar pone en marcha el proyecto Corona, el primer satélite de reconocimiento, cuyo objetivo es recopilar información fotográfica altamente fiable sobre la Unión Soviética, sus industrias de defensa y sus bases militares. En agosto de 1960 la inteligencia norteamericana empieza a recibir las primeras películas fotográficas de su satélite espía. Comienza así una nueva era del espionaje. Estados Unidos tiene por primera vez la certeza de contar con información precisa, real y actualizada.

Prácticamente al mismo tiempo que el proyecto Corona, un coronel de la inteligencia militar soviética, Oleg Penkovski, empieza a suministrar información secreta a la CIA sobre los programas militares soviéticos. Lo hace a través de sus contactos en los servicios de inteligencia británicos. A pesar de que en un primer momento los norteamericanos dudan de sus intenciones, durante dieciocho meses Penkovski logra enviar una gran cantidad de información confidencial. Sus informes revelan el tamaño real del arsenal bélico que acumula la URSS. La teoría del *missile gap* empieza a perder fuerza.

El inicio de la década de los sesenta viene marcado por grandes acontecimientos llamados a cambiar el rumbo del espionaje y su forma de proceder. Las nuevas tecnologías juegan ahora un papel vital. Y las revelaciones de Oleg Penkovski han arrojado luz sobre las hipótesis norteamericanas. Aunque nadie se atreve a desmentirlo, una nueva teoría se abre paso con fuerza: el *missile gap* no existe. Todo ha sido pura especulación.

El 4 de octubre de 1960 un informe de la CIA se pregunta sobre la necesidad de seguir prorrogando los interrogatorios en Madrid. En pocas semanas Project Niños llega a su fin. La inteligencia norteamericana cuenta ahora en su haber con dos mil informes de repatriados y una ingente cantidad de información de carácter estratégico.

Cómo utilizó Estados Unidos la información que obtuvieron gracias a «Project Niños» y qué trascendencia tuvo en el devenir de la Guerra Fría son las dos grandes incógnitas de la operación que la CIA llevó a cabo en España. A pesar de las dificultades, algunos documentos secretos de la CIA desclasificados recientemente revelan parte de esta respuesta. Los mejores expertos, analistas e historiadores sacan sus propias conclusiones.

16

Misiles, espías y engaños: el final de Project Niños

> ¿Cuáles fueron los beneficios obtenidos por la inteligencia estadounidense?
>
> LAWRENCE E. ROGERS

El analista de la CIA Lawrence E. Rogers escribió el artículo sobre Project Niños en invierno de 1963, pero no fue hasta el 18 de septiembre de 1995 —treinta y tres años después— cuando la CIA tomó la decisión de desclasificarlo. Para entonces, la Guerra Fría había llegado a su fin y la amenaza de un ataque nuclear entre Estados Unidos y la Unión Soviética prácticamente había desaparecido. Sin embargo, su descubrimiento supuso una revisión del papel que jugó España durante uno de los períodos más tensos del siglo XX. Los datos que los norteamericanos obtuvieron de los interrogatorios a los Niños de la guerra fueron decisivos para acercarse un poco más a los secretos armamentísticos de los soviéticos.

Las conclusiones a las que llegó Lawrence E. Rogers en 1963 apuntan a los grandes beneficios que Project Niños reportó para la inteligencia norteamericana. Glennys Young, especialista en las relaciones entre España y la URSS en los años cincuenta y experta en la operación que llevó a cabo la CIA en España, pone el foco en la confianza que la Operación proporcionó a Estados Unidos, «no solo en lo referente al conocimiento del programa soviético de misiles guiados, sino también de armas nucleares, de instalaciones militares e incluso de la vida en la Unión Soviética». Sin duda, el potencial informativo de los casi dos mil repatriados españoles que habían formado parte de la sociedad soviética durante veinte años proporcionó a los norteamericanos la certeza de que ellos estaban muy por delante en el desarrollo de misiles intercontinentales. Y esa certeza les dio un gran poder: avanzarse a los movimientos del enemigo.

El documento constata que el principal objetivo de la inteligencia norteamericana en los años cincuenta era hacerse con información sobre los misiles guiados. Y lo consiguieron. Gracias a los interrogatorios, la CIA logró determinar cuáles eran exactamente los avances soviéticos respecto a los misiles de largo alcance, el principal temor de Estados Unidos a mediados de los años cincuenta.

> Obtuvo datos sobre las etapas sucesivas del desarrollo de los motores de cohetes soviéticos, que sirvieron de base para estimar las tasas de progreso en el desarrollo y la producción de misiles. Proporcionó detalles sobre los combustibles y el transporte de los cohetes e identificó a muchas personalidades en el desarrollo de misiles guiados y en las instalaciones de producción. Actualizó en ocho años gran parte de la información de la que se disponía sobre el programa de misiles

soviéticos. La información del Project Niños tuvo un efecto inmediato significativo en las estimaciones de inteligencia y también estableció pistas sustanciales para una mayor expansión de nuestro conocimiento en este campo.

Las conclusiones del artículo confirman que la información revelada por los repatriados españoles fue crucial para determinar el número de misiles intercontinentales de la URSS, y también para conocer detalles de su desarrollo tecnológico. Sin embargo, la información exacta que los Niños revelaron hace más de medio siglo sigue siendo un misterio en 2020. Los casi dos mil informes que Project Niños generó a través de los interrogatorios permanecen bajo llave en las dependencias de la CIA. El exanalista de la CIA Brian Latell justifica ese secretismo porque «los agentes clandestinos y la CIA son reacios a desclasificar o revelar cualquier información proveniente de una fuente clandestina que pudiera comprometer esa fuente. Algunos de los Niños siguen con vida y la CIA no querría comprometer a ninguno de ellos».

A pesar del veto, lo cierto es que a lo largo de los años sesenta la Agencia dejó un interesante rastro de pistas a través de varios informes relacionados con la capacidad soviética para el desarrollo de misiles guiados en los que aludían directamente a los repatriados españoles como el origen de su conocimiento. Así, en octubre de 1965 un informe *top secret* de la CIA centró su interés en la ciudad ucraniana de Dnipropetrovsk, a más de ochocientos kilómetros de la capital soviética. Bajo el título de «Centro de desarrollo y producción de misiles de

Dnipropetrovsk», el documento informó sobre una fotografía aérea que detectaba un «edificio inusual» que podría responder a una torre de prueba para la verificación vertical de misiles ya completados. La fotografía, tal como corrobora el texto, se había podido tomar gracias a la información proporcionada por los repatriados españoles: «Se informó de que el área de prueba estática estaba operativa en 1952 por españoles que regresaron».

Quien aporta esta información es el Comité de Inteligencia para Misiles Guiados, el máximo órgano creado en Estados Unidos para analizar los avances tecnológicos de la Unión Soviética. Y lo que prueba es que la información sustraída a través de los interrogatorios fue decisiva para la inteligencia norteamericana. ¿En qué sentido? La información que los españoles proporcionaron reveló la ubicación de las principales empresas armamentísticas de la Unión Soviética. De nada servía a Estados Unidos contar con un avión espía si no sabía a dónde dirigirlo. La información de los españoles fue imprescindible para detectar el número y la ubicación de esas fábricas en territorio soviético. El investigador sénior del Archivo de Seguridad Nacional de Estados Unidos John Prados considera que este fue exactamente el gran valor que tuvo la operación secreta en España. «La importancia de Project Niños es que ayudó a los norteamericanos a descubrir dónde mandar las aeronaves U-2 para hacer fotografías.»

No es el único documento que consta la relevancia de la información que proporcionaron los españoles. En junio de 1965 la CIA realizó un nuevo informe facilitado por la división de inteligencia fotográfica. En esta ocasión detallaron nuevos datos acerca de la planta 88 de Kaliningrado, uno de los centros de investigación y desarrollo de misiles más importantes de la URSS, posiblemente involucrado en la producción de misiles balísticos intercontinentales. Los datos que llegaban de sus satélites espía eran cada vez más precisos. «La instalación consta de una pequeña celda de prueba horizontal con un deflector en forma de "U", un probable edificio de ensamblaje o verificación, tres pequeños bunkers o tanques montados, un edificio de almacenamiento revestido y aproximadamente veinte edificios de apoyo.» La fotografía, tomada en abril de 1963, se pudo realizar gracias a la información recabada durante los interrogatorios de Project Niños. La última frase del documento así lo corrobora. «Esta identificación confirma la existencia del sitio de prueba informado por los repatriados españoles para estar en esta área ya en 1954-1956.»

La investigadora Glennys Young considera que lo más probable es que este tipo de información se obtuviera muy al principio de los interrogatorios de Project Niños y que para los norteamericanos representara un avance significativo en su conocimiento sobre las instalaciones de pruebas de misiles estáticos: «Estados Unidos de ningún modo podría haber indagado en los planes de la planta 88 de no ser por la información proporcionada por los repatriados españoles».

En julio de 1965 la CIA elaboró otro informe *top secret* titulado «Instalación para pruebas de motores de cohetes en Zagorsk, URSS». Esta información, escrita cinco años después del cierre de Project Niños, demuestra que las agencias de inteligencia de EE.UU. aún seguían tomando como referencia los datos obtenidos durante los interrogatorios.

Científicos alemanes repatriados informaron que en 1947 representantes de la planta 88 de Kaliningrado y una organización de construcción de ingeniería seleccionaron este sitio (Zagorsk) para la construcción de una instalación de prueba de desarrollo / aceptación para motores de cohetes y conjuntos de misiles. Se sabía muy poco de la instalación de esta planta hasta el verano de 1956, cuando los españoles repatriados informaron de una extensa actividad de construcción.

El documento se refiere a las antiguas instalaciones soviéticas en Zagorsk, una pequeña ciudad no muy alejada de Moscú. Estados Unidos sospechaba que en esta zona se encontraban muchas fábricas relacionadas directa o indirectamente con la construcción de misiles y los interrogatorios a los Niños confirmaron sus hipótesis. Los españoles no solo facilitaron información sobre la ubicación de las fábricas, sino también sobre lo que ocurría en el interior de sus instalaciones. Esta información resultó de vital importancia para las estimaciones de la inteligencia norteamericana. Para Glennys Young este documento no deja lugar a dudas: «Se trataba de información que Estados Unidos no habría obtenido de ninguna otra forma. Es un documento fascinante en cuanto a la confirmación del hecho de que varios repatriados españoles aportaron información acerca de instalaciones de pruebas de cohetes. Otra cuestión, por supuesto, es qué se hizo con esta información y cómo se procesó».

La importancia de la información que los españoles revelaron en la sala de interrogatorios de Madrid debe enmarcarse en el contexto de ese momento, en el que la escalada de tensión entre los dos bloques antagónicos de la Guerra Fría parecía no tocar techo. Estados Unidos, desesperado por encontrar un filón informativo que pudiera desvelar parte o la totalidad de los secretos armamentísticos de la URSS, no dudó en utilizar todos los recursos necesarios para lograr su objetivo. En los años cincuenta, la Unión Soviética aún era una página en blanco para la CIA. La URSS, el país con uno de los sistemas más duros de contrainteligencia, con complejos industriales blindados y ciudades cerradas a los extranjeros, no estaba dispuesta a facilitar ninguna fuga de información. Durante años, la inteligencia norteamericana había fracasado en todas sus operaciones para obtener información estratégica de la Unión Soviética. El hermetismo y la eficacia del KGB habían conseguido mantener en secreto el nivel de desarrollo armamentístico de la URSS, sobre todo en lo referente a los misiles de largo alcance, el principal temor de Estados Unidos. Ese miedo se había convertido para la Unión Soviética en un arma eficaz con la que atemorizar al bloque capitalista. Pero ¿cuál era la verdadera capacidad soviética para desarrollar potentes armas nucleares? Responder a esta pregunta fue el gran objetivo de la inteligencia norteamericana. Por eso, cuando en septiembre de 1956 casi dos mil españoles partieron de la URSS camino a España, la CIA no pudo desperdiciar la gran oportunidad que se le presentaba. Project Niños se convirtió así en la gran esperanza norteamericana para conocer, por primera vez desde el inicio de la Guerra Fría, lo que ocurría en el interior de la URSS.

El acuerdo para repatriar a los españoles desde la URSS supuso un auténtico desafío para la contrainteligencia soviética, que debía determinar quién podía salir y qué conocimientos se llevaba consigo. La autorización de Franco para acoger a los españoles residentes en la URSS supuso una sorpresa y un revés para la agencia soviética. Por eso, su principal objetivo se centró en reducir al máximo el impacto de la revelación de secretos. El historiador de los servicios de inteligencia soviéticos Oleg Matveev reconoce que «la contrainteligencia tuvo capacidad para controlar el proceso de repatriación. Pidió la discreción de algunos retornados, y se consiguió retardar el regreso de otros, dependiendo de lo que supiese la persona en cuestión. Este fue uno de los trabajos de la contrainteligencia del KGB. Al mismo tiempo, esta división del KGB utilizó el canal de salida de los repatriados para sus propios intereses. Promocionó a sus agentes para que se infiltraran en España».

Mientras tanto, al otro lado del Telón de Acero, los servicios secretos norteamericanos se preparaban para poner en marcha una de las operaciones más ambiciosas de su historia. No era la primera vez que las dos inteligencias más potentes del mundo se enfrentaban directamente. Sin embargo, Oleg Matveev tiene claro que «Project Niños marcó un punto de inflexión para las dos agencias especiales. Fue el primer enfrentamiento de manera no visible» donde la inteligencia y la contrainteligencia de ambos países jugaron un papel esencial.

A pesar de la gran oportunidad que se presentaba para Estados Unidos, los inicios de la operación estuvieron sembrados de dudas. No era la primera vez que la CIA llevaba a cabo un interrogatorio sistemático a ciudadanos que habían vivido en la Unión Soviética. Los científicos alemanes liberados a principios de los años cincuenta, los refugiados húngaros e incluso los miembros de la División Azul que llegaron en 1954, también habían pasado por las salas de interrogatorios. El resultado, en muchos de los casos, no había sido el que ellos esperaban. Pero pronto se dieron cuenta del gran abismo que diferenciaba Project Niños del resto de los interrogatorios. La mayor parte de los que habían llegado a la URSS siendo niños habían sido educados en la cuna del comunismo y habían formado parte de la sociedad como cualquier otro ciudadano soviético. No solo habían estudiado carreras universitarias, sino que muchos de ellos habían trabajado en fábricas relacionadas con la industria armamentística. La trayectoria vital y profesional de los españoles repatriados los convirtieron en una fuente única de información. Nunca antes se les había presentado una oportunidad de este calibre. El exanalista de la CIA Brian Latell no tiene dudas al respecto. «Cuando la CIA se dio cuenta de que esos Niños estaban volviendo a España y tenían experiencia en las industrias militares y de defensa soviéticas, creo que lo consideró una mina de oro.»

Una prueba de la gran importancia de la operación fueron los recursos económicos y humanos que la CIA destinó a Project Niños. Porque fue la CIA quien pagó las instalaciones donde tenían lugar los interrogatorios, quien redondeó el salario de los policías españoles que no llegaban a final de mes, quien asumió en definitiva los costes derivados del operativo. El personal norteamericano se fue ampliando de forma paulatina en la medida en que la Agencia obtenía resultados favorables. Interrogadores, analistas, oficiales de las Fuerzas Armadas y Aéreas de Estados Unidos se fueron sumando al proyecto en el transcurso de los cuatro años que duró la operación. Los buenos resultados, según apunta Lawrence E. Rogers en su informe, llevaron en febrero de 1959 a duplicar el personal que la CIA tenía en Madrid. El autor de *Los niños de Rusia* y especialista en Project Niños Rafael Moreno calcula que «en momentos concretos pudo haber más de cien personas dedicadas exclusivamente a la operación. Personal especializado llegó directamente de EE.UU.». Pero no fueron los únicos implicados. Las autoridades españolas realizaron un gran despliegue. «Estamos hablando de decenas de policías y de guardias civiles que trabajaron directa o indirectamente en este proceso.» La red de Project Niños alcanzó a todas las provincias de España. Durante cuatro años, todos los días hubo personal dedicado a la operación. Madrid se convirtió en ese tiempo en el centro de documentación sobre la URSS más relevante del mundo.

Los misiles guiados, prioridad número uno de la CIA, no fue la única información con la que la CIA se encontró en Madrid. El segundo de los principales objetivos de la inteligencia norteamericana se centró en las armas nucleares estratégicas. En este punto, revela el artículo firmado por Lawrence E. Rogers, «proporcionaron información de apoyo sobre los sistemas de energía nuclear soviéticos, los primeros datos sobre una planta atómica asociada, que dieron lugar a nueva información sobre la minería de uranio y los emplazamientos de almacenamiento nuclear». Pero aún había más. Los datos relativos a las aeronaves militares cosecharon grandes resultados.

> El Project Niños generó un gran volumen de información de considerable valor para la realización de estimaciones. Informó sobre los detalles de construcción y producción de

aviones de combate soviéticos, proporcionó diseños detallados de varias instalaciones de desarrollo y producción de aeronaves, y arrojó luz sobre los mismos en apoyo del programa de misiles soviéticos.

¿Para qué sirvió toda esta información y cómo la utilizó el gobierno de Estados Unidos? Este párrafo nos da la clave. La inteligencia norteamericana incorporó la información de Project Niños a las estimaciones que realizaron sobre el número y desarrollo de misiles guiados, así como de sistemas balísticos. Brian Latell, experto analista en este tipo de contenidos, ratifica las palabras de Lawrence E. Rogers: «Dice en su artículo que las Estimaciones de Inteligencia Nacional estuvieron influenciadas, algunas fuertemente influenciadas, por los informes proporcionados por los Niños, y creo que podemos creer en su palabra». Unas estimaciones que, sin duda, tuvieron una gran repercusión. Por un lado, Estados Unidos utilizó los datos generados por sus agencias de inteligencia para afianzar e impulsar la industria armamentística. Por otro, fue utilizada por los candidatos a la presidencia para ganarse la confianza de sus ciudadanos que clamaban seguridad y protección frente a la amenaza comunista.

Los interrogatorios de la CIA a los españoles repatriados también obtuvieron grandes resultados en toda aquella información relacionada con el programa soviético de defensa civil y acogida, medicina militar, educación técnica superior, instalaciones militares convencionales y producción de armas. Los repatriados, según explica el informe de Lawrence E. Rogers, «proporcionaron datos geográficos como los planos de las ciudades. Tenían información considerable sobre las industrias estratégicas soviéticas: ubicaciones y diseños, la construcción de nuevas instalaciones y la expansión de las antiguas. Un grupo de repatriados elaboró una serie extremadamente valiosa de informes detallados sobre la industria energética soviética, incluyendo instalaciones para la distribución de energía y su estructura». Son muchos los documentos que revelan datos de interés proporcionados por los repatriados españoles. En noviembre de 1960 la CIA publicó un informe confidencial sobre instalaciones industriales y militares de Riazán, una ciudad situada a doscientos kilómetros al sudeste de Moscú. El detalle de las ubicaciones, de los edificios públicos y energéticos, solo podía provenir de alguna persona que hubiera vivido en esa localidad: los españoles repatriados.

En 1960 la CIA tomó una decisión. Poner fin a Project Niños. ¿Por qué? La operación había ofrecido información provechosa para la Defensa de Estados Unidos durante cuatro largos años. Prácticamente el mismo tiempo que hacía que los españoles habían abandonado la Unión Soviética. La información que ellos podían proporcionar tenía una fecha límite, la de su regreso a España. La fuente, tal como afirma Rafael Moreno, tuvo valor durante un tiempo. Sin embargo, desconocían los avances que había tenido la URSS a partir de ese momento. La información empezaba a estar desactualizada. Pero no fue la única razón. Las nuevas tecnologías, como el U-2 o el satélite espía Corona, y los informes del agente doble Oleg Penkovski actualizaron la información que los Niños habían ofrecido durante el período de Project Niños. El coronel retirado del KGB Oleg Nechiporenko avala la hipótesis. «Project Niños terminó porque la mayor parte de la información secreta que buscaban ya la tenían.» La mayor parte de los Niños repatriados que regresaron a España ya llevaban tiempo allí. La CIA los interrogó durante cuatro años. Después, como fuente de información, los Niños dejaron de tener valor. «Así como una fuente de agua deja de existir, lo mismo ocurrió con los Niños», afirma Nechiporenko.

Los interrogatorios llegaron a su fin, pero durante años Estados Unidos se valió de la información que extrajeron de ellos para recomponer el mapa político, social, económico y militar de la Unión Soviética de la Guerra Fría. En 1956 Estados Unidos no sabía nada de lo que ocurría en la URSS. Después de Project Niños, explica Rafael Moreno, no tenía ninguna duda al respecto. «Sabían cómo vivían, cómo elegían las universidades, si los ingenieros eran buenos o malos, conocían sus salarios, tenían documentos, tenían todo. El Telón de Acero del que hablaba Churchill se cayó completamente. Conocían la vida soviética de verdad. Porque los Niños vivieron en todos los lugares de la sociedad.»

«Las conclusiones elaboradas de Project Niños resultarían de una gran utilidad durante muchos años. Constituye una fuente de información que probablemente no se podría haber obtenido de otra manera, aunque en muchas ocasiones supuso un costo de dinero y de personal. Se estima que la información sobre los misiles guiados, por sí sola, amortizó el gasto total del proyecto.» Estas son las últimas frases del artículo de Lawrence E. Rogers. Los cuatro años de interrogatorios dirigidos por la CIA y avalados por las autoridades franquistas se convirtieron en ese preciso momento en una de las principales fuentes de información para la inteligencia norteamericana.

Casi dos mil testimonios que, consciente o inconscientemente, revelaron datos que la CIA determinó como claves y que le permitieron establecer un punto de partida en su análisis sobre el programa soviético de misiles. El artículo de Lawrence confirmó que algunas instalaciones de pruebas de misiles estáticos se conocieron por primera vez gracias a los retornados españoles y que posteriormente esto se confirmó mediante fotografías proporcionadas por el U-2 o el satélite Corona. Christopher Preble, vicepresidente de defensa y estudios de política exterior en el Cato Institute de Estados Unidos, centra la importancia de Project Niños en ese período concreto de la Guerra Fría: «El deseo de saber lo que estaba pasando dentro de la Unión Soviética. Las agencias de inteligencia pensaron que, aunque fueran pequeñas informaciones o rumores o especulaciones, cualquier cosa que estos individuos pudieran proporcionar, serían muy útiles para evaluar el espacio del programa de misiles soviético. Hablábamos de reconocimientos aéreos y cosas así, pero no hay nada mejor que los informes de los testigos oculares. Si tienes un testigo ocular que dice: "Sí, los he visto, he visto centenares de misiles, he visto docenas de misiles", aunque el número sea de diez, si tienes a una persona que ha visto con sus propios ojos estas cosas, puede servir para corroborar la información y ratificar la idea de si los soviéticos van en cabeza en el programa de misiles. Y si no veían nada de eso, igualmente ayuda a hacerse una idea más precisa, a dibujar la escala del programa soviético».

Project Niños proporcionó a Estados Unidos lo que más necesitaba en ese momento: información sobre el programa soviético de misiles guiados, de armas nucleares, de instalaciones militares e incluso de la vida en la Unión Soviética. Sin duda, se trató de una información valiosa, aunque ciertamente fragmentada y limitada. Las piezas de un gigantesco puzle que la comunidad de inteligencia norteamericana tuvo que resolver con las carencias tecnológicas y de recursos humanos que aún prevalecían en ese período de la Guerra Fría. Project Niños permitió a Estados Unidos hacerse con información privilegiada que no hubiera podido obtener de otra forma. Y los Niños de la guerra fueron su tabla de salvación.

Desde el otro lado de la mesa, en la sala de interrogatorios de la calle Goya 118 de Madrid, la perspectiva fue diametralmente opuesta. Los Niños habían sido víctimas de la Guerra Civil española, huérfanos en la Unión Soviética y supervivientes de la Segunda Guerra Mundial. Habían podido con todo, al menos la mayoría. La esperanza de regresar a España los había mantenido con vida. Pero el día que consiguieron pisar suelo español fue cuando su fortaleza se derrumbó. Rechazo, desconfianza, penurias económicas, persecución policial e interrogatorios sistemáticos. Esa fue la España que se encontraron. Una muy distinta de la que habían imaginado. Project Niños ahondó en su desesperación. Los Niños, según explica la especialista en el exilio español en la URSS Luiza Iordache, fueron «víctimas de las tesituras políticas que desafortunadamente les tocaron vivir». Fueron utilizados por la Unión Soviética, por la dictadura franquista y también por Estados Unidos. Su experiencia vital y profesional los colocó en la diana de la CIA. Una historia única. Un proyecto ambicioso, sin precedentes por su magnitud. Una información valiosa. Con pocos claros y muchas sombras. Unos resultados que, en definitiva, permitieron a Estados Unidos posicionarse con ventaja en el complicado y tenso escenario de la Guerra Fría.

En efecto, la inteligencia norteamericana no hubiese podido conseguir esa información de ningún otro modo. Aunque la mayor parte de esos Niños jamás tuvieran la sensación de haberla proporcionado, lo hicieron. De menor o mayor calado, pero ocurrió. Seguramente de haber sido conscientes no hubiera salido una palabra de su boca. Porque si algo siempre tuvieron fue un enorme agradecimiento hacia la URSS y a los soviéticos. Porque les dieron casi todo. Quizá mucho más de lo que jamás hubieran soñado. Por eso, los cuatro años de interrogatorios que duró Project Niños fueron para ellos un auténtico desafío a su integridad, a sus valores y a su lealtad. Desde que salieron huyendo de la guerra civil española, la vida de casi tres mil niños se convirtió en una lucha continua por la supervivencia. No solo física, sino también moral y emocional. Como dice Dolores Cabra, secretaria de la Asociación Guerra y Exilio, «se contó el: "sois la historia, sois la leyenda". La parte dulce de la historia. Sin embargo, todos los entresijos de toda aquella cosa procelosa, vinieron después». Manuel, Rosa, Cecilio, Ernesto, Matutina, Teresa, Ángel, Secundina, Chelo, Santiago, José María, Pedro o Cristóbal son los auténticos protagonistas de esta historia. Ellos, y los casi tres mil niños que llegaron a la Unión Soviética entre 1937 y 1938. Cada uno con un nombre, con una familia y con un porvenir lleno de incertidumbre. Hoy, llegando al final de su camino, siguen mirando atrás. Recordando, repasando sus vidas. Intentando comprender por qué ellos, que solo quisieron reencontrarse con sus familias, se convirtieron durante esos años en el objetivo más codiciado por las dos superpotencias mundiales al mismo tiempo que eran repudiados por sus seres queridos y por la sociedad que los vio crecer.

Es el momento de subrayar que esta página de la historia la sufrieron en primera persona hombres y mujeres. Sin saberlo, ellos fueron durante unos instantes el centro de todo, el alma de Project Niños.

«Para viajar lejos no hay mejor nave que un libro».
EMILY DICKINSON

Gracias por tu lectura de este libro.

En **penguinlibros.club** encontrarás las mejores recomendaciones de lectura.

Únete a nuestra comunidad y viaja con nosotros.

penguinlibros.club

penguinlibros